生产性服务业开放、产业链溢出与中国外贸高质量发展研究

彭书舟　著

中国财经出版传媒集团

经济科学出版社
Economic Science Press

·北京·

图书在版编目（CIP）数据

生产性服务业开放、产业链溢出与中国外贸高质量发展研究／彭书舟著. -- 北京：经济科学出版社，2024. 7. -- ISBN 978 - 7 - 5218 - 6093 - 1

Ⅰ. F726.9；F752

中国国家版本馆 CIP 数据核字第 20242Z3P06 号

责任编辑：于　源　刘　悦
责任校对：王苗苗
责任印制：范　艳

生产性服务业开放、产业链溢出与中国外贸高质量发展研究
彭书舟　著
经济科学出版社出版、发行　新华书店经销
社址：北京市海淀区阜成路甲 28 号　邮编：100142
总编部电话：010 - 88191217　发行部电话：010 - 88191522
网址：www. esp. com. cn
电子邮箱：esp@ esp. com. cn
天猫网店：经济科学出版社旗舰店
网址：http：//jjkxcbs. tmall. com
北京季蜂印刷有限公司印装
710 × 1000　16 开　14.75 印张　220000 字
2024 年 7 月第 1 版　2024 年 7 月第 1 次印刷
ISBN 978 - 7 - 5218 - 6093 - 1　定价：66.00 元
（图书出现印装问题，本社负责调换。电话：010 - 88191545）
（版权所有　侵权必究　打击盗版　举报热线：010 - 88191661
QQ：2242791300　营销中心电话：010 - 88191537
电子邮箱：dbts@ esp. com. cn）

前　言

2019 年 11 月发布的《中共中央　国务院关于推进贸易高质量发展的指导意见》中指出：优化商品结构，大力发展高质量、高技术、高附加值的产品贸易。这是党和国家依据国际、国内形势变化做出的重大决策部署。面对更加复杂的国际经贸环境和日益激烈的外部市场竞争，如何推动中国外贸高质量发展，成为当前重要的研究课题之一。促进外贸高质量发展的一个关键点是提升生产型企业生产环节的中间投入品供给效率。自 21 世纪以来，以交通运输、通信、批发零售、金融服务以及商务服务为代表的服务型投入要素，占中国制造业中间投入总额的比例达 40% 以上，并且随着时间的推移逐步攀升。然而，由于改革开放以来工业化优先发展的需要，中国服务业发展在很长一段时间内没有得到重视，导致生产性服务业发展相对滞后，从而难以为下游生产型企业输送更多优质的服务型投入要素。这在一定程度上制约了中国对外贸易的高质量发展。

对外开放是助力国内市场化改革的"催化剂"。从产业关联视角来看，生产性服务业开放将会对服务中间品供给市场的运转效率造成影响，而中间品供给市场运转效率的高低又与下游生产型企业的生产与出口行为直接挂钩。于是，一系列重要却尚未得到学术界正面回答的问题便产生了：中国服务业对外开放水平到底经历了怎样的变化？生产性服务业开放对市场发展的影响，是否会因上下游产业链溢出效应的存在，通过服务中间品供给途径影响下游制造业企业出口活动？若此作用真实存在，二者之间的作用机制是什么？这种影响是否会因制造业企业异质性的存在而产生分化？

本书以中国成为世界贸易组织成员方期间积极放宽服务业外商直接投资的管制作为研究背景,将外贸高质量发展细分为出口产品内纵向升级(出口产品质量升级和出口加成率提升)以及出口产品间横向升级(出口复杂度)两个维度,立足产业关联的分析视角,在异质性企业贸易和技术创新理论框架下,使用数理模型和逻辑推演的方式从理论层面剖析了生产性服务业开放对下游制造业企业出口产品质量、出口产品加成率以及出口复杂度的作用方向。在理论分析的基础上,进一步使用2000~2013年中国工业企业数据、中国海关产品贸易统计数据以及经济合作与发展组织全球化数据等丰富的微观数据集,系统考察以外资管制放松为表征的生产性服务业开放与下游企业出口产品质量、出口产品加成率、出口复杂度的因果关系、作用机制以及异质性影响,以期为推动中国外贸高质量发展提供新的思路与经验证据。

本书先对中国服务业外资管制政策进行定量分析,主要结论有:(1)中国正处于服务业外资全面对外开放的快速发展期,与服务业外资有关的法律法规越发完善和规范;同时,服务业外资的整体结构呈现出持续优化的态势。(2)截至2016年,中国服务业外资整体的管制水平在参比国家中仍然位于较高的水平线上,尚处于管制力度较严厉的地区行列。(3)在考察期内,各个制造业面临的生产性服务业外资管制水平有大幅度放松,并且生产性服务业外资管制水平的绝对差异也呈现不断缩小的态势。

当以企业出口产品质量作为考察对象时,本书的研究结论有:(1)就理论而言,生产性服务业外资管制放松引致服务中间品成本降低效应和服务中间品质量提升效应,将通过影响生产效率和固定投入效率的途径作用于下游制造业企业出口产品质量。(2)使用需求份额回归法测度出2000~2013年中国制造业企业—产品—市场维度不同年份内的出口产品质量指数,在此基础上实证研究发现,生产性服务业外资管制放松显著促进了制造业企业出口产品质量升级。(3)异质性影响检验发现,对于外资企业、加工贸易企业、差异化产品以及制度环境较完善地区的企业而言,生产性服务业外资管制放松对制造业企业出口产品质量升级的促进作用更强。（4）基于中介效应的机制检验发现，生产性服务业外资管制放松显著提升了制造业企业的全要素生产率，进而通过生产率提升途径推动其出口产品质量升级，而固定投入成本效率提升的作用效果并不明显。

当以企业出口产品加成率作为考察对象时，本书的研究结论有：（1）依据企业利润最大化条件推导出生产性服务业外资管制放松将影响下游制造业企业的边际生产成本，并据此影响其出口产品加成率。（2）使用生产函数法和要素份额分配思路测度出2000～2009年中国制造业企业—产品—市场维度的出口产品加成率指数，中国制造业企业出口产品加成率在样本期内处于稳步上升的态势，其中内地民营制造业企业出口产品加成率增长速度较快，而中国港澳台地区制造业企业出口产品加成率增长速度较慢。（3）实证检验显示，生产性服务业外资管制放松能够显著推动下游制造业企业出口产品加成率提升，该效应对于外资企业样本、一般贸易样本以及同质化产品样本的作用效果更加明显。（4）中介机制检验显示，生产性服务业外资管制放松能够同时引起制造业企业出口产品边际生产成本降低和促进出口产品单价提升，从而推动下游制造业企业出口产品加成率提升。（5）生产性服务业外资管制放松对下游制造业企业内非核心出口产品加成率的影响高于核心出口产品加成率，这有助于缩小下游制造业企业内出口产品加成率离散度，从而优化和改善企业内的资源配置效率。

当以企业出口复杂度作为考察对象时，本书的研究结论有：（1）基于异质性企业技术升级模型，生产性服务业外资管制放松带来的中间品成本降低途径会激励下游制造业企业进行技术升级活动，从而推动其出口复杂度上升。（2）采用反射法测算出2000～2013年中国制造业企业出口复杂度指数，尽管企业出口复杂度逐年上升，但2013年依然低于世界平均水平，加工贸易可能是导致这一现象产生的关键原因。（3）实证检验上，无论是一般贸易样本还是加工贸易样本，生产性服务业外资管制放松能够显著提升下游制造业企业出口复杂度，且该效应对于外资企业、高生产率企业和制度环境较好地区企业的影响更强烈。（4）将企业出口复杂度动态分解为持续出口产品、新进入产品和退出产品三组复杂度贡献值后发现，一方面，生产性服务业外资管制放松幅度越大，下游制造业企业在出口市场上会增加更多新的高复杂度产品出口；另一方面，生产性服务业外资管制放松幅度越大，越会促使下游制造业企业将其生产能力转移到已有的高技术产品上，致使高技术产品在持续出口产品篮子中的相对份额提升。

基于上述研究结论，本书提出的政策启示有：第一，需充分利用好《外商投资产业指导目录（2017 年修订）》和外商直接投资负面清单，制定合理的开放政策，有序推动中国生产性服务业对外开放，通过开放助力国内服务业中间品市场供给效率的提升，进而为下游制造业企业提供成本更低、种类更多、质量更高以及专业性更强的服务中间品投入要素。第二，合理引导外部资金流入生产性服务业领域，不断优化中国服务业实际利用外资结构。第三，积极推进生产性服务业领域的市场化进程，依托生产性服务业外资的产业关联溢出效应为中国制造业外贸高质量发展之路扫清障碍。第四，一般贸易企业和内资企业应当重视学习和管理能力，尤其是需要加强对服务型中间投入要素的管理和运作能力，抓住服务业扩大对外开放的机遇学习国际前沿的营销服务、信息收集、研发创新知识，争取更大限度地吸收由生产性服务业外资管制放松带来的积极效应。第五，保持对外开放与对内改革的平衡前行，为生产性服务业外资管制放松促进中国外贸高质量发展营造良好的制度环境。

彭书舟

2024 年 5 月

目　　录

绪　　论

第一节　研究背景及意义

一、研究背景

改革开放以来，中国出口贸易得到了快速发展，为中国经济的崛起作出了卓越贡献。但 2008 年金融危机爆发以来，国内要素成本上升，工业产能过剩等结构性失衡问题日渐突出，再加上某些发达国家"再工业化"计划与中美贸易摩擦升温等外部因素的冲击，中国制造业企业出口产品技术含量不高、价格主导权薄弱、国际竞争力不足等问题逐步凸显，中国出口贸易依存度呈现降低态势（见图 0 - 1）。面对国内经济发展步入新旧动能转换攻关期和国际竞争态势加剧等多重因素的挑战，传统以数量优势取胜的贸易模式已难以为继，中国经济增长重心势必要从数量与速度型增长模式向质量与效益型增长模式倾斜。在当前形势下，对于中国这样的出口贸易大国而言，深入研究外贸高质量发展问题具有一定的必要性，尤其是需要探明如何以中间品供给侧结构性改革为主线，提高和提升国内中间品市场运行效率，从而为中国企业出口升级和高质量发展提供持续的动力支持，这是摆在中国政学两界面前亟须得到解决的重要问题。

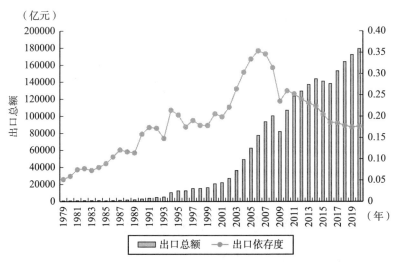

图0－1 1979～2020年中国出口总额和出口依存度变动情况

资料来源：《中国统计年鉴》。

事实上，与物质型中间品一样，交通运输、电信、分销、金融和商务服务等服务型中间品也是制造业生产过程所需中间投入品的重要组成部分。进入21世纪以来，服务要素在中国制造业生产投入中的重要程度逐渐攀升：2000～2014年，中国制造业投入服务化水平从43%上升到47%（许和连等，2017）。中国服务业市场发展对制造业企业生产绩效的影响效应已不容忽视。然而，相比制造业领域，中国服务业市场却长期处于高垄断、多管制、缺乏竞争的状态（江小涓，2004；马弘和李小帆，2018），导致服务业发展水平与发达国家相比仍然具有一定差距，其中一个具体的表现是制造业投入服务化水平与其他国家相比存在明显劣势（见图0－2）。服务业发展尤其是生产性服务业发展水平滞后很大程度上制约了制造业提质升级步伐。

如何提高生产性服务业市场发展水平，从而为下游制造业企业出口升级提供有力支撑呢？事实上，与制造业引入外商直接投资（inward foreign direct investment，IFDI）的机制类似[①]，生产性服务业发展初期同

---

① 为了表述上的简洁，后面"外商直接投资"均使用"外资"进行表述。

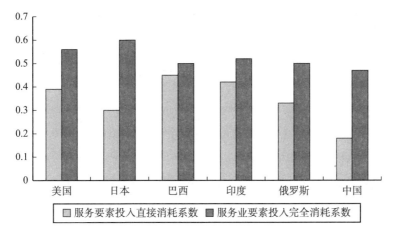

图 0 - 2　2014 年中国与其他国家制造业投入服务化水平比较
资料来源：根据 WIOD 数据库计算整理得到。

样需要通过开放鼓励和吸引外资入驻，进而通过外商资金的溢出效应引入国外先进技术和管理经验。研究表明，生产性服务业外资有助于提升下游制造业企业的全要素生产率（Fernandes & Paunov，2008；Duggan et al.，2013；侯欣裕等，2018）和出口总量（Bas，2014；Correa - Lopez & Domenech，2019；孙浦阳等，2018）。原因有两个：一方面，生产性服务业外资管制放松将吸引更多服务型外资供应商入驻，增加国内制造业企业可选择的服务要素种类和质量；另一方面，生产性服务业外资管制放松带来的国际竞争者加剧了市场竞争程度，从而有效降低了制造业企业服务中间投入的成本水平。在上述因素的共同作用下，生产性服务业外资管制放松可能通过影响服务中间品供给市场的途径改变下游制造业企业出口的行为和绩效，从而助力中国贸易强国建设。

依据经济合作与发展组织（Oganization of Economic Corporation and Development，OECD）全球化数据库统计显示，2017 年中国服务业整体外资管制指数为 0.39，而美国仅为 0.094，OECD 国家平均值为 0.082。毋庸置疑，相比发达国家，中国服务业开放程度尚处于较低水平，在今后仍然具有较大的改革优化空间。

党的二十大报告提出，推动形成全面开放新格局。① 其中，全面开放的题中之义包括扩大服务业对外开放，降低服务外商资金进入壁垒，鼓励外资企业进入服务市场。② 这使放松服务业外资管制近年来受到的关注度与日俱增。

基于上述研究背景，本书从上下游产业链溢出效应的分析视角切入，立足于企业—产品—市场层面，就生产性服务业开放对中国外贸高质量发展的影响效应及作用机制展开理论和经验研究。本书的研究内容不仅能为中国正在推进的制造强国和贸易强国的"双强"建设任务提供新思路，为推动中国贸易高质量发展提供新对策，也可以为评估生产性服务业外资管制放松、扩大服务业对外开放所具有的经济效益提供翔实的理论与现实经验依据。

二、研究意义

本书的理论意义主要在于：

基于产业链溢出的视角，深入剖析了生产性服务业开放与下游制造业企业外贸高质量发展的内在联系。在现代生产体系中，一个行业生产所需的投入要素往往是其上游部门的经济产出。正是由于这种投入产出关联性的存在，上游行业受到的特定冲击会攀附在产业链上通过"涟漪效应"传递至下游行业，导致下游行业内的企业生产或出口行为发生改变。为了解析生产性服务业开放如何通过产业链溢出效应影响了下游制造业企业的外贸高质量发展，在梳理服务业对外开放和外贸高质量发展相关文献的基础上，本书在理论研究上进行了三点推进工作：第一，以新—新贸易理论（企业异质性）为框架，通过理论推导或逻辑演化的方式，为分析生产性服务业外资管制对外贸高质量发展的影响机制搭建了较有说服力的理论机

---

① 资料来源：http：//www.gov.cn/zhuanti/2017 - 10/27/content_5234876.htm。

② 2017 年 10 月 18 日，中共中央总书记习近平同志在中国共产党第十九次全国代表大会上的报告上指出：推动形成全面开放新格局。开放带来进步，封闭必然落后。中国开放的大门不会关闭，只会越开越大。实行高水平的贸易和投资自由化便利化政策，全面实行准入前国民待遇加负面清单管理制度，大幅度放宽市场准入，扩大服务业对外开放，保护外商投资合法权益。凡是在我国境内注册的企业，都要一视同仁、平等对待。

制研究框架，一定程度上有助于丰富跨国投资学、国际贸易学、产业经济学等相关领域的理论研究内容。第二，从上下游产业链溢出的有效视角展开分析，加深了对生产性服务业外资管制变化带来的微观经济效益的认识和理解。第三，深化了当前对制造业企业外贸高质量发展（包括出口产品质量、出口产品加成率、出口复杂度）相关影响因素的理解和认识。

本书的现实意义主要在于：

在我国持续扩大开放的现实大背景下，以国家重点关注的深化服务业对外开放为切入点展开讨论，所得研究结论能够为中国如何从贸易大国走向贸易强国提供了新思路和新证据。具体而言，基于中国企业—产品—市场的微观层面，探讨生产性服务业开放对下游制造业企业出口产品质量、出口产品加成率、出口复杂度的影响及其作用机制，所得研究结论对于客观评估生产性服务业开放对中国贸易高质量发展的影响效应具有重要的现实意义，能够为今后中国如何迈向贸易强国提供策略参考，也可以为广大发展中国家如何借力服务业对外开放，突破服务业要素供给侧局限，从而摆脱制造业或产品贸易的"低质"标签和"低端锁定"困境提供了来自中国微观层面的现实经验证据。

第二节　研究内容及方法

一、研究内容及技术路线

本书立足于产业链溢出效应视角展开分析，借助在异质性企业贸易理论的框架下，以服务业外资管制水平为表征，深入讨论了生产性服务业开放对下游制造业企业出口产品内纵向升级（产品质量提升与产品加成率提升），产品间横向升级（产品复杂度提升）的作用机理，并进一步利用 OECD 全球化数据库中的外商直接投资管制指数和中国企业级别丰富的微观数据信息，对一系列研究假设进行实证检验。根据以上研究思路，本研究结构共分为六章，每一章研究内容的简介如下。

第一章为文献综述。本章以外商直接投资的相关理论和效应研究、外贸高质量发展相关研究以及生产性服务业开放影响企业生产及出口绩效的相关研究三个方面作为研究主线，梳理和归纳既有文献，并就目前的研究现状和进展进行简要评述，总结以往文献的研究成果，同时指出当前的研究缺口与不足，为后面理论和实证分析做铺垫。

第二章为中国服务业开放政策的演进与定量研究。首先，从起步探索（1978～1990 年）、有序推进（1991～2001 年）、扩大开放（2002～2006 年）、全面开放（2007 年至今）四个阶段，厘清中国服务业外资开放 40 余年来的渐进式变化历程。其次，基于 OECD 全球化数据库中的外资管制指数，从生产性服务业外资管制总体水平、分限制类型的生产性服务业外资管制水平及服务业细分行业外资管制水平三个角度，对各个国家生产性服务业外资管制水平进行跨国比较，展现出中国生产性服务业外资管制的现状。最后，借鉴阿诺德等（Arnold et al. , 2016）的研究思路，利用《中国 2002 年投入产出表》中服务要素投入权重，构建不同年份下中国各生产型行业面临的生产性服务业外资管制综合指数和细分行业的外资管制指数，为后面经验研究做铺垫。

第三章为生产性服务业开放对制造业企业出口产品质量的影响。首先，以哈拉克和西瓦达桑（Hallak & Sivadasan，2009）建立的企业产品质量异质性模型为理论研究基础，推导得到企业出口产品质量的内生决定因素，并逻辑推演出生产性服务业外资管制变化如何通过影响内生决定因素作用于下游制造业企业出口产品质量。其次，借鉴贝尔尼尼和托马西（Bernini & Tomasi，2015）提出的需求—份额回归法，测度中国制造业企业—产品—市场维度不同年份内的出口产品质量指数。最后，从投入产出关联的研究视角，实证检验了生产性服务业外资管制变化对中国企业出口产品质量的影响效应和作用机制，同时，扩展性地研究了二者之间可能存在的异质性影响，丰富了对二者之间作用关系的认识。

第四章为生产性服务业开放对制造业企业出口产品加成率的影响。首先，以樊海潮等（Fan et al. , 2017）提出的理论框架为研究基础，依据异质性企业模型和企业利润最大化条件，数理推导提出生产性服务业外资管制变化将影响企业的边际生产成本，并据此进一步影响企业产品加成率的结论。其次，借鉴德洛克等（De Loecker et al.，2016）的研究成果，通过解决产品层面要素投入不可观测的问题，测度了中国制造业企业—产品—市场维度的出口产品加成率指数。再次，从投入产出关联的研究视角，实证检验了生产性服务业外资管制变化对中国制造业企业出口产品加成率的影响效应和作用机制，同时，扩展性地研究了二者之间可能存在的异质性影响。最后，从企业内部资源配置效率的视角出发，研究了生产性服务业外资管制变化对中国制造业多产品出口企业内核心产品和非核心产品加成率的差异化影响效应，并在此基础上考察了生产性服务业外资管制变化对制造业企业内部产品加成率分散度的作用效果。

　　第五章为生产性服务业开放对制造业企业出口复杂度的影响。首先，基于巴斯和埃尔马拉赫（Bas & El - Mallakh，2019）构建的异质性企业技术升级模型，从理论上证明生产性服务业外资管制放松有助于通过促进企业技术升级活动，提升下游制造业企业出口复杂度。其次，采用豪斯曼和伊达尔戈（Hausmann & Hidalgo，2010）提出反射迭代法翔实测算了中国制造业企业出口复杂度指数，并较为细致地分析了中国制造业企业出口复杂度的演变特征。再次，从投入产出关联的研究视角，实证检验了生产性服务业外资管制变化对中国制造业企业出口复杂度的影响效应以及二者之间可能存在的异质性影响。最后，借鉴并拓展梅里兹和波拉尼茨（Melitze & Polanec，2015）提出的全要素生产率动态分解法，将中国制造业企业出口复杂度变化动态分解为三组（存续产品、新进入产品以及退出产品），并依次检验生产性服务业外资管制变化幅度对制造业企业出口市场存续产品复杂度变化、新进入产品复杂度变化以及退出产品复杂度变化的影响效应，为生产性服务业外资管制变化对制造业企业出口复杂度的影响效应提供一个新的微观解释机制。

　　第六章为研究结论、研究启示与研究展望。首先对文章进行总结；其次根据所得结论提出较为全面、具有针对性的政策启示；最后结合本书的不足之处给出未来的研究方向。

　　本书的技术路线如图 0 - 3 所示。

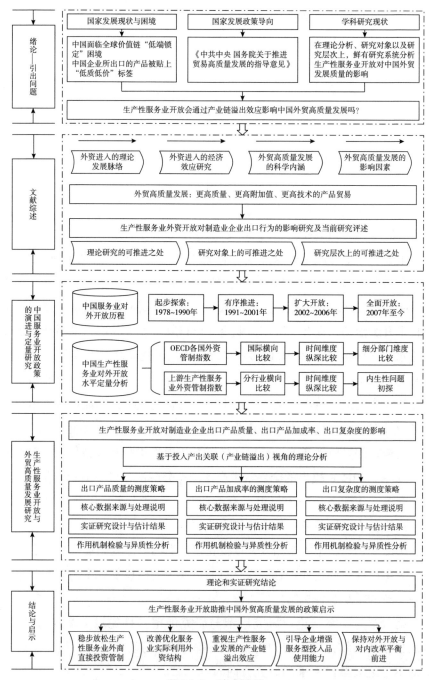

图 0-3 技术路线

二、研究方法

本书综合运用微观经济学、国际贸易学、产业经济学、计量经济学以及统计学等相关社会学科的研究方法，从理论和实证两个层面，系统探讨了生产性服务业开放对下游制造业企业外贸高质量的影响效应及作用机制，所采用的具体研究方法有以下四种。

（一）理论分析与实证分析相结合的研究方法

首先，本书分别梳理了外资的经济效益、企业出口高质量发展影响因素以及生产性服务业开放对下游企业经营绩效的影响三类文献的研究脉络，在此基础上归纳和整理与研究主题密切相关的研究成果，对其进行简要的评述工作。其次，通过构建数理模型或逻辑推演的形式对生产性服务业开放影响企业出口高质量发展的作用机理进行分析，并提出相应的理论假设。最后，在理论分析的基础上，基于 OECD 全球化数据、中国部门投入产出表、中国工业企业数据、中国海关贸易统计数据、WITS 关税数据以及 IMF 汇率数据等多套大型数据库，综合使用面板回归、工具变量回归、分样本回归以及中介效应检验等多种检验方法，对理论假设进行有效验证。通过理论分析与实证分析的有机结合，使本书研究结论具有较高的可信度。

（二）中观分析与微观分析相结合的研究方法

本书选用的服务业外资管制变量是行业层面的外资管制指数，而外贸高质量发展量化指标则是企业或者企业—产品—市场维度。这使本书的两个核心研究对象分别处在中观层面和微观层面。在第二章中，基于行业层面构建出服务业外资管制水平的代理指标，以此为基础，分析和对比了中国与其他国家行业外资管制水平的变化趋势和国别差异，为理解中国服务业外资管制现状提供了充实的客观事实依据。接下来，利用投入产出表计算出中国各制造业行业面临的生产性服务业外资管制指数后，深入考察了生产性服务业外资管制放松对下游制造业企业出口产品质量（第三章）、出口产品加成率（第四章）以及出口复杂度（第五章）的影响效应。本书以中、微观分析相结合的研究方法揭示出生产性服务业开放对中国外贸高质量发展的具体影响。

（三）定性分析与定量分析相结合的研究方法

本书的定性分析主要体现在对企业层面外贸高质量发展指标的选用和构建上。根据产品质量、产品加成率、复杂度三种代表性绩效指标各自的概念、构成和含义，从产品内提质升级（产品质量和产品加成率）、产品间提质升级（复杂度）两个维度较为全面地建立起中国外贸高质量发展的度量指标。依托上述定性分析和通过细致处理得到的微观数据，借鉴贝尔尼尼和托马西（Bernini & Tomasi，2015）提出的需求份额法估算制造业企业出口产品质量指数，借鉴德洛克等（De Loecker et al.，2016）提出的生产函数法和要素分配份额法计算制造业企业出口产品加成率指数，借鉴豪斯曼和伊达尔戈（Hausmann & Hidalgo，2010）提出的迭代法计算制造业企业出口复杂度指数，分别制作均值折线图、核密度曲线估计图、散点图、相关性统计表以及梅里兹和波拉尼茨（Melitze & Polanec，2015）提出的变量动态分解等一系列指标和图表，采用定量分析范式，系统描述了中国企业层面外贸高质量发展的变动特征。

（四）对比研究法

为了更加细致地揭示生产性服务业开放对外贸高质量发展的作用效果，本书在实证分析时，充分使用了对比分析法，即在评估生产性服务业外资管制对制造业企业出口产品质量、出口产品加成率、出口复杂度的影响效应的过程中，充分考虑了企业所有权特征（内资企业或外资企业）、生产率特征、贸易类型（一般贸易或加工贸易）、行业要素特征以及地区制度环境特征等因素的制约，使用交互项或分组检验形式，考察生产性服务业外资管制变化对外贸高质量发展的分化影响。通过对比不同组别异质性影响的检验结果，有助于深化研究结论和提出更具针对性政策启示。

第三节 研究创新点

本书可能存在的创新点主要体现在研究对象上，具体如下。

创新点一：以出口产品质量为考察对象，基于产业链溢出效应视角，讨论了中国生产性服务业开放对制造业企业出口产品质量的影响效应。具体而言：（1）借鉴贝尔尼尼和托马西（Bernini & Tomasi，2015）提出的需求份额回归法，测度中国制造业企业—产品—市场维度不同年份内的出口产品质量指数。（2）立足于投入产出关联的分析视角，利用中国微观数据，实证检验了生产性服务业开放对下游制造业企业出口产品质量的影响效应和作用机制，并扩展性地研究了二者之间可能存在的异质性影响。以上研究内容既扩展了对生产性服务业开放影响下游制造业企业生产和出口行为与绩效的研究视野，又丰富了对出口产品质量影响因素的认识，同时也为促进中国贸易的高质量发展和经济迈向中高端提出新的思路。

创新点二：以出口产品加成率为考察对象，基于产业链溢出效应视角，讨论了中国生产性服务业开放对下游制造业企业出口产品加成率提升的影响。具体而言：（1）以樊海潮等（Fan et al.，2017）提出的理论框架为研究基础，依据企业利润最大化条件，通过数理推导提出生产性服务业外资管制放松将影响制造业企业的边际生产成本，并据此进一步影响企业产品加成率的结论。（2）借鉴德洛克等（De Loecker et al.，2016）提出的生产函数法测度产品加成率的研究成果，通过解决产品层面要素投入不可观测的问题，测度了中国制造业企业—产品—市场维度的出口产品加成率指数。另外，从投入产出关联的研究视角，利用丰富的中国微观数据，实证检验了生产性服务业开放对下游制造业企业出口产品加成率的影响效应和作用机制。（3）从企业内部资源配置效率的视角出发，创新性地研究了生产性服务业开放对中国制造业多产品出口企业核心产品和非核心产品加成率的差异化影响，并在此基础上考察了生产性服务业开放对制造业企业内部产品加成率分散度的作用效果。上述研究内容极大地丰富了对制造业企业出口产品加成率影响因素的理解和认识。

创新点三：以出口复杂度为考察对象，基于产业链溢出效应视角，讨论了中国生产性服务业开放对下游制造业企业出口复杂度提升的影响。具体而言：（1）采用豪斯曼和伊达尔戈（Hausmann & Hidalgo，2010）提出的反射迭代法更为精确地测算了中国制造业企业出口复杂度指数，并细致地分析了其演变特征。（2）从投入产出关联的研究视角，实证检验了生产性服务业开放对下游制造业企业出口复杂度的影响效应以及二者之间可能存在的异质性影响。（3）借鉴并拓展了梅里兹和波拉尼茨（Melitze & Polanec，2015）提出的全要素生产率动态分解法，将中国企业出口复杂度变化按照持续产品出口复杂度变化、新进入产品出口复杂度变化、退出产品出口复杂度变化分解为三组，并依次检验以外资管制放松为表征的生产性服务业开放对制造业企业出口市场存续产品复杂度变化、新进入产品复杂度变化以及退出产品复杂度变化的影响效应。这为 21 世纪之初"中国出口贸易结构快速演变之谜"提供了一个新的微观解释机制。

第一章　文　献　综　述

现代生产体系不仅是规模、结构不断演进和变化的过程，也是劳动分工不断深化和扩大的过程。在产业链上，随着分工深化而发挥着投入品作用的生产性服务业在生产环节变得越来越重要。依据投入品结构占比，学术界往往把交通运输、通信、金融、批发零售以及商务服务看作最具代表性的生产性服务业。本章将依据研究的目标，就考察对象所包括的理论框架和国内外相关研究文献进行梳理和回顾，总结出现有文献存在的研究缺口与不足，从而确定本研究的主要贡献。本章由四个部分组成，分别为：（1）外资的相关理论与影响效应的研究；（2）外贸高质量发展的相关研究；（3）生产性服务业开放对企业生产及出口绩效的影响；（4）文献评述。

第一节　基于外资进入视角的生产性
服务业开放相关研究

一、外资进入的基本定义

由于服务型产品不同于可贸易可运输的货物产品贸易，服务业市场不能够直接使用诸如关税税率来量化其开放水平。经典的研究如哈迪恩和霍姆斯（Hardian & Holmes，1997）等则是基于外来投资的分析视角，率先利用服务业外资进入壁垒来评价和判断一个国家的服务业开放水平。这样处理的合理性在于：一个国家在某行业上设定的外资进入壁垒基本上可以反映该国家在行业上的对外限制水平，这些限制包括市场准入、许可证要求、价格限制及外籍人员流动等方面。遵循此研究思路，本书采用生产性服务业外资进入壁垒以反映国家生产性服务业开放水平。虽然服务业和制造业属于不同的行业，但是服务业外资进入和制造业外资进入在各自行业所产生的经济效应本质上是相似的。因此，关于生产性服务业开放的相关研究必须追溯到外资进入的研究范畴。

外商直接投资（inward foreign direct investment，IFDI）是一种常见的资本流动形式，其目的在于盈利和对东道国企业有效的经营管理控制。根据国际货币基金组织（International Monetary Fund，IMF）在 1993 年给出的定义，外商直接投资是跨国外资企业在东道国取得长期利益的投资行为，其目的是母国企业利用跨国企业对东道国外资企业享有有效的选择权和实际的发言权。世界经济合作与发展组织（OECD）将外商直接投资定义为一个国家（或地区）的企业与母国之外的东道国企业建立长期投资关系、以获得持久收益为目的，对投资行为进行实际控制的投资活动。依据 2001 年中华人民共和国国家统计局对经济贸易统计指标解释，外商直接投资是指境外企业和经济组织或个人（包括华侨、港澳台胞以及我国在境外注册的企业）按中国有关政策、法规，用现汇、实物、技术等在中国境内开办外商独资企业、与中国境内的企业或经济组织共同举办中外合资经营企业、合作经营企业或合作开发资源的投资（包括外商投资收益的再投资），以及经政府有关部门批准的项目投资总额内企业从境外借入的资金。在中国，如何判断一家企业是否属于外资企业呢？可以根据国家统计局的分类规定，如果一个企业的外资（包括港澳台）股本占实际注册资本的 25% 或以上，那么该企业就被认定为是外商投资企业。[①]

---

① 资料来源：http：//www. stats. gov. cn/tjsj/pcsj/jjpc/3jp/zk/html/zb02zh. htm。

二、外资进入的理论研究

关于外资溢出效应的理论研究最早可追溯至 20 世纪 60 年代。其中，基于宏观层面的理论研究有产品的生命周期理论（Vernon，1966）和投资发展周期理论（Dunnning，1986）。投资发展周期理论阐明了外商直接投资规模与经济体发展水平之间的关系，强调外商直接投资在为东道国带来资本的同时，也传递着先进的生产技术和成熟的管理经验。基于微观层面的理论研究则有垄断优势理论（Hymer，1970）和国际折衷理论（Dunning，1980）。麦克·道格尔（Mac Dougall，1960）认为，相比落后的东道国本土企业，跨国企业在生产技术和管理经验上具有先天的比较优势，但是在资本流动的过程中，跨国企业与东道国企业之间的竞合关系会无形中非自愿地将生产技术和管理经验转移至东道国企业，这种转移被称为外资的溢出效应。卡夫（Caves，1998）认为，外资溢出效应作为一种经济外部性的存在，跨国企业通过技术的非自愿扩散方式有助增进东道国企业生产率或生产技术的提升，尽管跨国企业无法将收益完全内部化，但是为了能够生产出高品质的产品成功进入东道国市场，跨国企业需要与东道国原材料供应企业和产品销售企业进行紧密的合作，出于自身利益最大化问题的考量，跨国企业有动机帮助东道国企业的生产性原材料供应商或者下游产品销售商提高生产技术和管理经验。

随着有关外商直接投资的理论研究体系建立，学术界便开始对外资的溢出效应进行更为深入的探讨，其研究重心偏重外资到底通过哪些路径或机制对东道国企业生产绩效产生溢出效应。虽然现在许多经济体在经济市场中建立了专利保护制度的法律法规，用来防止企业的核心技术被市场上的其他企业通过非正规渠道学习和模仿，可仍然避免不了外资非自愿的溢出效应的发生。研究显示，外资的溢出路径通常主要存在于行业内部和行业之间。行业内部的溢出路径包括学习模仿、市场竞争以及人员流动；行业之间的溢出路径则涉及前向关联和后向关联这两种。具体如下。

（1）学习模仿。跨国企业在进入东道国市场后，凭借着具有垄断性的生产技术和管理经验在东道国市场上获得超额利润。待新产品得到市场上消费者的认可后，东道国企业尤其是具有一定研发能力的企业会对产品进行模仿制造（Eck & Huber，2016），尽管核心技术被完全模仿的难度比较大，但是一定程度上可以扩宽东道国企业的生产视野，创新生产出包含更多本土元素的差异化产品。待本土企业具备了更完备的自主创新的能力之后，就有可能掌握跨国企业的核心生产技术。

（2）市场竞争。当跨国企业进入原本具有较高进入壁垒的垄断性行业时，带来的直接结果就是加剧行业的市场竞争，以减弱市场扭曲，从而让市场的资源配置效率得到提升（Lu et al.，2017）。同时，企业也会因跨国企业进入国内市场产生的挤出效应而感到竞争压力（Kugler，2006），这种市场竞争的优胜劣汰机制将催化东道国企业研发更加先进的生产技术，以达到"X‐效率"（Caves，1974）。

（3）人员培训。通常而言，跨国企业拥有相对成熟的人员激励机制和更优秀的企业治理架构，这可以为国内企业提供观察学习跨国企业的组织模式的机会，从而提高自身的管理效率。除了观察学习外，跨国企业进入一个新的领域，通常会招聘新员工并进行岗前技能培训，这种方式促进了东道国市场的人力资本积累。一旦这些受过外资企业培训的人员流入东道国企业，员工积累的经验和技术也有助于帮助东道国企业提升劳动生产率和管理效率。

（4）前向关联。企业生产过程需要诸多中间投入品。东道国企业可能会为了获得高质量高技术品的生产要素品，选择从生产性跨国企业购买中间投入品。生产性跨国企业将生产的产品作为中间投入出售给东道国市场上的下游企业，这种联系称为前向关联（Javorcik，2004）。由于中间投入品内蕴含的生产性知识具有非竞争性的特点，东道国下游企业可以对其进行学习和模仿，并尝试自主研发一些新的产品，购买的产品越多，企业模仿范围越广，生产性知识溢出越多，从而对东道国企业的生产绩效产生正向作用。此外，企业为了更好地利用生产性跨国企业生产的高质量或高技术中间投入品，会积极改进落后的生产技能、破旧的生产设备，这也有助于推动东道国企业生产绩效的提升。

（5）后向关联。考虑到贸易成本和运输成本的存在，跨国企业为了压低生产成本，会选择在东道国内部建立一套完整的产业链，因此会在生产过程采购由东道国企业生产的中间投入品，由此形成的关系被称为后向关联（Javorcik，2004）。跨国企业为了保证产品质量优势，通常会对选购的中间投入品制定严格的质量标准，比如必须达到国际质量标准认证等。倘若东道国企业的生产技术或者生产的投入品质量达不到标准，跨国企业便会选择给予技术指导，甚至可能为其引进新的生产设备，在此过程中，东道国生产性企业的生产技术和管理经验也将得到快速提升。

上述这五种路径所带来的外资溢出效应并不能从理论层面推断其对东道国企业产生的真实效果，如学习模仿、市场竞争和人员培训可能会将先进的技术和管理经验转移到本土企业的生产绩效上，但也可能通过市场挤出效应或者高劳动力报酬等产生负向作用，形成不利于东道国企业生产绩效提升的影响。此外，前向关联和后向关联虽是从产业纵向联系的角度而产生的溢出效应，但会受到东道国企业对技术消化吸收能力以及技术差距的影响，以至于前向关联和后向关联对东道国不同技术水平的企业产生不同的作用效果（Carluccio & Fally，2013）。

三、外资进入的实证研究

目前已有大量文献就外资溢出效应与企业生产绩效之间的关系展开了比较系统的实证考察。其中，部分文献直接考察了本行业的外资如何通过竞争效应、示范效应和人员流动效应对本行业企业生产绩效造成的影响，其可以归纳为对外资的水平溢出效应研究。莫纳斯提里奥蒂斯和阿雷格里亚（Monastiriotis & Alegria，2011）对保加利亚、费尔南德和卡罗琳（Fernandes & Caroline，2012）对智利等研究均发现本行业外资对本土企业生产率具有正向溢出效应的证据。然而，也有部分研究发现外资对本土企业的溢出效应的影响不明显甚至影响方向为负，如陆毅等（Lu et al.，2017）、毛其淋和方森辉（2019）对中国的研究。所得结论之所以产生分歧，原因主要有三点：第一，外商直接投资企业进入本土市场，产生的一个直接结果便是无形中加剧了东道国市场竞争的激烈程度，导致本土企业的市场份额受到冲击（包群等，2015），进而对本土企业经营绩效产生显著的负向溢出效应（路江涌，2008；Lu et al.，2017；毛其淋和许家云，2018；韩国高等，2021）。第二，外资意味着在东道国设立新企业，这不仅引起市场上企业数量的变化，还同时影响了东道国市场格局，日益激烈的市场竞争也可能通过倒逼机制推动本土企业加快对生产技术的升级速度，继而促进企业生产绩效的提升。第三，由于外商直接投资企业的资金实力和技术能力一般优于东道国企业，外商直接投资企业可以通过示范效应和人员流动效应等成为技术溢出的主体，帮助本土企业实现技术和资本的原始积累，进而促进本土企业生产绩效的提升。可见，本行业外资的溢出效应无论是提升还是降低企业生产绩效，抑或对企业生产绩效没有影响，就理论而言均有可能，因为本行业外资对本行业企业生产绩效的影响取决于上述正负效应所形成的综合结果（毛其淋和方森辉，2019）。

除上述文献涉及的生产率外，学者们还从其他角度考察了本行业外资渗透率或自由化对东道国企业经营绩效的影响，比如企业的信贷约束（Héricourt & Poncet，2009）、出口行为（韩超和朱鹏洲，2018）、成本加成率（韩国高等，2021）、出口国内附加值（毛其淋和许家云，2018）、非产成品存货（李雨浓等，2020）以及污染排放强度（邵朝对等，2021）等。毋庸置疑，这些文献极大丰富了学术界对外资水平溢出效应的认识和理解。

上述文献主要考察了本行业外资对本行业企业生产绩效的影响，即对外资的水平效应研究。然而，正如前述理论研究所言，外资也可能通过上下游产业关联的途径影响东道国企业生产绩效，比如生产性外资企业对下游本土企业生产绩效产生的前向关联溢出效应，或者下游外资企业对生产性本土企业生产绩效产生的后向关联溢出效应。就前向关联而言，生产性外资企业不仅包含生产性制造业外资企业，还包括生产性服务业外资企业。这同样也适用于后向关联。李瑞琴等（2018）研究发现，生产性服务业外资会较显著地提升下游企业的出口产品质量，而生产性制造业外商直接投资却可能在某种程度上降低下游企业的出口产品质量。埃克和胡贝尔（Eck & Huber，2016）、亚沃西克等（Javorcik et al.，2018）讨论了制造业外资的水平溢出效应和产业关联效应对印度与意大利企业生产复杂度的影响。孙浦阳和张龑（2019）发现，生产性的综合外商投资开放政策对下游企业出口生存产生显著的促进作用。诸竹君等（2020）研究了制造业外资的水平效应和产业关联效应对内资企业的创新绩效的影响，发现同行业正向影响显著超过了前向关联的负向影响，而后向关联效应则不显著。

第二节　外贸高质量发展的相关研究

一、外贸高质量发展的含义及指标构成

对外贸易是我国开放型经济的重要组成部分和国民经济发展的重要推动力量，是畅通国内国际双循环的关键枢纽。2017 年 10 月 18 日，中国共产党第十九次全国代表大会正式召开。习近平总书记在会上代表党中央作"决胜全面建成小康社会　夺取新时代中国特色社会主义伟大胜利"的报告。报告中明确提到"我国经济已由高速增长阶段转向高质量发展阶段，正处在转变发展方式、优化经济结构、转换增长动力的攻关期，建设现代化经济体系是跨越关口的迫切要求和我国发展的战略目标"。由此，中国经济正式步入高质量发展阶段。贸易作为国家经济系统的重要组成，大力推进对外贸易的高质量发展，必然是奋力推进新时代中国特色社会主义事业的基本要求，也是事关经济社会发展全局的大事。

2019 年 11 月 19 日，《中共中央　国务院关于推进贸易高质量发展的指导意见》颁布，为中国对外贸易走向高质量发展阶段指明了方向。《意见》中总共提到十条重要意见。其中，第三条意见"优化贸易结构，提高

贸易发展质量和效益"指出，在产品贸易上，要大力发展高质量、高技术、高附加值产品贸易，不断提高劳动密集型产品档次和附加值。长期以来，借助人口红利和低成本劳动力优势，中国企业出口的产品以低价策略占领国际市场，从而获取国际竞争优势。然而，随着近年来国外需求环境不确定性加大、国际市场竞争压力提升以及国内劳工成本上升，传统的低价低质策略已难以为继。为了继续发挥出口对我国经济增长的促进作用，中国政府和外贸企业应当认识到加快外贸高质量发展的必要性和紧迫性。

研究如何推动中国贸易高质量发展，需要同时进行定性和定量分析。考虑到产品是国际贸易的重要标的，基于产品侧的角度，本书依据"要大力发展高质量、高技术、高附加值产品贸易"这一核心目标，对学术界现有文献进行梳理后发现，出口产品质量的升级、出口产品加成率的提升以及出口复杂度的提升正好与上述政策目标相契合，因此，可以尝试使用出口产品质量、出口产品加成率以及出口复杂度三个子指标作为刻画企业出口提质升级的具体指标。当然，为进一步说明这样处理的合理性，依次来看这三个指标各自所代表的含义和反映的信息。

第一，出口产品质量。产品质量指的是产品符合顾客预期并且顾客愿意为之支付更高价格的特性，包括耐用性、兼容性、配套服务以及使用的灵活性（Aiginger，2001；施炳展等，2013）。以服饰为例，产品质量升级可简单理解为低端服装向高端服装攀升的过程。由于不同种类产品的质量水平在逻辑上并不具有可比性，如衣服与汽车，因此，产品质量升级可被视作表现企业出口产品纵向升级绩效的指标。

第二，出口产品加成率。产品加成率定义为产品价格与边际成本之比，体现了该产品的市场势力和盈利能力。同样以服饰为例，产品加成率可简单理解为衣服的价格与生产成本的比值。产品加成率提升表示衣服的价格与生产成本比值的提升，意味着衣服盈利水平的提升。由于不同种类的产品（如汽车与衣服）面对的消费群体和市场环境不尽相同，因此将不同产品加成率进行横向比较没有太大的实际意义。与产品质量一样，更为合理的做法是只关注同类产品内纵向维度的加成率变化，但有别于产品质量所体现的信息，产品加成率是从产品盈利能力的视角体现企业出口的产品纵向升级绩效的指标。

第三，出口复杂度。出口复杂度反映了出口产品内蕴含的生产性知识和技术分布（Lall et al.，2006），每一种 HS 六位码产品拥有一个对应且特定的复杂度指数，因此，它是从产品间视角横向比较产业或贸易结构演变的有效指标，可直接理解为出口的产品类别从生产过程较简单的衣服变成生产过程较复杂的汽车。由于出口升级不仅包含产品内的纵向升级，还包括产品间的横向升级，比如原本生产衣服的企业通过扩展生产渠道，进入汽车制造业或其他更高端的制造业领域。因此，选用出口复杂度作为刻画企业出口的产品横向升级绩效的指标，能较好地补充出口产品质量升级和出口产品加成率，提升未能体现的企业出口升级新的信息。

如图 1-1 所示，可以将企业外贸高质量发展分为三个维度进行理解：一是从产品性能的角度反映企业出口产品内部的纵向升级活动，具体表现为企业出口同一种 HS 产品内的质量升级；二是从产品盈利能力的角度反映企业出口产品内部的纵向升级活动，具体表现为企业出口同一种 HS 产品内的加成率提升；三是指企业出口产品之间的横向升级活动，具体表现为企业出口产品结构发生变化，由于每一种产品对应于一个复杂度指数，故而产品结构变化与产品复杂度变化挂钩，即表现为出口复杂度变化。基于此，本书拟从企业出口产品质量、出口产品加成率、出口复杂度三个维度对中国企业外贸高质量发展展开细致的考察。

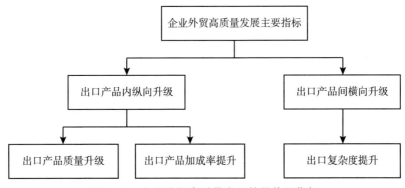

图 1-1 企业外贸高质量发展的具体子指标

二、出口产品质量的测算及影响因素研究

产品质量指的是产品符合顾客预期并且顾客愿意为之多付钱的特性，包括耐用性、兼容性、配套服务以及使用灵活性等（Aiginger，2001；施炳展等，2013），它是用来反映产品内纵向升级的有效指标，可理解为低端服装向高端服装的攀升过程。相比于低质量产品，高质量产品对消费者具有更强的吸引力（Kuhn & McAusland，2008），更容易形成忠实的消费者需求网络。因此，产品质量是国际市场竞争的核心要素。关注出口产品质量升级的相关问题，不仅对于促进中国经济与贸易高质量增长具有重要的现实意义，也为培育中国对外贸易竞争新优势提供了系统的可行路径。接下来，将从出口产品质量测算和出口产品质量影响因素两个方面对出口产品质量的文献研究工作进行梳理。

（一）产品质量的测算

近年来，在国际顶级期刊上陆续刊登了规范且行之有效的出口产品质量估算方法。这些方法可归结为以下三类。

（1）从价格角度测算产品质量，主要包括产品单价法（Schott，2008；Hallak，2006）和不纯净价格指数法（Hallak & Schott，2011）。产品单价法的内在逻辑是产品质量与价格成正比，价格等同于质量。此种方法优点在于操作起来较为简便，缺点是忽略了产品价格上的差异并不完全归因于质量差异，也可能受到来自企业生产率异质性、要素成本、汇率等因素的影响。鉴于此，哈拉克和肖特（Hallak & Schott，2011）提出不纯净价格指数法，将总价格指数分解为纯净价格指数和质量指数。李小平等（2015）利用不纯净价格指数法测算中国工业行业出口质量指数，研究发现，中国行业出口质量在被考察国家中整体偏低，位于下游水平。

（2）从需求供给角度测算产品质量。其中具有代表性的研究包括以坎德尔瓦尔等（Khandelwal et al.，2013）为主的需求信息回归推断法以及芬斯特拉和罗姆利斯（Feenstra & Romalis，2014）提出的供给需求信

息加总测算法。需求信息回归推断法内在逻辑是若两个品种价格相等，市场份额较大的品种，其质量也较高，由于该方法适用于一国微观企业产品层面的出口质量测算，已被大量文献采用（Fan et al.，2015；王雅琦等，2015；许家云等，2017）。然而，该方法由于对市场—年份与产品固定效应加以控制，产品质量测算值不具备跨国跨时可比性。施炳展和邵文波（2014）基于此思路测算出中国出口产品的质量指数，并对其进行标准化处理，使之能够跨国跨时可比较可加总，研究发现，中国企业出口产品质量总体呈上升趋势，但本土企业与外资企业产品质量差距逐步扩大。芬斯特拉和罗姆利斯（Feenstra & Romalis，2014）在需求因素对质量影响的理论基础上，进一步纳入供给因素对质量的影响，使对于产品质量的测算更加精确，并且具有跨国跨时可比的优势。余淼杰和张睿（2017）以供给需求信息加总测算法为框架，将其运用到中国制造业企业出口产品质量指数测算上，研究表明 2000～2006 年中国制造业出口产品质量水平总体上升 15%。

（3）系数估计法测算产品质量。该方法由亨恩等（Henn et al.，2020）的研究提出，他们使用跨国面板数据，在产品出口单位价值的基础上，纳入人均收入、贸易成本、地理距离等因素对出口产品单位价值进行修正，并在此基础上利用引力模型和工具变量法对出口产品质量数值进行估计，从而直接得到出口产品的质量指数。由于该方法涉及到多个宏观变量，因此仅适用于中宏观层面产品质量的测算，难以扩展到更加微观的企业层面，这使该方法在实际运用中存在很大的局限性。

（二）产品质量的影响因素

（1）市场需求的影响。消费者因收入水平不同，对产品质量性能的需求偏好也不尽相同（Linder，1961）。随着人均收入的增长，消费需求偏好会带动高质量产品的产出。此观点在后续的理论和实证研究中受到了众多经济学家的关注，如法尔维和科尔兹科夫斯基（Falvey & Kierzkowski，1987）、弗拉姆和赫普曼（Flam & Helpman，1987）、墨菲和施莱弗（Murphy & Shleifer，1997）以及哈拉克（Hallak，2010）。比尔斯和克勒诺（Bils & Klenow，2001）利用微观家庭数据研究发现，家庭收入和对高质量商品的需求呈现强烈的正相关关系。杜威剑和李梦洁（2015）基于中国企业数据研究发现，当模型里控制出口成本、企业规模和企业出口密集度等特征变量后，中国企业出口的最终产品质量会随着出口目的国市场收入水平的增加而显著提高。

（2）贸易政策的影响。理论上，生产高质量产品的关键在于投入高质量的中间品（Kugler & Verhoogen，2011；Hallak & Sivadasan，2013）。遵循这一研究思路，由贸易政策变动引致的进口竞争、中间品进口数量扩张、中间品进口产品种类增加及中间品进口产品质量提升的效应，受到了学术界广泛的关注。埃米蒂和坎德尔瓦尔（Amiti & Khandelwal，2013）用进口关税衡量贸易开放水平，认为降低关税会使处于前沿领域的企业加快产品质量升级步伐，而对于未处于前沿的企业来说这种作用则相对较小。巴斯和斯特劳斯—卡恩（Bas & Strauss‑Kahn，2015）基于中国海关数据研究发现，中间品关税限制降低会促进国内企业进口更高质量的中间投入品，进而利用进口的高质量投入品来提升出口产品的质量与价格。与此类似，樊海潮等（Fan et al.，2015）针对中国、巴斯和保诺夫（Bas & Paunov，2018）针对厄瓜多尔的研究也得出了相同的研究结论。林正静（2019）研究中间品贸易自由化和产品质量的关系，把中国加入世界贸易组织（WTO）作为准自然实验，利用倍差法研究后发现，中间品贸易自由化显著促进企业出口产品质量升级，再次证明了中间品贸易自由化的重要性。

（3）国际金融的影响。一部分文献考察了外商直接投资对东道国出口产品质量升级的影响。李坤望和王有鑫（2013）研究发现，外资稳健促进了中国出口产品质量升级。李瑞琴等（2018）基于产业关联视角，研究了外资对企业出口产品质量影响时，区别探讨了生产性制造业外资渗透率和生产性服务业外资渗透率的差异化影响，发现生产性服务业外资显著提升了下游企业出口产品质量，而生产性制造业外资降低了下游企业出口产品质量。另一部分文献考察了由汇率变动引致的价格效应对出口产品质量的影响，如胡翠等（Hu et al.，2021）基于2000~2006

年中国企业数据研究发现，进口货币升值使进口中间产品更加便宜，从而使企业的出口质量得到提高。此外，对于生产率较低的企业和出口到发达国家的企业来说，出口质量的提高幅度更大。余淼杰和张睿（2017）、王雅琦等（2018）研究均发现，在出口市场上，人民币升值与中国企业出口产品质量间是正向关系。

（4）国内其他方面的影响。王海成等（2019）发现，国有企业改制对出口产品质量有促进作用。李小平和肖唯楚等（2020）研究企业决策者主观意愿因素——期望落差对企业出口产品质量影响，研究发现期望落差与产品质量呈现倒"U"型关系。

三、出口产品加成率的测算及影响因素研究

产品加成率定义为产品价格与边际成本之比，反映了该产品的市场势力和盈利能力，为产业贸易理论和国际贸易理论共同关注的研究焦点。该指标最早可追溯至1934年勒纳（Lerner）提出的勒纳指数——价格与边际成本偏离程度，随着研究的不断深入，大量学者投入企业或产品加成率的测算及影响因素的研究工作。

（一）企业或产品加成率的测算

囿于产品层面生产数据或会计数据难以获取，传统文献主要关注企业层面加成率的估算方法。随着德洛克等（De Loecker et al.，2016）解决了产品层面不可观测的投入要素差异问题，产品层面加成率的测算才逐步进入研究者的视野。梳理有关文献后发现，关于企业或产品加成率的测度方法主要有两类，分别是会计核算法和生产函数估算法。

（1）会计核算方法。该方法由多莫维茨等（Domowitz et al.，1986）提出，他们运用企业的增加值、工资支出和中间投入额计算企业或产品加成率指数，具体测算公式为：（增加值－工资支出）/（增加值＋中间投入额）。这种方法最大的优点在于数据指标的简单易得。然而，布雷斯纳罕（Bresnahan，1987）认为，会计核算方法测算的加成率指数完全

忽视了经济周期和外部冲击等因素的影响，导致无法分析各经济变量之间的内在联系，因此用该方法得出的结论相对比较片面。除了上述弊端外，本书还认为，上述会计指标仅在企业层面较容易获得，产品层面的会计数据难以找到，因而该方法只适用于企业整体层面加成率的测算，无法用于产品加成率的测算，在实际运用中存在较大局限性。

（2）生产函数估算法。使用生产函数法估算企业或产品加成率指数又分为两种思路。第一，埃德蒙等（Edmond et al.，2015）构造了国内中间投入品生产者的生产函数，基于代表性国内中间投入品生产者利润最大化的条件，推导出劳动产出弹性比上企业的成本加成等于劳动收入份额。尽管该方法是在特定模型下推导出来的，但其设定的寡头垄断竞争模型比较接近现实情况，所以使用此方法测度的加成率指数可以较好地对一些经济现象进行解释（钱学锋和范冬梅，2015）。钱学锋等（2016）运用此方法估算了中国企业层面的加成率指数，发现 1999 ~ 2007 年，中国制造业企业的成本加成呈上升趋势，由 1999 年的 1.245 上升到 2007 年的 1.525，上升幅度为 22.5%。就此方法而言，本书同样认为劳动份额数据仅在企业层面容易获得，产品层面难以获取，因此该方法只适用于企业整体层面加成率的测算，实际运用中难免存在诸多的局限性。第二，德洛克和沃辛斯基（De Loecker & Warzynski，2012）在不依赖于任何需求结构或者市场结构的假设条件下，使用企业层面的产出数据直接推导出加成率的测算公式：$\mu_{it} = \theta_{it}/\alpha_{it}$，其中，$\theta_{it}$ 和 α_{it} 分别代表企业层面某一可变投入要素的产出弹性与该要素的支出占工业总产值的比例。在估计过程中，该方法是利用实体产出数据替代收益额估计生产函数，有利于去除价格因素对成本加成率的有偏影响。德洛克等（De Loecker et al.，2016）解决了产品层面不可观测的投入要素差异问题，将此生产函数法进一步拓展到多产品企业产品加成率的测算过程，从而更加精确地估计多产品企业的产品加成率指数。

（二）企业或产品加成率的影响因素

国内外学者对产品（企业）加成率的影响因素的研究已相当丰富，

考察对象包括进口竞争程度（钱学锋等，2016；祝树金等，2019）、贸易自由化（De Loecker & Warzynsky，2012；De Loecker et al.，2016；毛其淋和许家云，2017；Fan et al.，2018；祝树金等，2018）、贸易政策不确定性（谢杰等，2021）以及出口目的地市场特征（Simonovska，2010）。

大部分文献主要关注企业整体层面加成率的影响因素研究，考察对象包括市场竞争效应与选择效应、贸易自由化、人民币汇率、外部需求、产品创新、出口模式等多个方面。钱学锋等（2016）基于中国工业企业数据库研究指出，进口渗透率提升对中国制造业企业的成本加成有显著负向影响，并且进口竞争水平越激烈，企业加成率越低。许家云和毛其淋（2016）研究发现，人民币升值显著抑制了出口企业加成率，并且企业的出口依赖程度越高，对加成率的抑制效应越大。谢杰等（2021）研究发现，加入WTO后的9年，中国出口企业加成率对不确定性表现出普遍的反应延迟；在中国加入WTO后的少量年份，关税减让伴随同等或更大约束承诺减让使中国企业的整体加成率上升。韩国高等（2021）以2002年《外商投资产业指导目录》调整作为政策冲击，利用双重差分与工具变量相结合的方法考察外资进入对中国制造业内资企业成本加成的影响。研究发现，外资进入显著降低了内资企业的加成率。

除上述对企业整体层面加成率影响因素的研究外，少数学者将研究重心放在多产品出口企业的产品加成率上。如卡塞利等（Caselli et al.，2017）研究了墨西哥企业在面对汇率冲击时如何调整产品加成率，研究发现，汇率贬值会促使企业提升出口产品加成率，且这一效应对于生产率较高的产品，其增长幅度更大。樊海潮等（Fan et al.，2017）、祝树金等（2018）的研究表明，中间品贸易自由化显著地提升了中国多产品出口企业的产品加成率。祝树金等（2019）进一步研究发现，由最终品关税降低引致的进口竞争效应显著提升了企业产品出口加成率，在区分产品差异化程度后，进口竞争对异质性产品出口加成率有显著促进效应，对同质性产品出口加成率的影响效应不显著。其他因素对企业出口产品加成率影响因素的研究则表现得较为稀缺。

四、出口复杂度的测算及影响因素研究

20 世纪 80 年代以来，随着贸易自由化和全球化的快速发展，技术密集型产品在世界贸易中的份额快速上升，并且少数新兴工业化国家的出口结构正从低技术、低技能和劳动密集型产品转变为高技术和高技能产品（Lall，2000）。不同国家在出口结构表现上的差异引起了学术界的极大兴趣，因为一个国家如果出口更多技术密集型产品，意味着这个出口国已经掌握更高的技能和技术禀赋，并将获得更大的发展利益。一些文献依据产品行业特性，将产品分类为高技术行业产品和其他类别产品，并且从事起比较各国高技术产品占生产和出口份额的研究工作（Hatzichronoglou，1997；Lall，2000）。

尽管产品分类法在实证和政策分析方面有着广泛应用，但该方法的分类依据为行业特性（如行业 R&D 与工业增加值的比例）。然而，贸易产品数据比行业数据更加详细，行业层面的研究已不能满足当今日益"碎片化"的生产现状，导致产品分类法在实际运用中具有很多的局限性；而要克服此局限，最理想的办法便是直接获得每一个产品的特征属性（嵌入产品内的真实技术和研发投资等），但这在实操过程中是极其困难的。为了精确捕捉每一个国家出口结构水平，拉尔等（Lall et al.，2006）首次提出"产品复杂度"的概念，用于衡量每一个产品单元的技术、差异化、碎片化、资源可用性等内在特征。他们提出，每一种产品复杂度的得分是由出口该产品的国家人均收入加权平均得到（权重是每个国家对该产品的出口占该产品世界出口的份额）。该指数的优点是可以在任何产品分类级别上为所有产品提供连续的得分和排序，并且可以根据研究需要以产品出口额为权重加权平均至国家、行业、企业等不同的维度。与此同时，罗德里克（Rodrik，2006）和豪斯曼等（Hausmann et al.，2007）也提出了一个较为相似的指标构建策略，他们使用每个国家产品出口的显示性比较优势指数构建权重，然后对国家人均收入水平进行加权处理。与拉尔等（Lall et al.，2006）的构建方法相比，这样

处理的优点是确保了国家出口规模大小不会过度扭曲产品复杂度的排名①。豪斯曼等（Hausmann et al.，2007）使用该指数衡量一国出口产品的生产率水平，并发现该指标可用来有效预测国家未来经济增长速度。罗德里克（Rodrik，2006）利用该方法着重分析了中国经济高速增长的原因，研究指出，1992 年中国出口产品生产率比人均收入水平高六倍，1999～2001 年中国出口产品生产率与人均收入是中国 3 倍的国家相当。由此作者推测，随着时间推移，中国出口产品生产率与人均收入呈逐渐收敛态势，这是中国经济呈现快速增长的重要原因。此后，以罗德里克（Rodrik，2006）和豪斯曼等（Hausmann et al.，2007）的研究为基础，学术界对出口复杂度的测算和影响因素展开了大量讨论。

（一）出口复杂度的测算

目前，关于出口复杂度测算的主流方法有三种，分别是人均收入指标法、出口相似度法以及反射迭代法。

（1）人均收入指标法。收入指标法是目前测算出口复杂度指数最常见的一种方法。豪斯曼和罗德里克（Hausmann & Rodrik，2003）假设一国的人均收入水平越高，其对高技术产品的需求偏好就越高，同时投资于高技术产品开发的能力也就越强。在这一假设的基础上，罗德里克（Rodrik，2006）、豪斯曼等（Hausmann et al.，2007）将贸易专业化指标（trade specialization indicator，TSI）中的绝对比重进行改进，以各国出口产品的显示性比较优势指数（revealed comparative advantage index，RCA）为权重，对该产品所有出口国的人均收入水平进行加权，计算出产品层面的复杂度指数。在后来的研究中，学者们则根据研究需要，以

---

① 考虑一个涉及孟加拉国和美国服装的例子，特别是六位数的产品类别 620333，"男士夹克和西装外套，合成纤维，非针织。" 1995 年，美国对这类商品的出口额为 2880 万美元，超过了孟加拉国的 1940 万美元。然而，这种商品只占美国出口总额的 0.005%，而孟加拉国占 0.6%。如上所述，罗德里克（Rodrik，2006）和豪斯曼等（Hausmann et al.，2007）开发指数允许我们在计算与服装相关的生产率水平时，更重视孟加拉国的收入，而不是美国的收入，尽管美国的出口量比孟加拉国大。

产品份额为权重将产品复杂度指数加权平均至国家（地区）、行业或者企业等层面。

由于收入指标法选用 RCA 指数作为权重，因而保障了产品出口规模较小的国家人均收入水平也能得到足够的重视（Eck & Huber, 2016）。尽管如此，该种测算方法仍然存在着明显的测算缺陷与不足。例如，如果某一产品主要由人均收入水平较高（低）的国家出口，那么依据人均收入水平与生产技术相挂钩的理论假设，该产品复杂度就较高（低），这在实际运用中容易导致"复杂的产品由富国生产，简单的产品由穷国生产；富国生产复杂产品，穷国生产简单产品"的自我循环结论（李小平等，2015）。其实，高收入国家可能出口低复杂度的产品，低收入国家也可能出口高复杂度的产品（Lall et al., 2006）。更为具体地，如果一种工业初级产品只由一个富国生产并出口，另一种需要投入多种要素的工业制成品只由一个穷国生产并出口，那么它们各自的显示性比较优势权重为 1，根据人均收入指标法，富国生产的初级产品复杂度要高于穷国生产的工业制成品复杂度，这便产生了与事实相违背的结论。此外，罗德里克（Rodrik, 2006）利用该方法测算发现，中国出口复杂度远远超过相近发展水平的国家，是自身收入水平的三倍以上，这一异常测算结果又被称为"Rodrik 悖论"。为了增强使用人均收入指标法测算产品和出口复杂度的可信度，一些学者从不同角度对其进行改进，如许斌（Xu Bin, 2010）考虑不同国家出口的同类产品之间的质量差异，以出口产品的相对单位值来替代产品质量，对产品复杂度指数进行质量上调整[①]。此外还有姚洋和张晔（2008）、丁小义和胡双丹（2013）等通过投入产出技术或贸易增加值统计指标不断优化和改良收入指标法，从而得到更加精确的出口复杂度指数。

[①] 经质量调整的产品复杂度公式：$\text{prody}_p^{adj} = (\theta_{cp})^\lambda \times \text{prody}_p$，其中，$\theta_{cp} = \text{price}_{cp} \Big/ \sum_n (\mu_{np} \times \text{price}_{np})$。$\text{price}_{cp}$ 表示国家或地区产品 p 的出口价格；μ_{np} 表示国家 n 产品 p 的出口占世界产品 p 总出口的比重；λ 为质量调整参数，许斌（Xu B, 2010）发现当 λ 设定为 2/3 时，中国出口复杂度不再出现统计上的"虚高"。

（2）出口相似度指数法。一些学者选用出口相似度法（export simi-larity index）测算中国的出口复杂度（Schott，2008；周禄松和郑亚莉，2014）。该方法是以某一发达国家出口的产品集作为参照系，计算本国出口产品集与发达国家出口产品集的重合度。计算公式为：

$$\text{ESI}_{c1c2} = \sum_{p \in I} \min(s_{pc1}, s_{pc2})$$

其中，ESI_{c1c2} 代表国家 c1 的出口产品集与国家 c2 的出口产品集的相似度；S_{pc1} 和 S_{pc2} 分别表示国家 c1 与国家 c2 出口的产品 i 在世界所出口的产品 i 所占的比例。如果用 c1 表示某一发达国家的出口产品集，则 ESI_{c1c2} 反映了 c1 国家相对于发达国家的出口复杂度指数。肖特（Schott，2008）利用该方法把中国对美国出口商品与其他发达国家对美国出口商品做比较。祝树金和陈雯（2010）认为该方法只是度量发达国家和发展中国家在重叠的出口产品集内的复杂度追赶，忽略了出口产品份额赶超和重叠产品集外的产品技术变迁，并且出口复杂度指数会因参照系国家的不同，测算出的数值不尽相同，导致可比性大打折扣。正因如此，近年来鲜有研究使用到该方法。

（3）反射迭代法。豪斯曼和伊达尔戈（Hausmann & Hidalgo，2010）基于能力理论创立反射迭代法。该方法通过反复迭代从国家和产品贸易流量中挖掘产品的复杂度含量。该方法用产品生产并出口的"普遍性"衡量产品复杂度，普遍性越低的产品复杂度越高，只有少数能力强的国家才能生产并出口，完全忽略了人均收入水平的影响，其测算的结果也更具客观性。然而，该方法会因迭代次数是奇数还是偶数从而产生不同的数值结果，为此塔奇拉等（Tacchella et al.，2013）基于能力理论对迭代公式进行了改进工作，使迭代测算结果更加稳定。国内学者李小平等（2015）利用改进后的反射迭代法测算 1998~2011 年中国 26 个制造行业出口复杂度指数，研究表明，中国制造业劳动密集型行业的出口复杂度较低但呈稳步上升态势，资本与技术密集型行业的出口复杂度较高但有下降趋势。

（二）出口复杂度的影响因素

现有文献就出口复杂度的影响因素这一命题展开了热烈讨论。早期的文献主要围绕国家（地区）或行业等宏中观层面展开，考察对象包括外资进入或对外直接投资（杨连星和刘晓光，2016）、人力资本禀赋（Hausmann et al.，2007；周茂等，2019）、劳动力成本上升（赵瑞丽和孙楚仁，2015）、金融发展（齐俊妍等，2011）、基础设施建设（王永进等，2010）、知识产权保护（代中强，2014）以及技术市场发展（戴魁早，2018）等。毋庸置疑，上述研究极大地丰富了我们对出口复杂度提升背后驱动力的理解和认识。

近年来，随着微观数据库可得性的增加，学者们的研究层次逐步渗透至微观企业层面。盛斌和毛其淋（2017）考察了中国加入世界贸易组织以来的进口贸易自由化改革对制造业企业出口复杂度的影响，发现中间品进口贸易自由化和最终品进口贸易自由化均有助于促进企业出口复杂度提升，且中间品进口贸易自由化的促进作用大于最终品进口贸易自由化。李俊青和苗二森（2018）基于不完全契约的现实背景分析了知识产权保护对企业出口复杂度的作用机制，认为加强知识产权保护会促进企业出口复杂度提升。埃克和胡贝尔（Eck & Huber，2016）以及亚沃西克等（Javorcik et al.，2018）研究发现，制造业行业外资进入通过产出链溢出效应改变了本国企业的产品复杂度水平。高翔和袁凯华（2020）研究表明，环境规制通过加速企业内部产品转换和企业退出两个渠道，清洁生产法规显著地促进了企业出口复杂度的提升。李小平等（2021）基于进口产品种类变化的利得视角，研究发现，企业从国外进口更多种类的中间品有助于促进其出口复杂度提升，李小平等（Li et al.，2022）利用2000~2013年县级最低工资数据和企业出口数据，研究发现，最低工资标准上涨引起的劳动力成本冲击会倒逼中国企业出口复杂度提升。

第三节　生产性服务业开放影响制造业生产及出口绩效的研究

服务中间品作为制造过程中必不可少的一环，研究服务业外资对制造业生产行为的影响可以从产业溢出效应的视角展开分析（Markusen，2005；Hoekman & Shepherd，2015）。随着服务业中间品在各国制造业企业生产过程中的占比持续上升（Bas，2014；许和连等，2017），服务中间品要素（如设计、研发、营销等高端要素的投入）的发展质量和供给效率很大程度上决定了本国下游制造业的生产优势和国际竞争力（Liu et al.，2018；彭书舟等，2020；Bas，2020；邵朝对等，2021）。

与货物贸易自由化的研究思路相似，对服务业外资的研究主要集中在对制造业企业生产行为与绩效的研究上。例如，李方静和张静等（2018）通过服务贸易限制指数、服务业外商直接投资（FDI）实际及合同流入量三种方法度量了服务贸易自由化，研究结果表明，服务贸易能提高制造业企业的出口概率及密集度。侯欣裕等（2018）利用中国颁布的服务业外资管制条款，刻画 1997～2007 年服务行业外资管制的变化程度；并使用投入产出关系，研究发现，中间生产性服务业外资管制放松显著提高了下游制造业企业的生产率，其中金融和能源服务业作用效果较好。通信、科技服务业影响较小。贝弗雷利等（Beverelli et al.，2017）基于制度环境视角，利用世界银行的企业调查数据也得出服务贸易开放与制造业企业绩效之间的正向促进关系。此外，阿诺德等（Arnold et al.，2011，2016）、张艳等（2013）分别以捷克、印度和中国的数据研究发现服务业市场改革能显著提高制造业企业的全要素生产率。李宏亮和谢建国（2018）基于制度环境视角研究了服务贸易开放对制造业企业加成率的影响，研究结果表明，深化服务贸易开放能持续提升制造业企业的市场势力，降低行业加成率的分散程度。巴斯（Bas，2020）考察了 20 世纪 90 年代中期印度的通信和能源服务改革对下游制造业企业投资研发决策的影响，研究发现，印度服务业自由化对制造业企业的创新有积极影响，尤其是对于初始生产率分布位于中间的企业影响作用更强烈。奥克塔布里安蒂纳和帕内农吉（Oktabriyantina & Panennungi，2021）使用 2006～2014 年印度尼西亚统计局公布的制造业普查的公司层面的数据。他们指出，减少对服务市场的限制是提高制造业生产力的重要驱动力。

在企业出口绩效上，巴斯（Bas，2014）基于异质性企业贸易理论框架运用印度数据得出服务贸易自由化能提高制造业企业的出口概率及密集度的结论。周霄雪（2017）利用 2000～2006 年中国工业企业数据库与海关数据库的匹配数据，研究发现，服务业外资自由化通过生产能力效应、质量升级效应与产品种类效应促进了中国制造企业出口绩效的提高。孙浦阳等（2018）基于《中华人民共和国服务贸易具体承诺减让表》和国家发展改革委颁布"关于外资参股服务业"的相关文件，通过量化外资参股的政策变化，刻画出 1997～2007 年我国服务业的外资开放和限制变化程度，研究发现，服务业允许外资参股的政策显著提高了下游制造业的出口倾向和出口额。彭书舟等（2020）基于上下游产业关联的分析视角，利用中国微观数据，考察了生产性服务业外资管制放松对制造业企业出口产品质量升级的影响。邵朝对等（2020）基于价值链视角，研究发现服务业对外开放显著提高了制造业企业出口国内附加值率。该结论也得到了杜运苏等（2021）、张丽等（2021）的验证。符大海和鲁成浩（2021）以加工贸易和一般贸易出口份额相对占比变化为切入点，研究发现，服务业开放能显著促进中国制造业企业一般贸易额上升，抑制其加工贸易额，从而加速中国企业出口贸易方式由加工贸易向一般贸易转型。

第四节　文　献　评　述

前述三方面文献为本书提供了扎实的理论基础。然而，考虑到本书研究主题的需要，已有文献仍存在以下可以推进的方面。

第一，理论研究上，现有研究虽然在理论上大量讨论了有关外资水平溢出效应及前后向溢出效应的影响，但是多数研究偏重对制造业外资进入或管制政策放松的探讨。虽然已有少部分研究基上下游产业关联视角分析服务业外资进入对下游制造业企业生产或出口绩效的影响，但始终缺乏更具说服力的理论分析框架，尤其是缺乏在异质性企业贸易理论框架下的系统分析，使之无法更加具有说服力地解释生产性服务业外资管制放松的动态调整对下游制造业企业生产乃至出口绩效的影响。这为本书提供了可进一步探索的空间。

第二，研究对象上，在分析服务业外资进入对制造业企业出口行为方面，尽管现有文献提供了丰富的有关生产性服务业外资管制放松影响企业出口规模和出口概率的实证技术基础，但并没有对企业外贸高质量发展的关键指标（包括出口产品质量、出口产品加成率、出口复杂度等）展开系统且规范的实证研究，因此，对研究对象挖掘的深度和广度还远远不够。

第三，研究层次上，基于第三节文献的梳理，不难发现，既有文献主要从微观企业层面分析服务业外资管制动态调整的影响效应，鲜有文献将研究层次下沉至"企业—产品—市场"维度，对市场维度控制变量的忽略使之难以更加精确地评估服务业外资管制水平变化对制造业对外贸易的真实影响。此外，多数文献的实证研究都没有考虑服务业外资管制水平变化对制造业出口升级的作用机制检验，这也使研究结论缺乏一定的说服力。

总之，本书以异质性企业生产和贸易行为理论框架为分析基础，以中国为研究对象，以海量的微观数据为依托，基于 OECD 数据库外资管制指数，运用多重计量模型方法，更加系统且全面地揭示了生产性服务业外资管制变动对下游制造业企业外贸高质量发展的影响及其作用机制，从而为服务业外资与制造业生产和出口行为这一研究主题提供了来自中国微观层面翔实的经验证据，也为中国如何将正在推进的"扩大服务对外开放"策略和"贸易强国"建设有机结合提供了新的视角，具有重要的研究意义。

第二章　中国服务业开放政策的
演进与定量研究

第一节　中国服务业外资管制
政策的变化历程

　　扩大服务业对外开放是中国建设更高水平开放型经济新体制的核心部分，是促进中国经济增长、就业扩大、居民消费福利提升的重要举措。1978 年至今，中国服务业如同其他领域开放一样，不仅通过引入外资创造外汇，以补足国内服务业部门资金短缺问题，也通过外商直接投资的技术溢出效应、示范效应以及竞争效应促进本国服务业市场运转效率的提升。随着对外开放的不断深化，中国服务业市场逐步实现从局部开放到全面开放的变化态势，一跃成为中国现代产业体系的重要组成部分。本节以分析中国服务业外资管制政策的演进和服务业外资结构为契机，厘清中国改革开放 40 年来的服务业外资政策渐进式变化历程。参考隆国强（2017）、夏杰长和姚战琪（2018）的划分方式，依据国家发展战略需要和时代特征（见图 2-1），将中国服务业外资管制政策的演进历程划分为四个阶段：起步探索阶段、有序推进阶段、扩大开放阶段以及全面开放阶段。

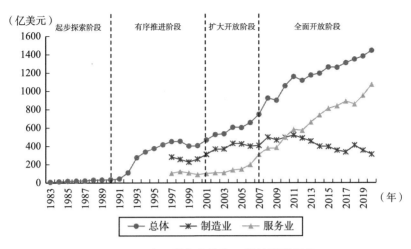

图 2 - 1 中国服务业外资开放的渐进历程

资料来源：作者依据中国国家统计局提供的实际利用外商直接投资金额数据整理。

一、起步探索阶段：1978～1990 年

1978 年，中国拉开了改革开放的序幕。1979 年，中国历史上第一部外商投资法《中华人民共和国中外合资经营企业法》诞生，此后，外资进入中国市场变得有法可循、有法可依。在此期间，由于受到计划经济的影响，工业化建设是国民经济发展战略的重中之重，这使服务业外资没有引起政府部门足够的重视。虽然房地产、餐饮、旅游较早实行了外资管制放松政策①，但整体开放水平依然较低。1987 年底，原国家计委颁发了《指导吸收外商投资方向暂行规定》（以下简称《规定》）②，把外商直接投资项目或领域分为鼓励、允许、限制和禁止四类。然而该《规定》仅对工业产品领域给出了详细的说明，少有内容涉及服务业，使服务业外商投资的方向和领域依然不明朗。1979～1990 年，中国服务

① 20 世纪 80 年代初建成的南京金陵饭店、广州白天鹅宾馆、北京建国饭店等合资饭店是中国最早一批的外商投资项目。

② 《指导吸收外商投资方向暂行规定》，http：//www. gov. cn/zhengce/content/2011 - 09/08/content_5193. htm。

业外资实际利用外资所占比重虽然达到总量的 1/3，但服务业外资更多集中在旅游、宾馆建设等领域（李勇坚和夏杰长，2012）。总的来说，在此阶段，中国服务业外资开放总体上滞后于制造业外资开放步伐，受到诸多因素的限制，开放的领域较小，因此可称为中国生产性服务业外资管制放松的萌芽阶段。

二、有序推进阶段：1991～2001 年

1991 年，中国生产性服务业外资管制放松步入有序推进阶段。此阶段，中国服务业外资改革进程步入正轨，主要有两个原因。

一是因服务业在欧美等发达国家经济增长中的贡献度日益上升，中国政府开始重视并挖掘服务业发展的经济增长效益。[①] 1992 年 6 月，中共中央、国务院起草并出台第一份促进服务业发展的文件——《关于加快发展第三产业的决定》。同年 10 月，党的十四大正式确定"中国经济体制改革目标是建立社会主义市场经济体制"并提出"大力促进第三产业的兴起"。[②] 随后党的十五大提出"有步骤地推进服务业的对外开放"。[③] 两次党代表会议的重要精神使境外服务业资本纷纷尝试进入中国市场。数据显示，1991～2001 年，服务业生产总值占国内生产总值比重从 34.5% 增长到 41.2%，仅比工业低 3.6%（隆国强，2017）。

二是中国于 20 世纪 90 年代初参与乌拉圭回合服务贸易谈判，积极申请恢复中国的《关税与贸易总协定》（General Agreement on Tariffs and Trade，GATT）初始缔约国地位。而 GATT 初始缔约国地位的恢复，需要申请国承诺开放大多数服务业部门。这也是促使中国生产性服务业

---

① 隆国强：《构建开放型经济新体制——中国对外开放 40 年》广州：广东经济出版社，2017 年版。

② 加快改革开放和现代化建设步伐，夺取有中国特色社会主义事业的更大胜利——江泽民在中国共产党第十四次全国代表大会上的报告：https：//fuwu. 12371. cn/2012/09/26/AR-TI1348641194361954_all. shtml。

③ 资料来源：https：//fuwu. 12371. cn/2012/09/27/ARTI1348726215537612_2. shtml。

外资管制放松速度加快的重要原因。

在上述因素的推动下，中国服务业外资也从起步探索阶段转变为有序推进阶段，一系列促进生产性服务业外资管制放松的政策文件和措施相继出台。1995 年，国务院发布《外商投资产业指导目录》。[①] 1997年，国务院修订了《外商投资产业指导目录》并发布，中国服务业对外商投资的管制越来越少。具体而言，如表 2－1 所示，外商直接投资可以通过商业存在的方式入驻中国保险、金融等部门，但交通运输、电信、贸易金融业以及广播影视业等行业依然设有外商禁止投资限制。1999 年，中国允许外资银行在国内中心城市设立分支机构。同年，中国允许部分城市试办 1～2 家中外合作、合资商业企业，经营类型由零售扩展为批发。2001 年 9 月，《外资电信企业管理规定》出台，允许外资以合资的方式进入中国电信业。[②] 在此阶段，尽管服务业外资管制水平的广度和深度有所放松，但依然远低于欧美等发达国家，仍然位于管制较严厉的国家（地区）行列。

表 2－1　　1995 年和 1997 年《外商投资产业指导目录》服务业领域政策细节

类型	外商投资产业指导目录 （1995 年）	外商投资产业指导目录 （1997 年 12 月修订）
鼓励外商投资类	国际经济、科技、环保信息咨询；精密仪器设备维修、售后服务；高新技术、新产品开放中心的建设与企业孵化	国际经济、科技、环保信息咨询；精密仪器设备维修、售后服务；高新技术、新产品开放中心的建设与企业孵化
限制外商投资类	出租汽车；加油站；旅行社；合作办学（基教除外）；医疗机构；会计、审计、法律咨询等；旅游区建设；银行、财务公司、信托公司、保险公司等金融相关行业	出租汽车；加油站；旅行社；合作办学（基教除外）；医疗机构；会计、审计、法律咨询等；旅游区建设；银行、财务公司、信托公司、保险公司等金融相关行业
禁止外商投资类	邮政、电信业务的经营与管理、贸易金融业、广播影视业及新闻业	邮政、电信业务的经营与管理、贸易金融业、广播影视业及新闻业

资料来源：作者依据《外商投资产业指导目录》资料整理。

---

① 资料来源：http：//www.mofcom.gov.cn/aarticle/b/f/200207/20020700031063.html。

② 资料来源：http：//www.gqb.gov.cn/node2/node3/node5/node9/node102/userobject7ai1554.html。

三、扩大开放阶段：2002～2006 年

2001 年 12 月 11 日，中国正式成为世界贸易组织（World Trade Organization，WTO）成员。服务业对外开放是中国加入世贸组织的重要承诺。根据《服务贸易具体承诺减让表》，中国将服务贸易分为 12 个大类、46 个中类以及 155 个小类，承诺对商业、通信、分销、教育、环境、建筑与相关工程、金融、旅游、运输九个服务业部门进行开放，而对娱乐、文化与体育，健康与社会等较敏感的服务业部门未做出承诺。总的来说，中国对于服务开放做出的承诺远高于其他发展中国家（盛斌，2002），中国服务业外商直接投资步入扩大开放的阶段。加入 WTO 后，中国服务业外资有以下四个表现。

第一，服务业实际利用外资金额保持高速增长势头。2002～2006 年，中国服务业实际利用外资总额从 109.23 亿美元上升至 199.075 亿美元，年均增长率为 10.03%。其中，批发和零售业、居民服务和其他服务业、公共管理和社会组织增幅较大，年均增长率均超过 40%。[①]

第二，服务业实际利用外资结构呈现优化态势。如图 2－2 所示，2004 年房地产业实际利用外资占比为 42.35%，2006 年下降为 41.34%。实际利用外资结构占比上升的行业有批发与零售业，交通运输、仓储和邮政业，租赁和商务服务业，科学研究、技术服务和地质勘查业，其中，批发与零售业实际利用外商直接投资占比上升幅度较大，从 2004 年的 5.264% 上升至 2006 年 8.99%。[②]

第三，中国为履行加入世贸组织承诺逐步实现服务业全面放开。在此阶段，中国政府着重修订、清理了 2300 多项与外经贸相关的法律法规，分别于 2002 年和 2004 年对《外商投资产业指导目录》进行两次修订，8 大类 35 小类服务项目首次被纳入鼓励外商直接投资行列，其中包括交通运输和金融保险业等部分原来管制较严厉的领域。

---

①② 作者根据《中国统计年鉴》计算得到。

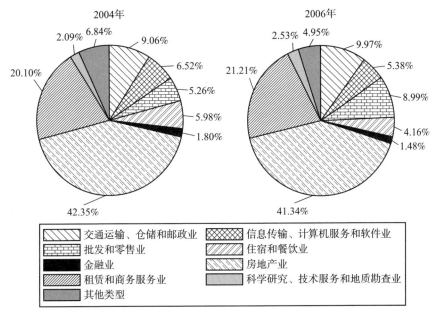

图2-2 2004年和2006年中国服务业细分行业实际利用外资占比

注：其他类型包括文化、体育和娱乐业，卫生、社会保障和社会福利业，教育业，居民服务和其他服务业，水利、环境和公共设施管理业。

资料来源：国家统计局《中国统计年鉴》。

第四，中国服务业外资管制仍然存在限制领域。从整体来看，尽管中国加入《服务贸易总协定》（GATS）时，对境外消费和跨境提供方面减少了限制，几乎所有服务部门进行至少全面或局部开放，但与其他国家相比，自然人移动等方面依然存在着些许限制（隆国强，2017）。

加入世贸组织后的一系列政策或措施使中国服务业外资的开放得到了提速。截至2006年，中国加入世贸组织谈判中服务业开放的承诺已全部到位，扩大开放的领域不仅包括零售商业、房地产等多个行业，还包括交通、金融、通信、会展、旅游、商务服务（会计、审计、资产评估）等以往开放程度较低的行业。在此阶段，中国服务业外资管制水平与国际主要经济体（如美国、日本、俄罗斯、巴西等）之间的差距不断缩小。

四、全面开放阶段：2007 年至今

完成加入世贸组织承诺后，中国外商直接投资管制政策向着放松管制和取消外资的超国民待遇方向进一步演进，其目标是建立与国际接轨的引资机制。在此背景下，中国服务业外资进入全面开放的新阶段。

2007 年 10 月 31 日第四次修订《外商投资产业目录》，鼓励类服务领域项目从原来的 35 项上升至 41 项，政府对服务业外商投资的指导作用进一步加强。

2011 年服务业实际利用外资总额为 582. 528 亿美元，占比首次超过制造业（见图 2 - 1），是中国利用外资规模的"半壁江山"。2016 年及之后的年份，服务业实际利用外资的占比更是超过了 70%。服务业外资从"配角"晋升为"主角"。

党的十八届三中全会通过《中共中央关于全面深化改革若干重大问题的决定》，其中指出：放宽投资准入限制，推进金融、教育、文化、医疗等服务业领域有序开放，逐步放开建筑设计、会计审计、商贸物流、电子商务等服务业领域外资准入限制。①

2015 年 3 月，《外商投资产业指导目录（2015 年修订）》正式发布，该目录放宽了对外商投资房地产的限制，对此前关于外商投资房地产的全部限制类条款予以删除。② 此后，中国取消房地产"限外令"的序幕正式拉开。2017 年 3 月，《外商投资产业指导目录（2017 年修订）》发布，该目录将限制类数量减少一半，并进一步放宽了服务业外资股比限制。③

党的十九大促使中国生产性服务业外资管制放松政策驶入"快车道"。2017 年 10 月，习近平总书记在党的十九大报告中强调全面实行准

---

① 资料来源：https：//news. 12371. cn/2013/11/15/ARTI1384512952195442. shtml。

② 资料来源：http：//www. gov. cn/gongbao/content/2015/content_2864060. htm。

③ 资料来源：http：//www. gov. cn/xinwen/2017 - 06/28/content_5206424. htm。

入前国民待遇加负面清单管理制度，大幅度放宽市场准入，扩大服务业对外开放。① 习近平总书记关于外开放的重要论述，更加坚定了中国扩大服务业的开放力度和提升服务业开放水平的信心。

2018 年 6 月 28 日，国家发展改革委和商务部联合发布《外商投资准入特别管理措施（负面清单）（2018 年版）》。它列出了金融领域对外开放路线图时间表，取消银行业外资股比限制，同时将证券公司、基金管理公司、期货公司、寿险公司的外资股比放宽至 51%，并于 2021 年取消金融领域所有外资股比限制。在交通运输领域，取消铁路旅客运输公司、国际海上运输、国际船舶代理外资限制。商贸流通领域，取消加油站、粮食收购批发外资限制。② 随着中国第一份外资准入负面清单的问世，服务业对外资管制放松的广度和深度进一步加强。

2019 年 6 月 30 日，国家发展改革委、商务部发布《鼓励外商投资产业目录（2019 年版）》。其中，重点鼓励外资直接投资投向生产性服务业，促进中国生产性服务业转型升级。在商务服务开放领域，新增或修改工程咨询、会计、税务、检验检测认证服务等条目。③

2019 年 3 月 15 日，《中华人民共和国外商投资法》由中华人民共和国第十三届全国人民代表大会第二次会议通过，于 2020 年 1 月 1 日起施行。该法案为进一步扩大对外开放，促进外商投资，保护外商投资合法权益，规范外商投资管理，促进社会主义市场经济健康发展提供了有力的法律保障。④

在上述一系列政策的颁布和实施下，中国服务业实际利用外资结构不断发生变化。如图 2 - 3 所示，2007 ~ 2019 年，信息传输、计算机服务和软件业、金融业、租赁和商务服务业、科学研究、技术服务和地质勘查业等生产性服务业的实际利用外资金额占比呈现上升态势，而房地

---

① 资料来源：http://www.gov.cn/zhuanti/2017 - 10/27/content_5234876.htm。
② 资料来源：http://www.mofcom.gov.cn/article/b/f/201806/20180602760432.shtml。
③ 资料来源：http://www.gov.cn/xinwen/2019 - 06/30/content_5404701.htm。
④ 资料来源：http://www.gov.cn/zhengce/content/2019 - 12/31/content_5465449.htm。

产业、住宿和餐饮业、交通运输、仓储和邮政业实际利用外资金额比例不断下降。中国服务业实际利用外资结构不断优化升级，服务业外资在国家经济发展过程中的重要作用持续凸显。

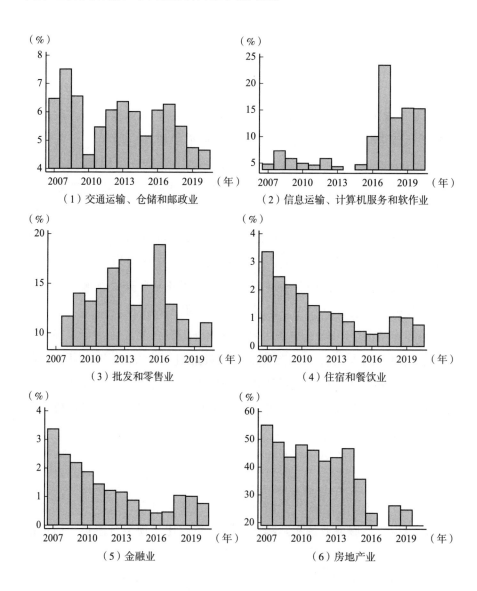

（1）交通运输、仓储和邮政业

（2）信息运输、计算机服务和软作业

（3）批发和零售业

（4）住宿和餐饮业

（5）金融业

（6）房地产业

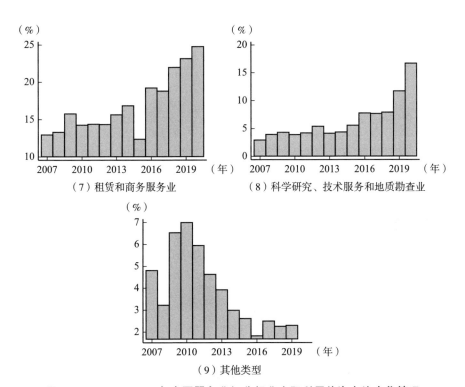

图2－3 2007～2020年中国服务业细分行业实际利用外资占比变化情况

注：其他类型包括文化、体育和娱乐业，卫生、社会保障和社会福利业，教育业，居民服务和其他服务业，水利、环境和公共设施管理业。

资料来源：作者依据测算结果利用Stata 13绘制而成。

第二节 生产性服务业外资管制 水平的国际比较

中国服务业外资管制与世界其他国家相比如何，是严厉还是宽松？想要回答此问题，需要先对各国服务业外资管制水平进行量化。以往研究大多采用服务业外资渗透率（即服务业外资存量与工业增加值的比例）衡量外资管制水平。单纯从统计学的角度来看，渗透率指数容易受到服务业外资存量增长率与工业增加值增长率相对变化的干扰，以至于无法客观真实地体现出行业外资管制水平。鉴于此，参考达根（Duggan et al.，2013）、李小帆和马宏（2019）的研究思路，选用 OECD 全球化数据库中的各国分行业外国直接投资监管限制指数作为行业外资管制水平的代理变量。[①]

OECD 全球化数据库中的外国直接投资监管限制指数衡量了 69 个国家和地区（包括所有经合组织成员和 G20 国家）的三大产业 22 个细分行业领域对外国直接投资的法定限制。统计年份包括 1997 年、2003 年、2006 年、2010 ~ 2017 年。外国直接投资指数是通过对外国直接投资的四种主要限制进行评分然后加权的方式计算得到。四种主要限制分别为：（1）外商股权限制；（2）外资查验和审批限制；（3）外籍职工作为核心人员限制；（4）其他方面限制（如土地购买、利润与资本回流等）。外资管制指数的取值区间为［0，1］，数值越接近 1 表示该行业领域对外资的管制性越严厉，外资开放水平越低；越接近 0 表示该行业对外资的管制性越宽松，即外资自由化水平越高。该数据库是由经合组织投资部和经合组织经济部共同维护，因此具有相当的可信度，目前已在国内外部分文献中得到应用（Duggan et al.，2013；李小帆和马弘，2019；彭书舟等，2020）。

一、整体层面的国际比较

图 2 - 4 展示了 1997 ~ 2017 年参与比较的国家服务业与制造业外资管制指数变动情况。首先是服务业外资管制指数，中国服务业外资管制指数处于参比国家的最高水平；其次是印度和俄罗斯，而发达经济体美国、日本以及发展中经济体巴西的外资管制指数均低于 0.2。由于外资管制指数越高，该国家（或地区）的外资自由化水平越低，可知中国是参比国家中服务业外资管制水平较严厉的国家。就变动趋势而言，中国

[①] 资料来源：https：//stats. oecd. org/。有关该套数据库的详细介绍，学者们可参考《OECD'S FDI RESTRICTIVENESS INDEX：2010 UPDATE》文献。

在 2002～2006 年服务业外资管制指数呈现大幅度降低，从 0.660 下降至 0.505，下降幅度为 23.5%，其缘由可能是中国加入 WTO 后为履行"入世"承诺而兑现的服务业对外开放承诺。印度服务业外资管制指数也在 2002～2006 年进行大幅度下调，俄罗斯则在 2006～2009 年进行大幅度下调，其他参比国家由于一直处于外资管制宽松状态，没有明显的变化特征。最后是制造业外资管制指数，中国制造业外资管制指数同样处于参比国家的最高水平，并且在 2016 年之前与其他参比国家的外资管制指数具有明显差距，中国也是参比国家中制造业外资管制水平较严厉的国家。

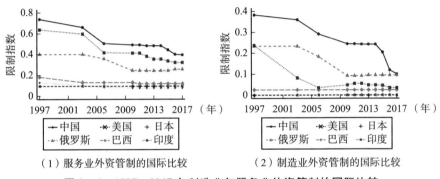

图 2－4　1997～2017 年制造业与服务业外资管制的国际比较

资料来源：OECD 全球化数据库。

为了更清楚地展示各国服务业外资管制和制造业外资管制之间的横向对比情况，图 2－5 描绘了 1997 年和 2013 年世界主要经济体的制造业外资与服务业外资管制指数。第一，就两大产业横向对比而言，各个国家的制造业外资管制指数均大幅低于服务业外资管制指数，表明各国制造业外资自由化水平普遍高于本国服务业外资自由化水平。以中国为例，2013 年中国制造业外资管制指数为 0.242，服务业外资管制指数为 0.482，制造业外资自由化水平是服务业外资自由化水平的两倍。第二，仅从各国之间服务业外资管制水平的对比来看，无论是 1997 年还是 2013 年，中国服务业外资管制指数数值远高于 1997 年和 2013 年 OECD

成员平均值，可见，相比于其他国家，中国对生产性服务业外资管制放松的广度和深度还远远不够，依然是参比集合中对服务业外资管制较严厉的国家之一。过于严苛的外资管制一定程度上会削弱市场经济这一"无形之手"对本国服务业市场运转效率的正向作用，导致国内服务业市场发展缺乏足够的动力和活力。

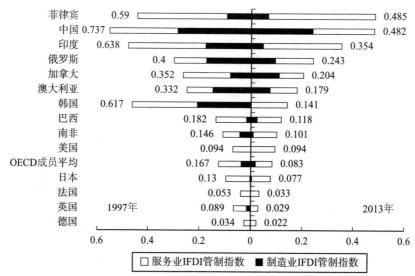

图 2 - 5　1997 年和 2013 年制造业与服务业外资管制的国际比较

资料来源：OECD 全球化数据库。图中数据为服务业外资管制指数。

图 2 - 6 展示了 1997 ~ 2016 年参比国家四种不同限制类型的服务业外资管制指数。可以看出，中国对服务业外籍职工作为核心人员限制以及外资查验和审批限制远高于其他国家，对外商股权限制则较高于其他国家（与印度几乎相同），在其他方面的限制则与发达经济体之间没有明显差距。至此可得，中国对服务业外资管制较严厉的原因主要是由中国对服务业外籍职工作为核心人员限制和外资查验与审批限制引起的。

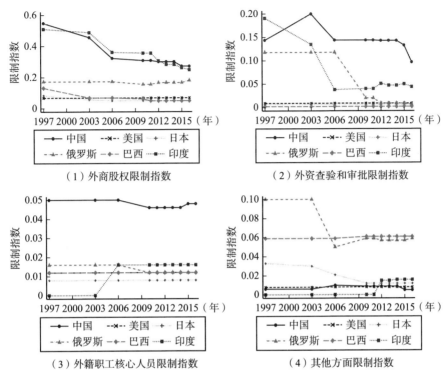

图 2 - 6　分限制类型的服务业外资管制的国际比较

资料来源：OECD 全球化数据库。

二、分细分行业外资管制的跨国比较

各国服务业细分行业的外资管制又有何变动特征？从 OECD 全球化数据库整理出交通运输业、通信业、分销业（批发与零售业）、金融业、商务服务业五类生产性服务业的外资管制指数，并分别进行跨国比较（见图 2 - 7）。

（1）交通运输业。相比于其他国家，中国交通运输业外资管制指数一直维持在较高的水平线上，表明中国交通运输业外资自由化水平较低。1997～2016 年，中国交通运输业外资管制指数从 0.778 下降至0.50，虽然管制严厉性有所放松，但仍是代表性经济体中管制较严厉的国家之一。美国交通运输业的外资管制指数较高于其他国家，其数值始

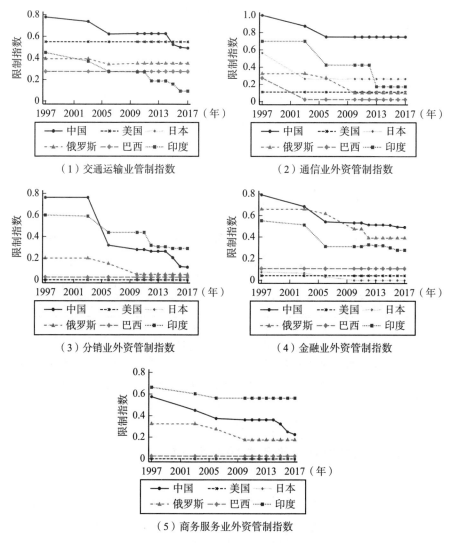

（1）交通运输业管制指数

（2）通信业外资管制指数

（3）分销业外资管制指数

（4）金融业外资管制指数

（5）商务服务业外资管制指数

图 2-7　服务业细分行业外资管制的国际比较

资料来源：OECD 全球化数据库。

终维持在 0.55。印度交通运输业的外资管制指数最低，2013 年达到
0.188。交通运输业外资管制放松可以为下游制造业企业提供更加便捷、
优惠和多元化的交通运输渠道。严苛的交通运输业外资管制一定程度上
阻碍了商品或原材料的流通效率。

（2）通信业。中国通信业外资管制指数同样维持在较高的水平线上，说明中国通信业外资自由化水平较低。中国通信业外资管制指数从 1997年的 1.00 下降至 2006 年 0.75，此后再未发生变动，尽管从原来的完全管制到些许放松，但仍旧是参与比较的国家中通信业外资管制最严厉的。其余国家通信业外资管制指数在 1997~2016 年均经历了不同程度的下降。其中，巴西的通信业外资管制指数最低，2016 年达到 0.025，已接近完全开放的状态。其余国家 2016 年通信业外资管制指数也均小于 0.2。通信业管制放松带来的信息技术进步会降低信息沟通成本和信息不确定性引致的风险，为制造业企业的生产和流通提供全新平台。因此，较严苛的通信业外资管制水平可能对企业的信息沟通成本和获取信息的及时性带来一定的影响。

（3）分销业（又称批发与零售业）。中国分销业外资管制指数在1997~2016 年大幅降低，中国分销业外资自由化水平处于逐步提升的态势。1997~2016 年，中国分销业外贸管制指数从 0.763 下降至 0.123，并于 2006 年开始便低于印度分销业外资管制指数，是参比国家中下降幅度最明显的。美国分销业外资管制指数最低，几乎为 0，说明美国分销业外资管制指数处于完全开放状态。分销领域的外资管制放松一方面可以为制造业企业提供更加优质和多元化的投入要素购置渠道；另一方面可以从消费市场端为制造业企业提供更加完善的分销渠道和科学的市场营销策略，有助于降低企业要素供给端和市场需求端的信息不对称程度。

（4）金融业。在参比国家中，中国金融业外资管制指数维持在较高的水平线上，略高于俄罗斯，说明中国金融业外资自由化水平较低。1997~2016 年，中国金融业外资管制指数从 0.792 下降至 0.493，虽然管制水平有所降低，可依旧是参比国家中管制较严格的国家。日本金融业外资管制指数相对而言最低，2010 年数值达到 0，处于完全开放状态。金融业外资管制放松将削弱国有和地方商业银行的垄断程度，加剧中国金融市场竞争的激烈程度，通过提高资金使用和运转效率的途径，帮助企业尤其是具有发展前景的中小企业缓解融资之难。

（5）商务服务业。中国商务服务业外资管制指数低于印度，但高于其他参比国家，说明中国商务服务业外资自由化水平仍有提升空间。

1997~2016 年，中国商务服务业外资管制指数从 0.575 下降至 0.250。美国和日本商务服务业外资管制指数最低，其数值几乎为 0，说明美国和日本的商务服务业外资管制指数处于完全开放状态。商务生产性服务业外资管制放松可以为中国企业在国际市场上提供更为全面的法律保护、更先进的财务管理模式等，继而在权益和财力的保障等方面为下游制造业企业的生产行为发挥保驾护航的作用。

为了更加清晰地展示中国细分服务业行业外资管制指数居高的真实原因，进一步整理 1997~2016 年参比国家各服务业行业分四种限制类型的管制指数数据，并分别进行国际比较。

图 2-8 展示的是交通运输业分四种限制类型的外资管制指数的跨国比较情况。可以看出，就交通运输业而言，中国对交通运输业外籍职

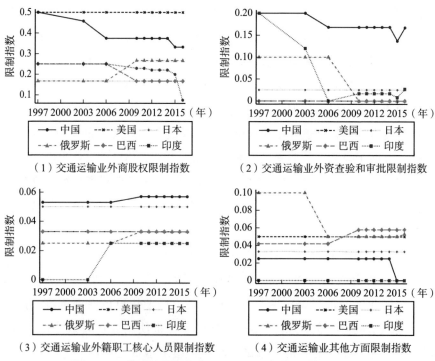

（1）交通运输业外商股权限制指数　　　（2）交通运输业外资查验和审批限制指数

（3）交通运输业外籍职工核心人员限制指数　　　（4）交通运输业其他方面限制指数

图 2-8　分限制类型的交通运输业外资管制的国际比较

资料来源：OECD 全球化数据库。

工作为核心人员限制以及外资查验和审批限制明显高于其他国家，而对外商股权限制则是低于美国，且在样本期内具有持续下降的态势，在其他方面的限制则是明显低于除印度外的其他参比国家。由此可知，中国交通运输业外资管制较高（较严厉）的原因主要是由中国对交通运输业外籍职工作为核心人员限和外资查验与审批限制引起的。

图2-9展示的是通信业分四种限制类型的外资管制指数的国际比较情况。可以看出，中国对通信业的外商股权限制与外资查验和审批限制程度明显高于其他国家，对外籍职工作为核心人员限制程度低于印度，但是高于其他参比国家，在其他方面的限制则与美国、日本等参比国家没有明显差异。至此可知，由于中国对通信业的外商股权限制、外资查验和审批限制以及外籍职工作为核心人员限制较为严格，所以中国通信业外资的开放水平较低。

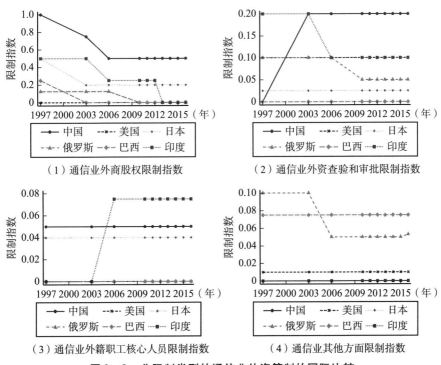

（1）通信业外商股权限制指数

（2）通信业外资查验和审批限制指数

（3）通信业外籍职工核心人员限制指数

（4）通信业其他方面限制指数

图2-9　分限制类型的通信业外资管制的国际比较

资料来源：OECD全球化数据库。

图 2-10 展示的是分销业（又称批发与零售业）分四种限制类型的外资管制指数的国际比较情况。样本期内，中国对分销业外籍职工作为核心人员的限制程度远高于其他参比国家。虽然对分销业外资查验和审批限制程度较为严厉，但随着时间的推移，在 2015 年出现"断崖式"下跌，高于除了印度以外的其他参比国家。中国对分销业外商股权限制呈现下降态势，并且逐步接近除印度之外的其他参比国家。在其他方面的限制上，中国与参比国家中的发达国家限制程度差距不明显。由此可知，中国分销业外资管制指数较高的原因主要是中国对分销业外籍职工作为核心人员的严格管理，然后是中国对分销业外资查验和审批的严格管理。

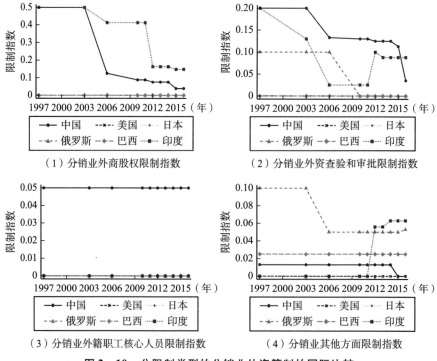

图 2-10　分限制类型的分销业外资管制的国际比较

资料来源：OECD 全球化数据库。

　　图2-11展示的是金融业分四种限制类型的外资管制指数的国际比较情况。可以看出，就金融业而言，中国对金融业外资股权限制、外资查验和审批限制以及外籍职工作为核心人员限制指数均明显高于其他国家，其他方面的限制则与其他参比国家无明显差异。由此可知，除了其他方面外，另外三种限制是造成中国金融业外资管制水平较严厉的重要原因。

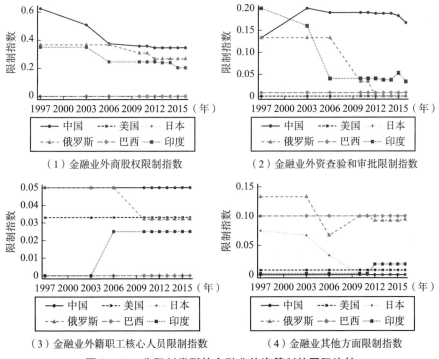

（1）金融业外商股权限制指数　　　（2）金融业外资查验和审批限制指数

（3）金融业外籍职工核心人员限制指数　　　（4）金融业其他方面限制指数

图2-11　分限制类型的金融业外资管制的国际比较

资料来源：OECD全球化数据库。

　　图2-12展示的是商务服务业分四种限制类型的外资管制指数的国际比较情况。在样本期内，中国对商务服务业外籍职工作为核心人员的限制程度远远高于其他参比国家，且具有管制指数上升的趋势，对商务服务业外资查验和审批限制程度也较为严厉，尽管随着时间推移有所下降，仍然是参比国家中管制程度最严厉的国家。中国对商务服务业外商股权限制呈现下降态势，并且逐步接近除印度之外的其他参比国家。在

其他方面的限制上，中国甚至低于参比国家中的俄罗斯和巴西。由此可知，中国商务服务业外资管制指数较高的原因主要是中国对商务服务业外籍职工作为核心人员的严格管理，然后是中国对商务服务业外资查验和审批的严格管理。

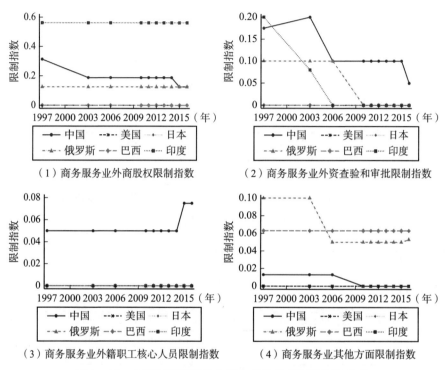

（1）商务服务业外商股权限制指数

（2）商务服务业外资查验和审批限制指数

（3）商务服务业外籍职工核心人员限制指数

（4）商务服务业其他方面限制指数

图 2 - 12　分限制类型的商务服务业外资管制的国际比较

资料来源：OECD 全球化数据库。

第三节　中国生产性服务业外资
管制的定量研究

前述研究分析了中国服务业外资管制的政策历程、国际比较以及其对市场发展的影响，加深了对中国服务业外资管制变化的经济效应的认识和理解。由于本书的重心是从产业关联的分析视角考察中国服务业外资管制变动对制造业外贸动态的影响效应。为此，需要思考如何建立起生产性服务业与下游制造业之间的关联程度，这是本书的关键所在。接下来，本节将重点介绍如何测算出中国下游制造业企业面临的生产性服务业外资管制指数。

一、生产性服务业外资管制指数的测度

借鉴阿诺德等（Arnold et al., 2011, 2016）的研究思路，以国内的部门投入产出表（input-output table）中服务中间品投入占制造业全部中间品投入的比重为关系纽带，构建下游制造业企业面临的生产性服务业外资管制程度。具体操作步骤为：第一步，将 OECD 数据库使用的行业代码与《中国 2002 年投入产出表》中的行业代码进行配对，以此获得中国各行业外资管制指数。第二步，识别并提取服务业细分行业外资管制指数，结合投入产出表中的制造业消耗的中间投入总额中服务中间投入所占权重，计算各类服务业外资管制水平对下游制造业细分行业的影响大小。第三步，在每个制造业细分行业内进行简单求和即可得到各个制造业行业面临的生产性服务业外资管制综合指数。其中，第二步和第三步的具体公式为：

$$\text{IFDI\_restrictiveness}_{jt}^{\text{Upstream\_k}} = \varpi_{kj} \times \text{IFDI\_restrictiveness}_{kt} \qquad (2-1)$$

$$\text{IFDI\_Ser}_{jt} = \sum_{k \in \theta_{\text{Service}}} \text{IFDI\_restrictiveness}_{jt}^{\text{Upstream\_k}} \qquad (2-2)$$

式（2-1）和式（2-2）中，$\text{IFDI\_restrictiveness}_{kt}$ 为行业 k 第 t 年的外资管制指数，该指数可从 OECD 全球化数据库之中直接获取；ϖ_{kj} 为中间投入品使用权重，具体含义为行业 j 消耗的投入总额中来自行业 k 的比重，该数据可通过《中国 2002 年投入产出表》直接消耗系数计算得到[①]；$\text{IFDI\_restrictiveness}_{jt}^{\text{Upstream\_k}}$ 为生产性行业 k 第 t 年的外资管制水

---

① 需要说明的是，本书在计算各行业投入产出权重的过程中，主要采用《中国 2002 年投入产出表》，即使是在测算 2007~2011 年各行业投入产出权重时，也并未用到《中国 2007 年投入产出表》。这样处理的优点在于避免了投入权重内生变化导致 FDI 监管限制指数的可能性，测算结果能够更加真实地反映服务业外管制水平的变化趋势（Maria Bas & Orsetta Causa, 2013）。

平对下游制造业 j 的影响指数；$\theta_{Service}$ 为生产性服务业细分行业的集合；$IFDI\_Ser_{jt}$ 是本书研究最为关注的核心解释变量，代表下游制造业行业 j 第 t 年面临的生产性服务业外资管制综合指数，其数值越低表明制造业行业 j 面临的生产性服务业外资管制水平越宽松（即自由化水平越高）。得到 $IFDI\_Ser_{jt}$ 指数后，将《中国 2002 年投入产出表》中的行业代码与国民经济行业制造业三位码进行对接，即可得到中国各个制造业行业企业面临的生产性服务业 FDI 管制综合指数。

在实际计算过程中，有两点问题需要说明：

第一，OECD 全球化数据库包含的服务部门共有七大类：分销（批发与零售）、交通运输（陆地、海洋与空运）、酒店餐饮、媒体、通信（固定通信、移动通信）、金融服务（银行与保险）、商务服务（法律、会计、建筑与不动产）。由于中国传媒业一直未对外开放，所以在计算时将此行业予以删除。此外，住宿餐饮业属于生活性服务业，不属于生产性服务业，为此也将住宿餐饮行业删除。经过处理后，测算时仅用到交通运输、通信、分销、金融服务以及商务服务五类生产性服务行业的外资管制指数。

第二，由于 OECD 全球化数据库仅提供 1997 年、2003 年、2006 年、2010 年及之后每一年的外资管制指数，为了保证研究数据在年份上的完整性和连续性，我们以 1997 ~ 2010 年国家发展和改革委员会、商务部发布的《外商直接投资产业指导目录》的执行时间点为依据（见图 2 - 13），对 2000 ~ 2010 年的外资管制指数进行调整：2000 年和 2001 年采用 1997 年外资管制指数替代，2002 年、2003 年和 2004 年采用 2003 年外贸管制指数替代，2005 年、2006 年和 2007 年采用 2006 年外资管制指数替代，2008 年、2009 年和 2010 年采用 2010 年外资管制指数替代。通过上述处理步骤，即可获得 2000 ~ 2013 年中国生产性服务业细分行业外资管制指数以及生产性服务业外资管制综合指数。

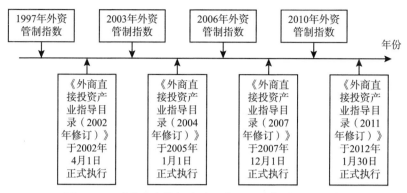

图 2 – 13　《外商直接投资产业指导目录》执行时间点

二、生产性服务业外资管制指数的变动

依据式（2 - 1）和式（2 - 2）的测算结果，图 2 - 14 绘制了考察期内代表性年份（2000 年、2003 年、2006 年、2010 年、2013 年）中国制造业企业面临的生产性服务业外资管制综合指数的核密度分布，以及交通运输、通信、分销、金融服务与商务服务五类生产性服务业部门各自的外资管制指数的核密度分布。从图 2 - 12（1）生产性服务业外资管制综合指数的核密度分布图可以发现以下三点。

第一，从分布位置来看，在考察期内，核密度估计曲线的极值点和变化区间左移的趋势非常明显，表明生产性服务业外资管制水平总体上呈现下降趋势，也表明生产性服务业外资自由化水平提升，这与中国服务业外资管制水平变化的典型事实描述基本上一致。

第二，从分布形态来看，考察期内的核密度分布曲线在总体上表现为顶峰高度上升以及曲线宽度变窄的态势，即从开始的"矮而胖"形状演变为后来的"高而廋"形状，这意味着各制造业行业面临的生产性服务业外资管制水平的绝对差异不断缩小、离散程度趋于收敛的变化状态。

第三，从分布延展性来看，2000 年和 2003 年分布图存在明显右拖尾状态，2006 年后的右拖尾现象有所好转，总体表现为右收敛趋势，进一步表明随着时间的变化中国制造业面临的生产性服务业外资管制水平之间的差距呈现收缩的态势。

从图 2 – 14（2）~（6）可以发现，不同生产性服务业细分行业的核密度分布表现存在明显差异。从分布位置和形态上看，生产性交通运输业、分销业、金融业以及商务服务业外资管制指数的核密度曲线均呈现整体水平向左移、顶峰高度上升以及曲线宽度变窄的变化状态，表明各生产性服务业部门外资管制水平放松、自由化水平提升的趋势。核密度曲线位置区间和形态变化趋势最不明显的是生产性通信业外资管制指数的核密度曲线，这可能与中国政府为在通信业上施行了更加谨慎的外资开放策略有所关系。从分布的极点上看，生产性金融业外资管制和生产性商务服务业外资管制核密度曲线均存在两个极点，表现为一个主峰和一个侧峰并存的状态，但是，主峰值远高于侧峰值。由此表明，中国制造业生产性金融业外资管制和生产性商务服务业外资管制水平存在较微弱的梯度效应。

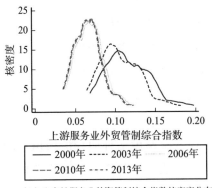

（1）生产性服务业外资管制综合指数核密度分布

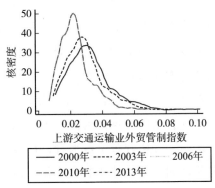

（2）生产性交通运输业外资管制指数核密度分布

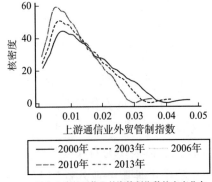

（3）生产性通信业外资管制指数核密度分布

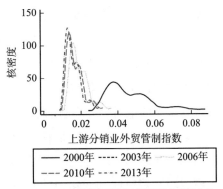

（4）生产性分销业外资管制指数核密度分布

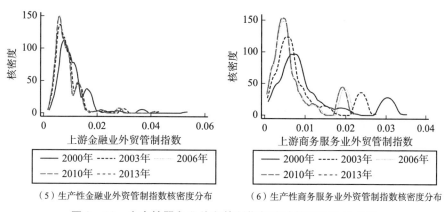

（5）生产性金融业外贸管制指数核密度分布 （6）生产性商务服务业外贸管制指数核密度分布

图 2-14 生产性服务业外贸管制指数值的核密度估计曲线

资料来源：作者依据测算结果利用 Stata 13 绘制而成。

服务业对外开放是中国加入世贸组织时承诺的一项重要内容。为了证明中国制造业面临的生产性服务业外资管制变动是中国加入 WTO 后为履行"入世"承诺而由计划经济向市场经济转轨的宏观背景使然，与个别部门（行业）利益或特征关联不大，借鉴布兰特等（Brandt et al.，2017）的研究思路①，以《中国 2002 年投入产出表》的行业分类为标准，将 1997 年制造业面临的生产性服务业的外资管制指数作为横轴，将 1997 年对 2013 年生产性服务业外资管制指数的变化值作为纵轴，绘制出散点图，如图 2-15 所示。从图中可以看出，无论是生产性服务业外资管制综合指数还是生产性服务业分行业外资管制指数，结果均显示，1997 年制造业面临的生产性服务业外资管制指数越高（低），在1997～2013 年生产性服务业外资管制指数变化值越大（小），所有行业的散点图均呈现线性变动的特征性事实。就生产性服务业外资管制综合指数而言，变动幅度最大的行业为炼焦业（37），1997～2013 年的变化值达到 0.0836，其中，生产性交通运输业外资管制指数变化是导致该行业生产性服务业外资管制指数整体变化较为明显的主要原因。变动幅度

① 布兰特等（Brandt et al.，2017）通过该方法发现，中国 2001～2007 年各行业的产品关税水平趋于收敛，各行业之间的差距不断缩减。

最小的行业为石油及核燃料加工业（36），1997～2013 年的变化值仅为 0.0022，其中，生产性分销业外资管制指数变化是导致石油及核燃料加工业生产性服务业外资管制指数整体变化幅度较小的主要原因。图 2 - 15 展示的线性特征变化一定程度上表明，就变动幅度而言，中国制造业面临的生产性服务业外资管制水平变动是由市场经济发展而推动的全方位逐步开放，与行业特定因素的关联性并不是很高。

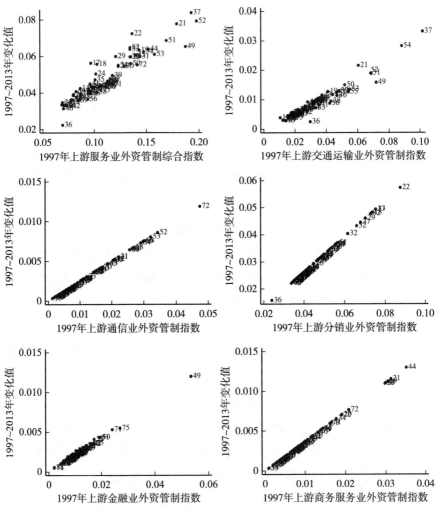

图 2 - 15　1997～2013 年中国制造业面临的生产性服务业外资管制指数变动差值

资料来源：作者依据测算结果利用 Stata 13 绘制而成。

第四节　本章小结

本章首先对中国改革开放以来的服务业外资管制政策历程进行了梳理；其次利用 OECD 全球化数据库中各行业外商直接投资监管指数，对比分析了 1997 ~ 2016 年中国、美国、日本、俄罗斯、巴西、印度六个国家的服务业外资管制水平的变化特征；最后利用《中国 2002 年投入产出表》，以投入要素为权重构建中国各个制造业行业面临的生产性服务业外资管制综合指数和生产性服务业分行业外资管制指数，并对其变化状态进行探讨。总的来看，本章得到的研究结论如下。

（1）依据中国经济发展状况、各时期的主要任务以及国际经济形势，中国服务业外资管制政策的演进历程可划分为四个阶段，分别是起步探索阶段、有序推进阶段、扩大开放阶段以及全面开放阶段。目前，中国正处于服务业外资全面对外开放的快速发展期，呈现的主要特征有两个：一是与服务业外资有关的法律法规越发完善和规范；二是生产性服务业外资占比不断提升，服务业外资的整体结构呈现持续优化的态势。

（2）截至 2016 年，中国服务业外资整体的管制水平在参比国家中仍然位于较高的水平线上，尚处于管制力度较严厉的地区行列，究其原因，中国对服务业外籍职工作为核心人员限制指数和外资查验和审批限制指数远高于其他国家。分服务业细分行业来看，中国交通运输业、分销（批发与零售）业、金融业、商务服务业外资管制水平在考察期有大幅下降态势，与参比国家之间的差距不断缩小，且越来越接近国际平均水平。然而，自 2006 年完成"入世"承诺后，中国通信业外资管制水平始终处于静止状态，与参比国家之间的差距不减反增。由此，中国未来在通信业领域依然具有较大的改革开放空间。

（3）通过投入产出表构建中国各个制造业行业面临的生产性服务业外资管制综合指数和生产性服务业分行业外资管制指数后，研究表明，在考察期内，制造业面临的生产性服务业外资自由化水平有大幅度提升，并且各制造业行业面临的生产性服务业外资管制水平的绝对差异也在不断缩小，1997 年制造业面临的生产性服务业外资管制指数越高则观察期内变化幅度越大，体现出生产性服务业外资管制政策具有全方位对外开放的典型特征。分服务业细分行业来看，生产性交通运输业、生产性分销业、生产性金融业以及生产性商务服务业外资自由化水平提升趋势明显；生产性通信业外资管制指数变化程度十分有限，与中国服务业外资管制水平变化的典型事实描述一致。

第三章　生产性服务业开放与制造业企业出口产品质量

第一节　问题的提出

产品质量是消费者最为关心的问题，也是当前国际市场竞争的核心要素，对企业出口绩效有着极为重要的影响（Baldwin & Harrigan，2011；Dinopoulos & Unel，2013）。现实中，中国出口产品质量效益与世界先进水平一直存在明显的差距。依据亨恩等（Henn et al.，2015）在国际货币基金组织（IMF）统计数据库公布的各国制造业行业出口产品质量指数（见图 3 - 1），在 1993～2014 年，尽管中国制造业出口产品质量水平稳步提升，却依旧与代表性发达国家的制造业出口产品质量存在明显的差距，美国和日本的制造业出口产品质量一直处于世界领先，而中国相对处于落后地位。中国出口产品质量效益在国际市场上的表现引起了国内政界和学术界的广泛关注。

如何推动企业出口产品质量升级？回顾国内外相关文献，促进制造业出口产品质量升级的因素有生产性垄断降低（王永进和施炳展，2014）、融资约束放宽（张杰，2015）、产业集聚（苏丹妮等，2018）、进口贸易自由化（Fan et al.，2015）、中间品进口（许家云等，2017）、制造业外资流入（李瑞琴等，2018）、对外直接投资（景光正和李平，2016）以及人民币汇率升值（余淼杰与张睿，2017；张明志和季克佳，2018）等方面。上述文献尽管从不同角度详细阐释了这些因素如何推动

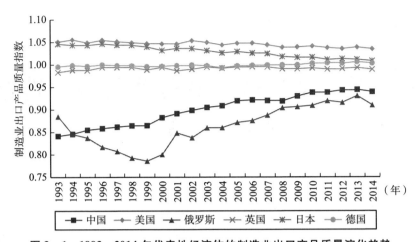

图 3 - 1 1993～2014 年代表性经济体的制造业出口产品质量演化趋势

资料来源：https：//data. imf. org/？ sk = A093DF7D - E0B8 - 4913 - 80E0 - A07CF90B44DB。

中国制造业出口产品质量的提升，但均未考虑国内服务业市场政策改革与制造业出口产品质量存在的内在联系。

现有文献虽有涉及生产性服务业外资管制放松与制造业生产活动的关系，然而分析对象集中于对制造业企业的全要素生产率（Fernandes & Paunov，2008；侯欣裕等，2018）和出口规模（Bas，2014；Correa - Lopez & Domenech，2019；孙浦阳等，2018）的影响，而对出口产品质量的研究较为罕见，尤其是缺乏来自中国微观数据的经验支撑。鉴于此，本章以中国"入世"以来积极扩大服务业对外开放为研究背景，利用丰富的微观数据信息，探讨中国服务业外资管制变化对下游制造业企业出口产品质量升级的影响效应，力求为中国如何从贸易大国走向贸易强国提供新的思路和经验证据。

第二节 理论分析与研究假设

本节旨在阐明生产性服务业外资管制变动对下游制造业企业出口产品质量影响的作用机理，即生产性服务业外资管制变动通过影响哪些关键变量以改变制造业企业出口产品质量。分析思路为：从数理模型上推导得到企业出口产品质量内生决定因素的理论分析框架，然后逻辑推演生产性服务业外资管制如何影响这些内生决定因素。

一、产品质量的内生决定因素

以哈拉克和西瓦达桑（Hallak & Sivadasan，2009）构建的企业产品质量异质性模型作为理论框架，梳理出企业出口产品质量的内生决定因素，从而为生产性服务业外资管制影响下游制造业企业出口产品质量的逻辑推演提供数理基础。

（一）消费需求

设定代表性消费者的效用函数为 CES 形式：

$$u = \left[\int_{s \in \Omega} (\varphi_s q_s)^{\frac{\sigma-1}{\sigma}} ds \right]^{\frac{\sigma}{\sigma-1}}, \quad \sigma > 1 \qquad (3-1)$$

其中，s 代表产品种类。在垄断竞争市场条件下，每家企业仅生产一种差异化产品，因此，s 也代表企业；Ω 表示产品种类集合；φ 表示产品种类 s 的质量水平；q 表示产品种类 s 的数量；σ 表示各类产品之间的替代弹性。在预算约束不变条件下，根据效用最大化原则求最优解可得代表性消费者对产品种类 s 的需求：

$$q_s = p_s^{-\sigma} \varphi_s^{\sigma-1} \frac{E}{P} \qquad (3-2)$$

其中，E 表示消费者支出额；P 表示价格指数，即 $P = \int_{s \in \Omega} p_s^{1-\sigma} \varphi_s^{\sigma-1} ds$。

（二）生产供给

不同企业的生产率和质量生产能力均存在异质性，且两者共同决定其市场绩效。假设生产率越高的企业，其可变成本越低；质量生产能力越高的企业，其固定成本越低。在上述基础上，企业的生产成本（包括可变成本和固定成本）可表示为：

$$\begin{cases} MC(\varphi, \omega) = \dfrac{c}{\omega}\varphi^{\alpha} \\ F(\varphi, \xi) = F_0 + \dfrac{f}{\xi}\varphi^{\beta} \end{cases} \quad (3-3)$$

其中，MC 表示边际成本；F 表示固定成本；ω 表示企业生产率水平，用以刻画企业边际成本异质性；ξ 表示企业固定成本投入效率水平，即企业支付低固定成本生产高质量产品的能力，用以刻画企业固定成本异质性，其值越大，企业产品质量生产的固定成本越低；φ 表示产品质量；$\alpha(0 \leqslant \alpha < 0)$ 和 $\beta[\beta > (1-\alpha)(\sigma-1)]$ 分别表示边际成本的质量弹性和固定成本的质量弹性；c 和 f 为常数。

(三) 均衡

结合需求函数式 (3-2) 和成本函数式 (3-3)，可得到企业追求利润最大化时的最优产品质量的表达式：

$$\varphi(\omega, \xi) = \left[\frac{1-\alpha}{\beta}\left(\frac{\sigma-1}{\sigma}\right)^{\sigma}\left(\frac{\omega}{c}\right)^{\sigma-1}\frac{\xi}{f}\frac{E}{P}\right]^{\frac{1}{\theta}} \quad (3-4)$$

其中，$\theta = \beta - (1-\alpha)(\sigma-1) > 0$。由式 (3-4) 易知，企业出口产品质量依赖于企业生产率 ω 和企业固定成本投入效率 ξ，通过一阶求导可得：

$$\frac{\partial \varphi(\omega, \xi)}{\partial \omega} = \frac{1}{\theta}\left[\frac{1-\alpha}{\beta}\left(\frac{\sigma-1}{\sigma}\right)^{\sigma}\left(\frac{\omega}{c}\right)^{\sigma-1}\frac{\xi}{f}\frac{E}{P}\right]^{\frac{1}{\beta-1}} \cdot \frac{\sigma-1}{c}$$

$$\cdot \frac{1-\alpha}{\beta}\left(\frac{\sigma-1}{\sigma}\right)^{\sigma}\left(\frac{\omega}{c}\right)^{\sigma-2}\frac{\xi}{f}\frac{E}{P} > 0 \quad (3-5)$$

$$\frac{\partial \varphi(\omega, \xi)}{\partial \xi} = \frac{1}{\theta}\left[\frac{1-\alpha}{\beta}\left(\frac{\sigma-1}{\sigma}\right)^{\sigma}\left(\frac{\omega}{c}\right)^{\sigma-1}\frac{\xi}{f}\frac{E}{P}\right]^{\frac{1}{\theta}-1} \cdot \frac{1}{f}$$

$$\cdot \frac{1-\alpha}{\beta}\left(\frac{\sigma-1}{\sigma}\right)^{\sigma}\left(\frac{\omega}{c}\right)^{\sigma-1}\frac{E}{P} > 0 \quad (3-6)$$

式 (3-5) 和式 (3-6) 的偏导数始终大于零，表明企业出口产品质量会随着企业生产率和固定成本投入效率的提升而有所上升。由此可知，企业生产率和固定成本投入效率是影响企业产品质量升级的两个重要的内生决定变量。

二、生产性服务业开放对产品质量内生性决定因素的影响

接下来，本部分将讨论生产性服务业外资开放如何影响这两个决定因素进而影响制造业企业出口产品质量。通过对现有文献进行梳理后发现，生产性服务业外资开放将通过服务中间品成本降低机制和服务中间品质量提升机制作用于企业生产率和固定投入效率，进而改变产品质量水平。

首先，服务中间品成本降低机制。服务业外资开放带来的一个直接结果便是引致更多的国际竞争者，导致国外服务型产品对本国服务型产品的替代性，使国内服务业市场竞争加剧（Blomstrom & Kokko，1998；Arnold et al.，2016）。在市场竞争机制的驱动下，具有相同业务范围的企业为了争夺市场份额，将会采取"价格优势"策略，利用低价优势去赢得客户的青睐。从上下游产业关联的视角展开分析，服务业外资开放降低了生产性服务业外资的进入壁垒，促使更多发达国家的服务业外资供应商入驻本地市场，从而削弱了国内服务要素供给市场的垄断程度。本土服务型供应商在面对高水平竞争者施加的压力时，可能主动选择降低产品的售价以稳固市场地位；而新进入的 FDI 企业为了在当地市场站稳脚跟，同样可能在合理范围内采取低价策略与下游制造业企业建立起稳定的合作关系。在上述机制作用下，服务型中间品价格下降无疑会减少下游制造业企业在服务中间投入方面的费用支出，导致平均生产成本曲线出现下移。实证研究方面，科雷亚—洛佩斯和多梅内克（Correa - Lopez & Domenech，2019）基于西班牙企业数据研究表明，由生产性服务业管制放松引致的竞争效应有效降低了下游制造业企业在中间投入品上的支出。侯欣裕等（2018）基于中国企业数据的研究同样发现，中国服务业外资开放能够降低下游制造业企业的可变成本和固定成本。当制造业企业生产成本变低而自身产品售价未发生变化时，盈利的增加将使企业有充足的资金用于研发投资、更新机器设备以及改进生产组织方式（Bas，2020），加快自身生产率提升步伐，并在此基础上进一步影响产品质量水平。

其次，服务中间品质量提升机制。服务业外资进入也有助于提升国内

要素市场上已经存在的服务型中间品的质量水平（Hoekman & Mattoo，2008）。对于发展中国家而言，政府降低或消除服务业外资进入壁垒，一方面是希望通过服务业外资供应商的入驻为国内要素市场带来高质量的国外服务型中间品；另一方面也是希望在残酷的竞争环境中激励本土供应商加大研发投资强度和技术创新力度，从而全面提升生产性服务业部门所生产的服务型中间品的质量水平。现有理论表明，高质量的中间投入是企业生产高质量产品的重要前提条件（Kugler & Verhoogen，2011；Hallak & Sivadasan，2013）。实证方面，巴斯和斯特劳斯—卡恩（Bas & Strauss – Kahn，2015）基于中国微观数据的研究发现，中间品进口关税减免会促进企业进口更高质量的中间品，并且利用所进口的高质量中间品来提升其出口产品的质量和价格。类似的研究还有樊海潮等（Fan et al.，2015）。虽然上述文献的分析对象均是物质型中间品投入，但不可否认的是，服务型中间品也是制造业企业生产过程中必不可少的投入要素，故而高质量服务型中间品的投入同样可能是促使制造业企业提升其生产率和固定成本投入效率的重要因素。因此，服务业外资进入水平提升也可能通过服务中间品质量提升机制对下游企业出口产品质量产生影响。

基于上述分析，提出以下待检验的研究假设。

假设1：生产性服务业外资管制放松有助于促进下游制造业企业出口产品质量升级；

假设2：生产率和固定投入效率提升是生产性服务业外资管制放松促进制造业企业出口产品质量升级的两个重要渠道。

第三节　实证研究设计

一、出口产品质量的测度

借鉴贝尔尼尼和托马西（Bernini & Tomasi，2015）的方法估算中国企业—产品—目的国—年份四个维度下的出口产品质量水平。该方法以坎德尔瓦尔（Khandelwal，2010）提出的市场需求法则为基本依据，认为产品质量解释了该产品在国外市场需求份额中无法用价格差异解释的部分，因此可以对需求—份额函数进行回归，然后利用估计得到的残差值衡量企业出口产品质量水平。产品质量的回归方程设定如下：

$$\ln s_{ipdt} - \ln s_{p_4 dt} = \sigma \ln uv_{ipdt} + \partial \ln ns_{ipdt} + \delta_{dt} + \delta_{ip} + \varepsilon_{ipdt} \qquad (3-7)$$

其中，下标 i、d、t、p、p_4 分别表示企业、目的国、年份、HS 六位码产品类别以及 HS 四位码产品类别，p 为 p_4 的子类别；δ_{dt} 为目的国—年份维度的固定效应，以控制汇率变动和目的国经济发展等因素；δ_{ip} 为企业—产品维度的固定效应，以控制企业—产品内部因素；ε_{ipdt} 为干扰项。回归得到的 $\hat{\varepsilon}_{ipdt}$ 即为企业 i 第 t 年向 d 国出口产品 p 的质量指数。下面将详细介绍式（3-7）中各变量的计算步骤。

s_{ipdt} 代表中国企业 i 在 t 年向国家 d 出口的 HS 六位码产品 p 的广义市场份额，计算公式为：

$$s_{ipdt} = \frac{ExNum_{ipdt}}{\sum_{p_4 dt} ExNum_{ipdt}} \times \frac{ImNum_{p_4 dt}^{China}}{ImNum_{p_4 dt}^{word}} \qquad (3-8)$$

其中，$ExNum_{ipdt}$ 为中国企业 i 在 t 年向 d 国出口的 HS 六位码产品 p 的数额，数据来自《中国海关贸易统计数据库》；$ImNum_{p_4 dt}^{China}$ 为 d 国在 t 年从中国进口的 HS 四位码产品 p_4 的总数额；$ImNum_{p_4 dt}^{word}$ 为 d 国在 t 年从世界各国进口的 HS 四位码产品 p_4 的总数额。数据来自 CEPII - BACI 数据库。

$s_{p_4 dt}$ 为除中国以外的其他国家在 t 年向 d 国出口的 HS 四位码产品 p_4 的市场份额：

$$s_{p_4 dt} = 1 - ImNum_{p_4 dt}^{China} / ImNum_{p_4 dt}^{word} \qquad (3-9)$$

uv_{ipdt} 为中国企业 i 在 t 年向 d 国出口的 HS 六位码产品 p 的单位价值，该数据可直接通过《中国海关贸易统计数据库》计算得到。

ns_{ipdt} 为中国企业 i 在 t 年向 d 国出口的 HS 六位码产品 p 的狭义市场份额，计算公式为：

$$ns_{ipdt} = \frac{ExNum_{ipdt}}{\sum\limits_{pdt} ExNum_{ipdt}} \times \frac{ImNum_{pdt}^{China}}{ImNum_{pdt}^{word}} \qquad (3-10)$$

其中，$ImNum_{pdt}^{China}$ 为 d 国在 t 年从中国进口的 HS 六位码产品 p 的数目总额；$ImNum_{pdt}^{word}$ 为 d 国在 t 年从世界各国进口的 HS 六位码产品 p 的数目总额。数据来自 CEPII – BACI 数据库。

在得到上述变量后，若直接对式（3 – 7）进行回归，潜在的内生性问题将导致 σ 和 ∂ 的估计系数产生偏误，原因有两个：首先，产品质量 ε_{ipdt} 与产品的单位价值 uv_{ipdt} 一般具有相关性（Nevo，2000）。其次，每种 HS 六位码产品的出口质量会影响其在同类产品市场上的需求状况，因此，ε_{ipdt} 与 ns_{ipdt} 也可能具有相关性。这里借鉴贝尔尼尼和托马西（Bernini & Tomasi，2015）的工具变量选择思路，采用其他企业第 t 年向 d 国出口的 HS 六位码产品 p 的价格均值作为 uv_{ipdt} 的工具变量，同时选用同一家企业第 t 年向 d 国出口的不同 HS 六位码产品种类数作为 ns_{ipdt} 的工具变量，并按照式（3 – 7）进行两阶段工具变量估计即可获得 σ 和 ∂ 的估计系数。最后，按照式（3 – 11）计算得到中国企业—产品—目的国—年份四个维度下的产品质量指数 Qua：

$$Qua_{ipdt} = \ln s_{ipdt} - \ln s_{p_4 dt} - \hat{\sigma}\ln uv_{ipdt} + \hat{\partial}\ln ns_{ipdt} \qquad (3-11)$$

二、实证模型、变量及数据说明

（一）实证模型的设定

为考察生产性服务业外资管制水平变动对下游制造业企业出口产品质量的影响，参考服务业改革对制造业企业生产率影响的研究成果（Duggan et al.，2013；Arnold et al.，2016），设定如下的线性计量模型用于实证检验：

$$Qua_{ijpdt} = \alpha_0 + \alpha_1 IFDI\_Ser_{jt} + \tilde{X}_t \gamma + \delta_{ipd} + \delta_j + \delta_t + \varepsilon_{ijpdt} \qquad (3-12)$$

其中，i、j、p、d、t 分别表示企业、行业、产品、目的国、年份；

Qua_{ijpdt} 为企业—产品—目的国—年份四个维度下的出口产品质量指数；$IFDI\_Ser_{jt}$ 为生产性服务业外资管制指数；$\tilde{X}_t$ 为企业、行业与目的国层面的一系列控制变量向量；δ_{ipd} 为企业—产品—目的国层面的个体固定效应，δ_j 为行业固定效应，δ_t 为年份固定效应；α_0 为常数项，α_1 为核心解释变量的系数，γ 为控制变量的系数向量；ε_{ijpdt} 为个体随机扰动项。由于生产性服务业外资管制指数为行业层面的数据，若不对同一组内观测值误差项进行校正，误差项之间的相关性可能使估计的标准误产生向下的偏差，导致无法对变量之间的关系进行准确推断。为此，选择将标准误聚类至行业—年份层面。

（二）变量选取说明

因变量：企业出口产品质量（Qua）。基于需求份额—价格回归法估算中国企业出口产品质量指数。具体测算过程参见本章第三节第一部分。

自变量：生产性服务业外资管制指数（IFDI_Ser）。根据中国各行业服务业外资管制指数和《中国 2002 年投入产出表》计算得到。具体构造步骤参见第二章第三节中国生产性服务业外资管制的定量研究。

控制变量：（1）企业年龄（lnAge），采用统计年份与企业成立年份之差加 1 并取对数刻画企业年龄，用以控制企业经营经验因素对出口产品质量的影响。

（2）企业规模（lnSize），选取企业总资产的对数值刻画企业规模大小，用以控制企业规模因素对企业出口产品质量的影响。

（3）企业资本劳动比（lnKlratio），采用实际资本存量与就业人数比值取对数衡量企业资本劳动比。其中，企业的实际资本存量采用永续盘存法构造，与布兰特等（Brandt et al.，2012）做法类似，资本折旧率设定为 9%。

（4）企业增值税税率（Tax），采用企业增值税与工业总产值的比值度量，用以控制增值税税负对企业出口产品质量的影响。

（5）企业利润率（Profitratio），采用企业营业利润与销售额的比值度量，用以控制企业盈利能力对企业出口产品质量的影响。

（6）外资企业所有权哑变量（Foreign），若该年内企业为外资企业，则赋值为 1，反之为 0，用以控制所有权属性的异质性对企业出口产品质量的影响。

（7）行业竞争程度（HHI），采用行业赫芬达尔指数（Herfindahl – Hirschman Index）来刻画，计算公式为：

$$hhi_{jt} = \sum_{i \in I_j} (sale_{it} / sale_{jt})^2$$

其中，$sale_{it}$ 表示企业 i 在 t 年的产品销售额；$sale_{jt}$ 表示行业 j 在 t 年的产品总销售额。如果该指数越大则表明行业市场集中程度越大，竞争程度越低。

（8）行业进口关税（OutTariff），借鉴布兰特等（Brandt et al.，2017）的做法，构造行业层面最终品和投入品进口关税数值，具体计算步骤为：首先，从 WITS 数据库和 WTO 数据库中调取 2000～2013 年内中国对各个 HS 六位码产品所征收的最惠国进口关税数据，并将不同版本的 HS 协调编码版本统一至 HS1996 版①。其次，基于 HS1996 版协调编码与国民经济制造业行业对应表，计算出制造业行业 j 在 t 年所面临的最终品进口关税，公式为：

$$OutTariff_{jt} = \sum_{p \in \theta_j} N_{pt} \times ImportTariff_{pt} \Big/ \sum_{p \in \theta_j} N_{pt} \qquad (3-13)$$

（9）目的国进口关税（ExTariff），采用目的国对每种进口产品征收的从价关税的均值度量。

（10）人民币实际有效汇率（lnREER），参考余淼杰和张睿（2017）的方法构造各年份内中国人民币对其他国家货币的实际有效汇率指数（加 1 取对数），计算公式为：

$$REER_{dt} = Ner_{dt} \times CPI_{china,t} / CPI_{dt}$$

其中，Ner_{dt} 为人民币与 d 国货币第 t 年的名义汇率指数，$CPI_{china,t}$ 表

---

① 产品关税数据所基于的 HS 协调编码版本不一致，1997～2001 年采用 HS1996 版，2002～2006 年采用 HS2002 版，2007～2011 年采用 HS2007 版本，2012～2013 年采用 HS2012 版本。

示中国第 t 年的消费者价格指数，CPI_{dt} 表示 d 国在 t 年的消费者价格指数，$REER_{dt}$ 数值越大表示人民币对 d 国货币真实升值。

（三）数据来源与说明

企业规模、资本劳动比、年龄、工资水平、融资约束和行业竞争程度等制造业企业层面的生产数据来自 2000～2013 年《中国工业企业数据库》。与产品质量测算有关的数据来自《中国海关贸易统计数据库》，时间跨度为 2000～2013 年①。用于构建生产性服务业外资管制指数的数据来自 OECD 全球化数据库。产品进口关税数据来自世界银行 WITS 数据库。人民币对各国货币名义汇率数据以及各国消费者价格指数来自国际货币基金组织（IMF）统计数据库。主要变量描述性统计特征如表 3 - 1 所示。

表 3 - 1　　　　　　　　变量的描述性统计特征

变量符号	变量含义	观测值	均值	标准差	最小值	最大值
Qua	出口产品质量指数	1921670	0.099	0.491	-1.980	2.635
IFDI_Ser	生产性服务业外资综合管制指数	1921670	0.073	0.023	0.034	0.198
IFDI_Ser^{Trans}	生产性运输业外资管制指数	1921670	0.022	0.008	0.006	0.102
IFDI_Ser^{Commu}	生产性通信业外资管制指数	1921670	0.012	0.008	0.001	0.047
IFDI_Ser^{Distru}	生产性分销业外资管制指数	1921670	0.023	0.013	0.008	0.088
IFDI_Ser^{Bank}	生产性金融业外资管制指数	1921670	0.007	0.003	0.001	0.053
IFDI_Ser^{Busin}	生产性商务服务业外资管制指数	1921670	0.009	0.006	0.001	0.035
lnAge	企业年龄（对数）	1921670	2.46	0.57	0.693	3.951
lnSize	企业规模（对数）	1921670	11.42	1.581	8.239	16
lnKlratio	企业资本劳动比（对数）	1921670	4.06	1.203	1.268	7.452
Tax	企业增值税税率	1921670	0.019	0.027	0	0.142

---

① 关于《中国工业企业数据库》和《中国海关贸易统计数据库》的具体处理和匹配步骤，请参见附录内容。

续表

变量符号	变量含义	观测值	均值	标准差	最小值	最大值
Profitratio	企业利润率	1921670	0.042	0.068	−0.184	0.282
Foreign	外资企业哑变量	1921670	0.38	0.485	0	1
HHI	行业竞争程度	1921670	0.008	0.009	0.001	0.046
ImTariff	行业进口关税	1921670	11.05	6.35	0	65
ExTariff	目的国进口关税	1921670	5.641	9.39	0	644
lnREER	人民币实际有效汇率（对数）	1921670	0.029	2.509	−3.327	8.015
TFP	全要素生产率	1921670	0.981	0.346	−0.898	2.766
Fixcost	企业固定投入效率	905175	0.02	0.043	−0.158	0.907

注：为排除极端值的影响，上述变量均进行了1%的双边缩尾处理。

第四节　实证检验结果

一、基准检验结果

表 3 - 2 汇报了式（3 - 12）的估计结果。列（1）结果显示，在未添加任何控制变量的固定效应模型下，生产性服务业外资管制指数（IFDI_Ser）的系数为负，且在 1% 水平上拒绝了系数为 0 的原假设，初步表明生产性服务业外资管制放松有助于促进下游制造业企业出口产品质量升级。列（2）进一步控制企业规模、企业年龄、资本劳动比、利润率以及行业竞争程度等特征变量，结果显示，IFDI_Ser 的系数依然显著为负。第（3）~ 第（5）列分别在模型中引入行业进口关税率、目的国关税率以及双边实际汇率等特征变量，结果显示，IFDI_Ser 的系数值在影响的量级和显著性水平上并没有发生明显改变。第（6）列对所有控制变量加以控制，结果显示，IFDI_Ser 的估计系数为 − 0.2734，且在 1% 水平上显著。综合上述估计结果可得，生产性服务业外资管制放松

有效促进了下游制造业企业出口产品质量升级，而以往文献对出口产品质量升级的驱动因素的研究均忽视了生产性服务业外资管制放松起到的关键作用，因此对于中国出口产品质量升级驱动因素的认识是不全面的。本书从生产性服务业外资管制变动的视角为中国制造业出口产品质量的提质升级提供了新思路和经验证据。

表 3 - 2　　　　　　　　　　　　　　基准检验结果

项目	(1)	(2)	(3)	(4)	(5)	(6)
	Qua	Qua	Qua	Qua	Qua	Qua
IFDI_Ser	- 0. 2980 *** (0. 0993)	- 0. 3005 *** (0. 0980)	- 0. 2674 *** (0. 1015)	- 0. 3042 *** (0. 0979)	- 0. 3043 *** (0. 0979)	- 0. 2734 *** (0. 1013)
lnAge		0. 0013 (0. 0037)	0. 0012 (0. 0037)	0. 0014 (0. 0037)	0. 0016 (0. 0037)	0. 0015 (0. 0037)
lnSize		0. 0111 *** (0. 0011)	0. 0112 *** (0. 0011)	0. 0111 *** (0. 0011)	0. 0110 *** (0. 0011)	0. 0110 *** (0. 0011)
lnKlratio		- 0. 0016 * (0. 0009)	- 0. 0016 * (0. 0009)	- 0. 0016 * (0. 0009)	- 0. 0016 * (0. 0009)	- 0. 0016 * (0. 0009)
Tax		- 0. 0222 (0. 0187)	- 0. 0225 (0. 0188)	- 0. 0221 (0. 0187)	- 0. 0217 (0. 0187)	- 0. 0220 (0. 0188)
Profitratio		0. 0877 *** (0. 0083)	0. 0878 *** (0. 0083)	0. 0877 *** (0. 0083)	0. 0875 *** (0. 0083)	0. 0876 *** (0. 0083)
Foreign		0. 0053 ** (0. 0021)	0. 0052 ** (0. 0021)	0. 0053 ** (0. 0021)	0. 0053 ** (0. 0021)	0. 0052 ** (0. 0021)
HHI		0. 2660 ** (0. 1321)	0. 2717 ** (0. 1328)	0. 2658 ** (0. 1321)	0. 2709 ** (0. 1320)	0. 2764 ** (0. 1327)
ImTariff			- 0. 0004 (0. 0004)			- 0. 0004 (0. 0004)
ExTariff				- 0. 0004 *** (0. 0001)		- 0. 0004 *** (0. 0001)

项目	（1）Qua	（2）Qua	（3）Qua	（4）Qua	（5）Qua	（6）Qua
lnREER					−0.0131 *** （0.0030）	−0.0128 *** （0.0030）
Constant	0.1429 *** （0.0160）	0.0208 （0.0194）	0.0281 （0.0192）	0.0243 （0.0194）	0.0221 （0.0194）	0.0326 * （0.0192）
个体固定效应	是	是	是	是	是	是
年份固定效应	是	是	是	是	是	是
行业固定效应	是	是	是	是	是	是
观测值	1921670	1921670	1921670	1921670	1921670	1921670
调整的 R^2	0.7542	0.7544	0.7544	0.7544	0.7545	0.7545

注：*** 、** 和 * 分别表示1%、5%和10%的显著性水平，圆括号内为聚类至四位码行业—年份水平的稳健标准误。

在控制变量方面：企业规模（lnSize）系数显著为正，说明规模经济的存在有助于加快企业出口产品质量升级。企业利润率（Profitratio）系数显著为正，说明企业盈利能力上升有助于加快出口产品质量升级步伐。外资企业虚拟变量（Foreign）系数显著为正，表明外资企业出口产品质量水平高于内资企业出口产品质量水平。目的国的进口关税（Ex-Tariff）系数显著为负，说明目的国进口关税壁垒越低则本国企业出口产品质量越高。行业竞争程度（HHI）系数显著为正，表明在中垄断性较强的行业内的企业出口产品质量水平越高。双边实际汇率（lnREER）系数显著为负，表明人民币对出口目的国货币实际汇率上升阻碍了中国企业出口产品质量升级，即实际汇率上升会导致人民币出现实际升值的情况，而由人民币升值带来的出口市场竞争压力加大会阻碍出口企业产品质量升级。其余控制变量的系数不显著，表明这些变量对出口产品质量的影响程度较弱。

二、稳健性检验

（一）其他方法测算出口产品质量

为了避免上述研究结论是由产品质量特殊测算方法造成的，进一步选用其他三种方法测算企业—产品—目的国—年份四个维度下的出口产品质量指数。

（1）坎德尔瓦尔等（Khandelwal et al.，2013）提出，出口产品质量基于价格相同情况下市场需求量较大的产品其质量水平越高的逻辑，利用回归将产品质量从产品出口价格中分离出来，回归模型设定如下：

$$\ln ExQuantity_{ipdt} + \sigma \ln uv_{ipdt} = \delta_p + \delta_{dt} + \varepsilon_{ipdt} \qquad (3-14)$$

其中，i、p、d、t 分别为企业、产品（HS6 位码）、目的国和年份；$ExQuantity_{ipdt}$ 为企业 i 在 t 年向目的国 d 出口产品 p 的数量；uv_{ipdt} 为企业 i 在 t 年向目的国 d 出口产品 p 的单位价值；δ_p 为产品固定效应，用于控制产品特征差异性；δ_{dt} 为目的国—时间固定效应，用于控制汇率变动和目的国经济发展水平等的影响；σ 为产品替代弹性。企业出口产品质量的表达式为：$Qua = \hat{\varepsilon}_{ipdt}/(\sigma-1)$。采用该方法估计产品质量的一个关键步骤在于替代弹性 σ 取值大小的选定。依据以往文献的总结，替代弹性 σ 取值区间大致为 [5，10]。为此，首先将 σ 取值设定为 5，代入式（3-14）进行回归；其次将估计得到的出口产品质量记为 Qua_KSW1。此外，考虑到产品间替代弹性异质性的存在，稳健起见，本书还采用博乐达和韦恩斯坦（Broda & Weinstein，2006）估计的中国 HS 三分位产品替代弹性数值测算中国企业出口产品质量，符号记为 Qua_KSW2。

（2）根据芬斯特拉和罗姆利斯（Feenstra & Romalis，2014）提出的方法估计中国企业出口产品质量指数。FR 方法从供给和需求两方面入手，将企业出口产品质量决策内生化，提供了另一种测算出口产品质量的分析框架（余淼杰和张睿，2017），具体估算公式为：

$$Qua_{ipdt} = \theta_p [\ln(k_{pd} \times uv_{ipdt}) - \ln(wage_{it}/\varphi_{it})] \qquad (3-15)$$

其中，$k_{pd} = \alpha_{pd}\theta_p(\sigma_p - 1)/[1 + \alpha_{pd}\theta_p(\sigma_p - 1)]$，其中 α_{pd}、θ_p、σ_p 为芬斯特拉和罗姆利斯（Feenstra & Romalis，2014）估计出的每个国家在 SITC 第二版四分位产品层面上的结构性参数，利用 HS 与 SITC 转换表即可得到每个 HS 六分位产品—目的国的 α_{pd}、θ_p、σ_p 参数值；uv_{ipdt} 含义同上；$wage_{it}$ 为企业 i 在 t 年的劳动力投入成本，采用本年应付工资总额与年均就业人数比值度量[1]；φ_{it} 为企业本年生产率水平，采用劳动生产率表示。通过该方法计算得到的企业出口产品质量记为 Qua_FR。

（3）本书还尝试使用马诺瓦和张（Manova & Zhang，2012）采用的单价法计算出口产品质量，公式为：

$$Qua_{ipdt} = \ln(uv_{ipdt}/\overline{uv}_{pdt}) \qquad (3-16)$$

其中，uv_{ipdt} 含义同上；$\overline{uv}_{pdt}$ 为产品—目的国—年份维度下的平均单位价值。依据单价法计算的出口产品质量指数记为 lnPrice。

表 3-3 报告了采用不同方法测算企业出口产品质量的回归结果。综合列（1）~（4）可以看出，IFDI_Ser 的显著性水平和符号与基准结果相比，并没有发生实质性变化。这证明前述研究结论并不会随着核心变量测算方法的改变而变化。

表 3-3　　　　　　　　　　更换出口产品质量测算方法

项目	(1) Qua_KSW1	(2) Qua_KSW2	(3) Qua_FR	(4) lnPrice
IFDI_Ser	-1.2986 *** (0.5052)	-1.0828 *** (0.0299)	-1.6861 *** (0.5970)	-1.1651 *** (0.2342)
lnAge	0.0996 *** (0.0164)	0.0066 *** (0.0011)	-0.0006 (0.0183)	-0.0225 *** (0.0073)

[1] 芬斯特拉和罗姆利斯（Feenstra & Romalis，2014）在理论模型中假设企业在生产过程中只需要劳动力这一种投入品。

续表

项目	（1）	（2）	（3）	（4）
	Qua_KSW1	Qua_KSW2	Qua_FR	lnPrice
lnSize	0. 1279 *** （0. 0070）	0. 0077 *** （0. 0003）	0. 0503 *** （0. 0074）	0. 0012 （0. 0024）
lnKlratio	− 0. 0242 *** （0. 0035）	− 0. 0015 *** （0. 0002）	− 0. 0026 （0. 0057）	0. 0014 （0. 0019）
Tax	− 0. 3738 *** （0. 0754）	− 0. 0141 *** （0. 0050）	− 0. 0644 （0. 1080）	0. 1194 *** （0. 0426）
Profitratio	0. 6433 *** （0. 0396）	0. 0455 *** （0. 0023）	0. 4096 *** （0. 0517）	0. 2624 *** （0. 0183）
Foreign	0. 0270 *** （0. 0083）	0. 0014 ** （0. 0006）	0. 0348 *** （0. 0128）	0. 0173 *** （0. 0046）
HHI	− 0. 9621 （0. 6371）	− 0. 0625 * （0. 0380）	1. 3914 （0. 8485）	0. 8420 ** （0. 3464）
ImTariff	− 0. 0027 ** （0. 0012）	− 0. 0001 （0. 0001）	− 0. 0028 （0. 0020）	− 0. 0000 （0. 0007）
ExTariff	− 0. 0057 *** （0. 0006）	− 0. 0003 *** （0. 0000）	− 0. 0011 * （0. 0006）	0. 0028 *** （0. 0003）
lnREER	− 0. 1217 *** （0. 0152）	− 0. 0105 *** （0. 0011）	− 0. 0349 ** （0. 0154）	0. 0421 *** （0. 0076）
Constant	− 0. 8470 *** （0. 1194）	0. 4350 *** （0. 0067）	0. 2227 * （0. 1184）	1. 3268 *** （0. 0496）
个体固定效应	是	是	是	是
年份固定效应	是	是	是	是
行业固定效应	是	是	是	是
观测值	1921670	1921670	1529739	1921670
调整的 R^2	0. 7054	0. 7751	0. 7263	0. 9238

注：***、** 和 * 分别表示1%、5%和10%的显著性水平，圆括号内为聚类至四位码行业—年份水平的稳健标准误。列（3）观测值减少是因为2009年与2010年工业企业工资数据缺失，无法利用 FR 法构建产品质量指数缺失。

（二）更换其他服务要素投入权重

从生产性服务业外资管制指数的构造公式不难看出，服务中间投入权重变化会影响生产性服务业外资管制指数大小。为了排除服务中间投入权重的选用对前述研究结果产生影响，尝试使用其他服务中间投入权重来构建生产性服务业外资管制变量进行稳健性分析。（1）选用《中国2002年投入产出表》中的完全消耗系数作为各个制造业部门消耗的投入总额中来自服务部门的比重，然后按照相同方法构造生产性服务业外资管制指数，回归结果列于表3－4列（1）和列（2）。结果显示，IFDI_Ser 符号为负并且在1%水平上显著。（2）以每个制造业部门在《中国2002年投入产出表》与《中国2007年投入产出表》中消耗服务业部门 k 的比重均值作为服务中间品投入权重，重新计算服生产性服务业外资管制指数，检验结果报告于列（3）和列（4），IFDI_Ser 在1%的水平上显著为负，与基准检验结果一致。（3）考虑到各个中间品投入权重在样本期间可能发生动态变化，为此，利用《中国2002年投入产出表》计算2004年及之前年份各制造业部门消耗的服务中间品投入比重，利用《中国2007年投入产出表》计算2005年及之后年份各制造业部门消耗的服务中间投入权重，结果汇报于列（5）和列（6），IFDI_Ser 的系数依然显著为负，与基准估计结果所得结论一致。综合上述检验结果，证明前述研究结论不会随着服务中间投入权重的不同而变化。

表3－4　　　　　　　　　更换不同服务要素投入权重

项目	投入要素权重一		投入要素权重二		投入要素权重三	
	（1）	（2）	（3）	（4）	（5）	（6）
	Qua	Qua	Qua	Qua	Qua	Qua
IFDI_Ser	− 0. 4196 ***	− 0. 4148 ***	− 0. 5243 ***	− 0. 5660 ***	− 0. 3628 ***	− 0. 3671 ***
	(0. 1152)	(0. 1150)	(0. 1249)	(0. 1253)	(0. 0915)	(0. 0914)
lnAge	0. 0020	0. 0023	0. 0015	0. 0018	0. 0009	0. 0012
	(0. 0037)	(0. 0037)	(0. 0037)	(0. 0037)	(0. 0037)	(0. 0037)

项目	投入要素权重一		投入要素权重二		投入要素权重三	
	（1）	（2）	（3）	（4）	（5）	（6）
	Qua	Qua	Qua	Qua	Qua	Qua
lnSize	0.0110 ***	0.0108 ***	0.0111 ***	0.0109 ***	0.0111 ***	0.0109 ***
	（0.0011）	（0.0011）	（0.0011）	（0.0011）	（0.0011）	（0.0011）
lnKlratio	-0.0015 *	-0.0015 *	-0.0015 *	-0.0016 *	-0.0015 *	-0.0016 *
	（0.0009）	（0.0009）	（0.0009）	（0.0009）	（0.0009）	（0.0009）
Tax	-0.0219	-0.0214	-0.0224	-0.0219	-0.0238	-0.0233
	（0.0188）	（0.0188）	（0.0188）	（0.0188）	（0.0187）	（0.0187）
Profitratio	0.0881 ***	0.0880 ***	0.0880 ***	0.0879 ***	0.0874 ***	0.0872 ***
	（0.0083）	（0.0083）	（0.0083）	（0.0083）	（0.0083）	（0.0083）
Foreign	0.0053 **	0.0053 **	0.0053 **	0.0053 **	0.0053 **	0.0053 **
	（0.0021）	（0.0021）	（0.0021）	（0.0021）	（0.0021）	（0.0021）
HHI	0.2489 *	0.2539 *	0.2618 *	0.2655 *	0.3167 **	0.3220 **
	（0.1318）	（0.1316）	（0.1388）	（0.1387）	（0.1333）	（0.1331）
ImTariff	-0.0007 *	-0.0007 *	-0.0005	-0.0006	-0.0004	-0.0004
	（0.0004）	（0.0004）	（0.0004）	（0.0004）	（0.0004）	（0.0004）
ExTariff		-0.0003 ***		-0.0004 ***		-0.0004 ***
		（0.0001）		（0.0001）		（0.0001）
lnREER		-0.0126 ***		-0.0127 ***		-0.0129 ***
		（0.0030）		（0.0030）		（0.0030）
Constant	-0.0901 ***	-0.0854 ***	-0.0020	0.0016	0.0395 **	0.0440 **
	（0.0286）	（0.0285）	（0.0176）	（0.0176）	（0.0183）	（0.0182）
个体固定效应	是	是	是	是	是	是
年份固定效应	是	是	是	是	是	是
行业固定效应	是	是	是	是	是	是
观测值	1921670	1921670	1921670	1921670	1921670	1921670
调整的 R^2	0.7545	0.7545	0.7544	0.7544	0.7545	0.7545

注：***、** 和 * 分别表示1%、5%和10%的显著性水平，圆括号内为聚类至四位码行业—年份水平的稳健标准误。

三、内生性问题处理

引起估计参数不一致的一个潜在原因是实证模型设计可能存在内生性问题。从基准模型来看，要得到生产性服务业外资管制影响下游制造业企业出口产品质量的一致估计结果，必须解决好两个变量之间可能存在的逆向因果关系。尽管生产性服务业外资管制指标是在三位码行业层面进行度量的，出口产品质量是企业—产品—市场维度的微观指标，单个企业生产行为难以对整个行业服务中间品投入造成影响，因变量与自变量存在反向因果关系的可能性较低。严谨起见，不排除有些制造业企业会为了满足自身对高质量服务中间投入的需求，以降低生产成本和增强出口竞争力为理由，游说政府有针对性地制定和执行差异化的服务业外资管制政策，导致基准估计结果可能因为反向因果关系的存在而得到有偏估计。为缓解此担忧，构造工具变量（instrument variable，IV）并使用两阶段最小二乘法（2SLS）进行估计。工具变量选取思路如下。

（1）借鉴孙浦阳等（2018）的做法，从 OECD 全球化数据库中筛选出印度各服务业部门的外资管制指数，构造以印度为标准的生产性服务业外资管制指数，作为中国服务业外资管制水平的第一个工具变量，符号记为 IFDI_Ser_India。中国与印度同为发展中大国，都是政府主导的服务业对外开放，并且在世界经济发展洪流中长期处于竞争关系，故而在服务业外资管制政策的制定上可能具有一定相关性。同时，中国制造业企业的生产行为不会直接对印度服务业外资管制水平造成影响，具有一定排他性。因此，选用印度生产性服务业外资管制指数作为工具变量是合理的。

（2）参考贝弗雷利等（Beverelli et al.，2017）的做法，对中国以外其他国家各个服务业部门的外资管制指数进行加权处理，权重为各国与中国人均 GDP 相似度指数占比，构造出中国各个服务业部门外资管制指数的工具变量，计算公式如下：

$$SI_{China,mt} = \frac{2 \times pcGDP_{China,t} \times pcGDP_{m,t}}{(pcGDP_{China,t} + pcGDP_{m,t})^2} \Big/ \sum_{m \in I_{other}} \frac{2 \times pcGDP_{China,t} \times pcGDP_{m,t}}{(pcGDP_{China,t} + pcGDP_{m,t})^2}$$

$$IFDI\_restrictiveness_{China,kt}^{IV} = \sum_{m \in I_{other}} IFDI\_restrictiveness_{m,kt} \times SI_{China,mt}$$

$$(3-17)$$

其中，I_{other} 表示除中国以外其他在 OECD 全球化数据库中有外资管制指数记录的国家集合；$pcGDP_{China,t}$、$pcGDP_{m,t}$ 分别代表中国第 t 年的人均 GDP 和 m 国第 t 年的人均 GDP；$SI_{China,mt}$ 代表中国与 m 国第 t 年的人均 GDP 相似度指数占中国与其他所有记录国家人均 GDP 相似度指数总和的比重[①]；$IFDI\_restrictiveness_{m,kt}$ 为 m 国第 t 年服务业部门 k 的外资管制指数。在得到中国各个服务业部门外资管制指数的工具变量后，以服务中间品投入比重进行加权即可得到中国服务业外资管制指数的第二个工具变量，符号记为 IFDI_Ser_Foreign。中国在制定服务业开放政策时，可能会综合参考世界上其他国家制定的服务业对外开放策略，故而在服务业外资政策的制定上可能具有相关性。同时，中国制造业企业的生产和出口行为不太可能对世界其他国家服务业外资管制水平造成影响，满足一定的排他性假设。

表 3 - 5 报告了采用面板工具变量估计的检验结果。综合第（1）~第（4）列可以看出，使用两种工具变量的 2SLS 估计结果均显示，生产性服务业外资管制放松对下游制造业企业出口产品质量的影响系数始终显著为负，这与基准回归模型的估计结果完全一致，进一步佐证了前述研究结论的真实性。工具变量有效性上，第一阶段内生变量对工具变量回归的估计结果、用于弱工具变量检验的 Kleibergen - Paap rk LM 统计量以及用于工具变量不可识别检验的 Kleibergen - Paap rk Wald F 统计量结果表明，两个工具变量的选用均是合理有效的。

---

① 本书之所以采用人均 GDP 相似度指数占比作为加权的比重，主要是因为该指标从统计学角度可以很好地反映两国之间经济发展水平的相关性（Helpman，1987）。

表 3 - 5 面板 2SLS 估计

项目	工具变量一：2SLS 第一阶段	工具变量一：2SLS 第二阶段	工具变量二：2SLS 第一阶段	工具变量二：2SLS 第二阶段
	（1）	（2）	（3）	（4）
	IFDI_Ser	Qua	IFDI_Ser	Qua
IFDI_Ser		- 0. 2839 * （0. 1447）		- 0. 4455 *** （0. 1659）
IFDI_Ser_Indian	1. 1212 *** （0. 0183）			
IFDI_Ser_Foreign			4. 1084 *** （0. 0683）	
lnAge	- 0. 0005 *** （0. 0001）	0. 0017 （0. 0037）	- 0. 0007 *** （0. 0002）	0. 0014 （0. 0037）
lnSize	0. 0001 * （0. 0001）	0. 0110 *** （0. 0011）	0. 0002 *** （0. 0000）	0. 0110 *** （0. 0011）
lnKlratio	0. 0001 * （0. 0001）	- 0. 0016 * （0. 0009）	- 0. 0001 *** （0. 0000）	- 0. 0016 * （0. 0009）
Tax	0. 0007 （0. 0007）	- 0. 0219 （0. 0188）	0. 0004 （0. 0008）	- 0. 0220 （0. 0187）
Profitratio	0. 0000 （0. 0003）	0. 0877 *** （0. 0083）	- 0. 0002 （0. 0003）	0. 0875 *** （0. 0083）
Foreign	- 0. 0002 *** （0. 0001）	0. 0053 ** （0. 0021）	- 0. 0000 （0. 0001）	0. 0052 ** （0. 0021）
HHI	- 0. 0483 *** （0. 0088）	0. 2776 ** （0. 1330）	- 0. 0195 * （0. 0100）	0. 2753 ** （0. 1327）
ImTariff	0. 0001 *** （0. 0000）	- 0. 0005 （0. 0004）	0. 0002 *** （0. 0000）	- 0. 0004 （0. 0004）
ExTariff	- 0. 0000 *** （0. 0000）	- 0. 0004 *** （0. 0001）	- 0. 0000 *** （0. 0000）	- 0. 0004 *** （0. 0001）

项目	工具变量一： 2SLS 第一阶段	工具变量一： 2SLS 第二阶段	工具变量二： 2SLS 第一阶段	工具变量二： 2SLS 第二阶段
	（1）	（2）	（3）	（4）
	IFDI_Ser	Qua	IFDI_Ser	Qua
lnREER	−0.0007 *** （0.0002）	−0.0127 *** （0.0030）	−0.0008 *** （0.0002）	−0.0128 *** （0.0030）
Constant	0.0152 *** （0.0017）	0.0131 （0.0208）	0.0252 *** （0.0019）	0.0503 ** （0.0220）
个体固定效应	是	是	是	是
年份固定效应	是	是	是	是
行业固定效应	是	是	是	是
观测值	1921670	1921670	1921670	1921670
调整的 R^2	0.9863	0.7544	0.9823	0.7545
Kleibergen – Paap rk	66714.16		46775.95	
LM 统计量	{0.000}		{0.000}	
Kleibergen – Paap rk	4.8e+05		4.7e+05	
Wald F 统计量	[16.38]		[16.38]	

注：***、** 和 * 分别表示 1%、5% 和 10% 的显著性水平，圆括号内为聚类至四位码行业—年份水平的稳健标准误；方括号内为弱工具变量检验在 10% 水平上的临界值；大括号内为 P 值。

四、影响机制检验

（一）模型设定与指标构建

为了考察生产性服务业外资管制是否如前面理论分析所述，通过影响制造业企业生产率和固定投入效率的途径作用于出口产品质量升级，借鉴巴伦和肯尼（Baron & Kenny，1986）提出的"递归法"研究思路，构造如下的中介效应模型予以检验：

$$\mathrm{Qua}_{ijpdt} = \alpha_0 + \alpha_1 \mathrm{IFDI\_Ser}_{jt} + \widetilde{X}_t \gamma + \delta_{ipd} + \delta_j + \delta_t + \varepsilon_{ijpdt} \quad (3-18)$$

$$M_{it} = \partial_0 + \partial_1 \mathrm{IFDI\_Ser}_{jt} + \widetilde{X}_t \gamma + \delta_{ipd} + \delta_s + \delta_j + \delta_t + \varepsilon_{ijpdt} \quad (3-19)$$

$$\mathrm{Qua}_{ijpdt} = \pi_0 + \pi_1 \mathrm{IFDI\_Ser}_{jt} + \pi_2 M_{it} + \widetilde{X}_t \gamma + \delta_{ipd} + \delta_j + \delta_t + \varepsilon_{ijpdt}$$

$$(3-20)$$

式（3-20）中，M_{it}代表企业层面的机制变量，即企业生产率和固定成本投入效率；其余变量和下标与式（3-12）保持一致。根据中介效应检验原理，在式（3-18）实证结果符合理论预期的基础上，对模型（3-19）予以估计，以考察生产性服务业外资管制与机制变量的关系，若生产性服务业外资管制对下游制造业企业生产率或固定效率投入具有符合理论预期的影响效应，则进一步对模型（3-20）予以估计，如果系数 π_1 和 π_2 均符合预期，并且系数 π_1 的量级小于模型（1）系数 α_1 的量级，则表明机制变量的中介效应成立。接下来将介绍机制变量的构建方法。

（1）企业生产率（TFP）。目前关于企业 TFP 的估算方法主要有 OP 法、LP 法，以及在上述方法基础上进行局部改良的 ACF 法。OP 法假定投资与总产出为单调关系，从而将当期投资作为企业受到生产率冲击时的调整变量，这意味着投资额为零的样本并不能被估计。LP 法将中间投入作为企业受到生产率冲击时的调整变量，尽管 LP 法可以解决样本损失问题，但在估计的第一阶段可能产生共线性问题，导致劳动力投入参数与中间投入参数的估计结果无效。鉴于此，本书选用阿克伯格等（Ackerberg et al.，2015）在 LP 基础上改良的 ACF 法来估算 TFP[1]。除此之外，生产函数的设定形式也会对 TFP 估算结果产生重要影响，这里采用超越对数生产函数对 TFP 进行估算。在实际操作中，产出用工业总产值衡量（以 1998 年为基期的工业品出厂价格指数予以平减）；劳动力投入用各企业从业人员年平均人数衡量；资本投入用实际资本存量衡量[2]；中间投入用中间投入额来衡量（以 1998 年为基期的投入品价格指

---

① 限于研究重心，这里没有给出全要素生产率的具体测算步骤。
② 实际资本存量采用布兰特等（Brandt et al.，2012）提供的永续盘存法进行计算，资本折旧率设定为 9%。

数予以平减)①。

（2）企业固定投入成本效率（Fixcost）。参考施炳展和邵文波（2014）的研究思路，采用企业研发效率来衡量企业固定成本投入效率。虽然《中国工业企业数据库》中存在企业研发费用和企业新产品产值两个分别衡量企业研发投入与研发产出的指标，但原始数据中企业研发费存在大量零值，且个别统计年份存在缺失，导致大量样本无法参与估计。为保证样本数据的连续性，与许斌和路江涌（Xu & Lu，2009）、苏丹妮等（2018）的做法一致，采用企业无形资产在总资产中的比重来衡量企业研发效率。企业的无形资产主要包括企业的商标权、专利权等，这与企业的研发行为存在较强的相关性。

（二）机制检验结果与分析

生产率提升途径的中介检验结果报告于表3-6列（1）~列（3）。列（2）检验结果显示，生产性服务业外资管制指数（IFDI_Ser）系数显著为负，表明生产性服务业外资管制放松有助于提升下游制造业企业生产率。列（3）显示，生产率（TFP）系数在1%水平上显著为正，表明企业生产率越高则出口产品质量越好；同时，IFDI_Ser的系数相对于列（1）估计结果的系数值的绝对值有所下降（-1.6020→-1.5736），说明在控制生产率后，生产性服务业外资管制对下游制造业企业出口产品质量提升的影响程度有所减弱，减弱部分正是被企业生产率提升效应所吸收。此结果证明生产率提升是二者之间作用关系的一个重要途径。

固定投入成本效率提升途径的中介检验结果报告于表3-6列（4）~列（6）。其中，列（5）检验结果显示，生产性服务业外资管制指数（IFDI_Ser）系数在10%水平上显著为负，表明生产性服务业外资管制放松有助于促进下游制造业企业固定投入成本效率提升。列（6）检验结果

---

① 2000~2007年的企业中间投入数据直接记录于中国工业企业数据库，从2008年开始中间投入数据缺失。本书根据余淼杰等（2018）方法对2008年及以后的中间投入数据进行估算，估算公式为"中间投入＝工业总产值×（产品销售收入/产品销售成本）-资本折旧-工资"。

显示，固定投入成本效率（Fixcost）系数符号为正却并不具有显著的经济学和统计学含义，表明固定投入成本效率未对中国制造业企业出口产品质量产生明显影响；同时，服务业 FDI 管制指数的系数相对于列（4）估计结果的系数值的绝对值也未发生显著改变（ - 1.8867→ - 1.8860），表明固定投入成本效率提升发挥的作用未达到理论预期，固定投入成本效率可能不是二者作用关系的一个重要途径。

表 3 - 6 影响机制检验

项目	（1）	（2）	（3）	（4）	（5）	（6）
	Qua	TFP	Qua	Qua	Fixcost	Qua
IFDI_Ser	- 0.2734 *** (0.1013)	- 0.7216 ** (0.2879)	- 0.2666 *** (0.1016)	- 0.3362 ** (0.1430)	- 0.0837 * (0.0439)	- 0.3358 ** (0.1430)
TFP			0.0094 *** (0.0024)			
Fixcost						0.0051 (0.0122)
lnAge	0.0015 (0.0037)	- 0.0406 *** (0.0063)	0.0019 (0.0037)	0.0068 (0.0057)	- 0.0044 ** (0.0019)	0.0069 (0.0057)
lnSize	0.0110 *** (0.0011)	0.0038 (0.0027)	0.0109 *** (0.0011)	0.0167 *** (0.0021)	- 0.0003 (0.0006)	0.0167 *** (0.0021)
lnKlratio	- 0.0016 * (0.0009)	0.0563 *** (0.0053)	- 0.0021 ** (0.0009)	- 0.0018 (0.0015)	0.0019 *** (0.0005)	- 0.0018 (0.0015)
Tax	- 0.0220 (0.0188)	1.2594 *** (0.1166)	- 0.0338 * (0.0188)	- 0.0198 (0.0309)	- 0.0015 (0.0085)	- 0.0198 (0.0309)
Profitratio	0.0876 *** (0.0083)	0.8364 *** (0.0198)	0.0797 *** (0.0085)	0.1011 *** (0.0105)	- 0.0131 *** (0.0033)	0.1012 *** (0.0105)
Foreign	0.0052 ** (0.0021)	- 0.0127 *** (0.0044)	0.0054 ** (0.0021)	0.0057 * (0.0035)	- 0.0017 * (0.0009)	0.0057 * (0.0035)
HHI	0.2764 ** (0.1327)	- 1.3416 *** (0.3607)	0.2890 ** (0.1337)	0.2219 (0.1528)	0.0528 (0.0462)	0.2217 (0.1527)

续表

项目	（1）	（2）	（3）	（4）	（5）	（6）
	Qua	TFP	Qua	Qua	Fixcost	Qua
ImTariff	-0.0004 （0.0004）	-0.0012 * （0.0006）	-0.0004 （0.0004）	-0.0006 （0.0006）	-0.0000 （0.0001）	-0.0006 （0.0006）
ExTariff	-0.0004 *** （0.0001）	-0.0005 *** （0.0001）	-0.0004 *** （0.0001）	0.0001 （0.0002）	0.0000 （0.0000）	0.0001 （0.0002）
lnREER	-0.0128 *** （0.0030）	0.0092 （0.0073）	-0.0129 *** （0.0030）	0.0220 *** （0.0082）	0.0035 （0.0023）	0.0220 *** （0.0082）
Constant	0.0326 * （0.0192）	0.6109 *** （0.0519）	0.0269 （0.0193）	-0.0571 * （0.0322）	0.0419 *** （0.0154）	-0.0573 * （0.0322）
个体固定效应	是	是	是	是	是	是
年份固定效应	是	是	是	是	是	是
行业固定效应	是	是	是	是	是	是
观测值	1921670	1921670	1921670	905175	905175	905175
调整的 R^2	0.7545	0.6999	0.7545	0.8079	0.4230	0.8079

注：*** 、** 和 * 分别表示1%、5%和10%的显著性水平，圆括号内为聚类至行业 - 年份水平的稳健标准误。列（4）~列（6）观测值减少是因为2007年之后中国工业企业数据库无形资产数据缺失，所以列（4）~列（6）回归的样本区间为2000~2007年。

五、异质性影响检验

（一）分服务业细分行业的异质性影响

以交通运输、通信、分销、金融服务以及商务服务为代表的生产性服务业外资管制对本国制造业企业的生产绩效的影响是不同。例如，交通运输业开放可以为制造业企业提供更加便捷、优惠的交通运输。通信行业开放带来的信息技术进步会降低信息沟通成本和信息不确定性带来的风险，为制造业企业的生产要素和产品流通提供全新平台。分销领域的开放不仅可以为制造业企业提供更加优质中间投入品，还可以为制造业企业提供更加完善的分销渠道和科学的市场营销策略，降低目的国市场信息的不对称性。金融业外资开放会削弱国有和地方银行垄断程度，激化中国金融市场竞争，提高资金使用和运转效率。商务服务业对外开放则为中国企业提供更全面的法律保障、财务管理模式等。为了考察不同服务业行业外资管制对下游制造业企业出口产品质量升级的差异化影响？为此，将五种生产性服务业外资管制指数分别作为核心解释变量代入式（3-12）进行回归。表3-7列（1）~列（6）汇报了五种生产性服务业外资管制对下游制造业企业出口产品质量的影响。结果显示，$IFDI\_Ser^{Trans}$和$IFDI\_Ser^{Distru}$的系数显著为负，表明生产性交通运输、分销部门的外资管制放松对下游制造业企业出口产品质量存在显著的负向影响。加大中国交通运输业和分销业的外资管制放松程度，将更有利于促进下游制造业企业出口产品质量升级。

表3-7　　　　　　　　　　服务业细分行业的异质性影响检验

项目	（1）	（2）	（3）	（4）	（5）	（6）
	Qua	Qua	Qua	Qua	Qua	Qua
$IFDI\_Ser^{Trans}$	-1.0045*** (0.2197)					-0.9223*** (0.2423)
$IFDI\_Ser^{Commu}$		0.0187 (0.2277)				0.0532 (0.2442)
$IFDI\_Ser^{Distru}$			-0.3240* (0.1684)			-0.3701** (0.1669)
$IFDI\_Ser^{Bank}$				-1.0733** (0.5320)		-0.4163 (0.6087)
$IFDI\_Ser^{Busin}$					-0.0026 (0.4115)	0.1219 (0.4526)
lnAge	0.0017 (0.0037)	0.0018 (0.0037)	0.0017 (0.0037)	0.0017 (0.0037)	0.0018 (0.0037)	0.0015 (0.0037)
lnSize	0.0108*** (0.0011)	0.0109*** (0.0011)	0.0110*** (0.0011)	0.0110*** (0.0011)	0.0109*** (0.0011)	0.0109*** (0.0011)

续表

项目	（1）	（2）	（3）	（4）	（5）	（6）
	Qua	Qua	Qua	Qua	Qua	Qua
lnKlratio	-0.0015* （0.0009）	-0.0016* （0.0009）	-0.0016* （0.0009）	-0.0016* （0.0009）	-0.0016* （0.0009）	-0.0015* （0.0009）
Tax	-0.0219 （0.0188）	-0.0219 （0.0188）	-0.0218 （0.0188）	-0.0215 （0.0188）	-0.0219 （0.0188）	-0.0216 （0.0187）
Profitratio	0.0875*** （0.0083）	0.0878*** （0.0083）	0.0877*** （0.0083）	0.0879*** （0.0083）	0.0878*** （0.0083）	0.0875*** （0.0083）
Foreign	0.0051** （0.0021）	0.0053** （0.0021）	0.0053** （0.0021）	0.0052** （0.0021）	0.0053** （0.0021）	0.0051** （0.0021）
HHI	0.2492* （0.1327）	0.2771** （0.1352）	0.2735** （0.1328）	0.2422* （0.1350）	0.2782** （0.1334）	0.2272* （0.1361）
ImTariff	-0.0005 （0.0004）	-0.0005 （0.0004）	-0.0005 （0.0004）	-0.0006* （0.0003）	-0.0005 （0.0004）	-0.0006 （0.0004）
ExTariff	-0.0004*** （0.0001）	-0.0004*** （0.0001）	-0.0004*** （0.0001）	-0.0004*** （0.0001）	-0.0004*** （0.0001）	-0.0004*** （0.0001）
lnREER	-0.0124*** （0.0030）	-0.0127*** （0.0030）	-0.0127*** （0.0030）	-0.0128*** （0.0030）	-0.0127*** （0.0030）	-0.0125*** （0.0029）
Constant	0.0349** （0.0178）	0.0044 （0.0164）	0.0133 （0.0185）	0.0138 （0.0167）	0.0045 （0.0168）	0.0426** （0.0198）
个体固定效应	是	是	是	是	是	是
年份固定效应	是	是	是	是	是	是
行业固定效应	是	是	是	是	是	是
观测值	1921670	1921670	1921670	1921670	1921670	1921670
调整的 R^2	0.7545	0.7544	0.7544	0.7545	0.7544	0.7545

注：***、**和*分别表示1%、5%和10%的显著性水平，圆括号内为聚类至行业—年份水平的稳健标准误。

（二）本土企业与外资企业

阿诺德等（Arnold et al.，2016）针对印度企业研究发现，生产性服务业改革对下游制造业外资企业生产绩效的影响程度大于本土企业，这是因为：外资企业的母公司一般在服务业发展水平较为完善的地区进行生产活动，在服务型中间投入品的管理和运用技术方面已相当成熟，因此，当发展中国家服务业改革时，服务业部门的迅速发展将通过产业关联的溢出效应对下游制造业外资企业生产绩效的促进作用更加明显。为验证此假说，依据企业当年的"登记类型"和"实际注册资本"，将样本企业划分为本土企业和外资企业，然后进行分样本估计，检验结果汇报于表 3-8 列（1）与列（2）。结果显示，生产性服务外资管制放松对下游制造业外资企业出口产品质量升级的促进作用确实大于本土企业，表明外资企业在对更优质的服务中间投入品的管理和使用技术方面确实更加成熟，可以更大程度地吸收生产性服务业外资管制放松带来的产品质量促进效益。

表 3-8 　　　　　　　　　　　异质性影响检验（1）

项目	本土企业样本	外资企业样本	一般贸易样本	加工贸易样本
	（1）	（2）	（3）	（4）
	Qua	Qua	Qua	Qua
IFDI_Ser	− 0.0687 （0.1135）	− 0.8479 *** （0.1678）	− 0.1435 * （0.0870）	− 0.3854 ** （0.1894）
lnAge	− 0.0025 （0.0043）	0.0241 *** （0.0065）	0.0080 ** （0.0033）	− 0.0128 （0.0083）
lnSize	0.0114 *** （0.0013）	0.0106 *** （0.0024）	0.0074 *** （0.0010）	0.0129 *** （0.0025）
lnKlratio	− 0.0022 ** （0.0010）	− 0.0010 （0.0015）	− 0.0018 *** （0.0007）	− 0.0019 （0.0022）

项目	本土企业样本	外资企业样本	一般贸易样本	加工贸易样本
	（1）	（2）	（3）	（4）
	Qua	Qua	Qua	Qua
Tax	− 0.0340 （0.0218）	− 0.0464 （0.0331）	0.0018 （0.0183）	− 0.0660 （0.0411）
Profitratio	0.0907 *** （0.0108）	0.0824 *** （0.0113）	0.0832 *** （0.0086）	0.0978 *** （0.0144）
Foreign			0.0035 * （0.0019）	0.0090 ** （0.0037）
HHI	0.4118 *** （0.1446）	0.0273 （0.2240）	− 0.0789 （0.1220）	0.8854 *** （0.2264）
ImTariff	− 0.0006 （0.0004）	− 0.0001 （0.0006）	− 0.0002 （0.0003）	− 0.0010 （0.0007）
ExTariff	− 0.0003 ** （0.0001）	− 0.0006 ** （0.0002）	− 0.0003 *** （0.0001）	− 0.0002 （0.0003）
lnREER	− 0.0092 *** （0.0033）	− 0.0128 ** （0.0050）	− 0.0074 *** （0.0028）	− 0.0223 *** （0.0071）
Constant	− 0.0252 （0.0233）	0.1496 *** （0.0364）	0.0183 （0.0192）	0.0780 ** （0.0381）
个体固定效应	是	是	是	是
年份固定效应	是	是	是	是
行业固定效应	是	是	是	是
观测值	1191050	730620	1278982	642688
调整的 R^2	0.7427	0.7785	0.7146	0.7891

注：***、** 和 * 分别表示1%、5% 和10% 的显著性水平，圆括号内为聚类至四位码行业—年份水平的稳健标准误。

（三）一般贸易与加工贸易

制造业企业加工贸易出口和一般贸易出口的决策从根本上是不同的。加工贸易的特征本质为"两头在外"的生产方式，即生产过程中的原材料或生产设备来自国外，加工形成的产品又销往国外。相比之下，从事一般出口的中国制造业企业其生产或出口行为拥有自主决定权。为了考察不同贸易方式下生产性服务业外资管制对下游制造业企业出口产品质量升级的影响，依据《中国海关统计数据库》中当年贸易类型将样本划分为加工贸易、一般贸易两大子类别，然后进行分样本估计，检验结果列于表3－8列（3）与列（4）。结果显示，无论是显著性水平还是影响量级，生产性服务业外资管制放松对加工贸易制造业企业出口产品质量的影响力度较强，对此可能的解释为：中国加工贸易企业大多数为外资企业，而前述研究发现，生产性服务业外资管制放松对下游制造业企业出口产品质量的影响力度更强，这可能是生产性服务业外资管制放松更有助于促进下游加工贸易制造业企业出口产品质量升级的潜在原因。

（四）同质化产品与差异化产品

巴斯和斯特劳斯—卡恩（Bas & Strauss – Kahn，2015）针对中国微观数据研究发现，中间品贸易自由化改革对差异化产品质量升级的促进作用更加明显。那么生产性服务业外资管制对下游同质化与差异化产品质量的促进作用是否也存在差异？使用劳奇（Rauch，1999）在SITC第二版四分位层面对贸易商品进行的保守分类法和宽松分类法，同时结合HS1996版与SITC第二版转换表，将HS六位码产品类别划分为同质化产品与差异化产品，然后进行分样本回归。表3－9列（1）和列（2）汇报了基于保守法区分同质化和差异化产品的分样本估计结果，可以看出，生产性服务业外资管制放松对下游差异化的出口产品质量升级的促进作用较强。

（五）不同地区的制度环境

地区制度环境是影响贸易或投资自由化等经济政策改革带来福利收益的重要因素（Winters & Masters，2013）。范德马雷尔（Van der Marel，2014）指出，国家内部监管政策（即制度环境）与服务业自由化之间良好的互补性是下游货物贸易比较优势的重要来源之一。贝弗雷利等

（Beverelli et al.，2017）基于跨国数据研究发现，在制度环境越完善的国家，生产性服务贸易改革对下游制造业企业生产率促进作用越大。由此可以推断，生产性服务业外资管制对下游制造业企业出口产品质量的影响也可能因地区制度环境不同而有所差异。参考张杰等（2010）的做法构造中国省级层面地区制度环境指数变量，计算公式为：

$$\text{Institution} = \text{MarketIndex} \times (1 - \text{SegIndex}) \qquad (3-21)$$

其中，Marketindex 表示各省的市场化指数，数据来自樊纲等编制的《中国省际市场化指数报告》；SegIndex 表示各省市场分割指数，按照陆铭和陈昭（2009）的思路采用"价格法"计算而来。

依据地区制度环境指数的中位数和企业所在地将研究样本划分制度环境水平较高地区样本和制度环境水平较低地区样本，进行分样本估计，检验结果列于表 3-9 列（3）和列（4）。结果显示，制度环境越完善的地区，生产性服务业外资管制放松对下游制造业企业出口产品质量升级的促进效应越强。

表 3-9　　　　　　　　　　　　异质性影响检验（2）

项目	差异化产品样本	同质化产品样本	制度环境水平较高地区样本	制度环境水平较低地区样本
	（1）	（2）	（3）	（4）
	Qua	Qua	Qua	Qua
IFDI_Ser	-0.3214 *** (0.1199)	0.0470 (0.1085)	-0.4592 * (0.2580)	-0.2663 *** (0.1026)
lnAge	0.0019 (0.0043)	0.0023 (0.0046)	0.0048 (0.0076)	0.0015 (0.0038)
lnSize	0.0105 *** (0.0013)	0.0127 *** (0.0014)	0.0102 *** (0.0022)	0.0112 *** (0.0011)
lnKlratio	-0.0016 (0.0010)	-0.0014 (0.0008)	-0.0020 (0.0019)	-0.0016 * (0.0009)

续表

项目	差异化产品样本	同质化产品样本	制度环境水平较高地区样本	制度环境水平较低地区样本
	（1）	（2）	（3）	（4）
	Qua	Qua	Qua	Qua
Tax	− 0. 0194 （0. 0210）	− 0. 0199 （0. 0285）	0. 0419 （0. 0386）	− 0. 0230 （0. 0193）
Profitratio	0. 0849 *** （0. 0097）	0. 0963 *** （0. 0106）	0. 0793 *** （0. 0172）	0. 0873 *** （0. 0085）
Foreign	0. 0056 ** （0. 0024）	0. 0031 （0. 0021）	− 0. 0030 （0. 0046）	0. 0054 ** （0. 0021）
HHI	0. 4459 *** （0. 1533）	− 0. 4251 *** （0. 1221）	− 0. 4722 * （0. 2730）	0. 2874 ** （0. 1350）
ImTariff	− 0. 0006 （0. 0004）	0. 0006 （0. 0004）	− 0. 0013 （0. 0008）	− 0. 0004 （0. 0004）
ExTariff	− 0. 0003 ** （0. 0001）	− 0. 0005 *** （0. 0001）	− 0. 0008 *** （0. 0003）	− 0. 0004 *** （0. 0001）
lnREER	− 0. 0121 *** （0. 0035）	− 0. 0154 *** （0. 0032）	− 0. 0331 ** （0. 0134）	− 0. 0116 *** （0. 0031）
Constant	0. 0589 *** （0. 0223）	− 0. 0967 *** （0. 0281）	0. 0385 （0. 0580）	0. 0321 * （0. 0195）
个体固定效应	是	是	是	是
年份固定效应	是	是	是	是
行业固定效应	是	是	是	是
观测值	1617304	304366	1880756	40914
调整的 R^2	0. 7580	0. 6957	0. 7564	0. 7545

注：*** 、** 和 * 分别表示 1% 、5% 和 10% 的显著性水平，圆括号内为聚类至四位码行业—年份水平的稳健标准误。

第五节　本　章　小　结

本章基于产业链溢出的分析视角，利用投入产出表，将服务业外资管制政策动态变化与制造业企业出口产品质量串联起来，以 2000～2013 年中国微观数据作为研究样本，从理论和实证两个维度考察了生产性服务业外资管制对下游制造业企业出口产品质量的影响。研究结果得出以下结论。

（1）生产性服务业外资管制放松显著地提升了制造业企业出口产品质量，这一结论在经过更换产品质量测算方法、更换服务中间品投入权重以及内生性问题处理等一系列稳健性检验的基础上仍然成立。

（2）影响机制上，生产性服务业外资管制放松显著地提升了下游制造业企业的生产率，进而通过生产率提升途径促进下游制造业企业出口产品质量升级；然而，没有明显证据表明，固定投入成本效率提升是生产性服务业外资管制放松影响下游制造业企业出口产品质量升级的重要机制。

（3）从不同服务业部门来看，交通运输和分销业这两个生产性服务部门的外资管制放松对下游制造业企业出口产品质量升级具有显著的促进作用，是推动总体生产性服务业外资管制放松促进下游制造业企业出口产品质量升级的主要力量。通信业、金融业与商务服务业可能受市场监管力度的影响，其领域的外资管制放松对推动下游制造业企业出口产品质量升级的表现力较弱。

（4）在异质性检验方面：从企业异质性上看，生产性服务业外资管制放松对下游制造业外资企业、加工贸易企业样本出口产品质量的提升作用分别大于相应的其他类型企业；从产品异质性上看，生产性服务业外资管制放松对下游制造业企业差异化产品出口质量的提升作用大于同质化产品；从地区制度环境上看，生产性服务业外资管制放松对制度环境较为完善地区的下游制造业企业出口产品质量的提升作用更加强烈。

第四章　生产性服务业开放与制造业企业出口产品加成率

第一节　问题的提出

产品加成率反映的是企业将产品价格维持在边际成本之上的能力，其数值高低直接决定了一国或地区的企业在销售市场中的盈利能力。因此，能否拥有并保持较高的产品加成率是衡量企业国际竞争力常用的也是重要的指标之一（Edmond et al.，2015；De Loecker et al.，2016）。

现有研究大多基于单产品企业这一严格的假设条件，从出口退税调整（Tan et al.，2015）、关税削减（Lu & Yu，2015；毛其淋和许家云，2017）、贸易配额取消（Upward & Wang，2016）等货物贸易自由化政策冲击的视角讨论了企业整体加成率背后的决定性因素。此外，少数文献涉及服务业部门的贸易自由化改革对企业成本加成率的影响（李宏亮和谢建国，2018）。但是，上述文献均是立足于单产品企业的假设条件，以至于选择性地忽视了多产品企业在不同产品维度下的加成率存在异质性的事实。从图4-1可以看出，2000~2013年，中国多产品出口企业的数量、产值和出口额的平均占比分别为72.54%、80.79%和90.56%，总体呈现上升趋势，这表明多产品出口企业在中国对外贸易中的主体地位越来越凸显，基于单产品企业假设条件得到的结论已不能准确地为现实境况提供决策参考。尽管一部分文献开始关注贸易自由化政策冲击对多产品出口企业加成率的影响（Fan et al.，2017；祝树金等，2018），但令人遗憾的是，他们均未考虑国内服务业市场政策改革与制造业企业——产品维度加成率的关系。这为本书的研究提供了空间。

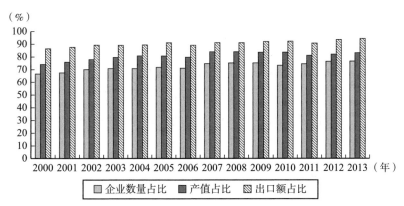

图 4 – 1　多产品出口企业在全部出口企业中的占比情况（2000～2013 年）

资料来源：作者依据《中国海关贸易统计数据库》计算得到。

为了填补现有文献对中国出口企业（尤其是多产品出口企业）产品维度加成率影响因素的研究缺口，本部分以中国"入世"以来积极扩大服务业对外开放为研究背景，利用丰富的企业—产品—市场维度的微观数据信息，重点探讨了生产性服务业外资管制对下游制造业企业出口产品加成率的影响。

此部分包含的研究内容主要体现在以下四个方面：（1）以樊海潮等（Fan et al.，2017）提出的理论框架为研究基础，将服务中间投入要素纳入 C – D 生产函数，依据生产型企业利润最大化条件，通过数理推导提出服务业外资开放会影响企业的边际生产成本，并据此进一步影响制造业企业产品加成率的结论。这可以为服务业外资开放与企业产品加成率的关系提供一个具有说服力的微观理论基础。（2）借鉴德洛克等（De Loecker et al.，2016）提出的生产函数法以及产品层面的要素投入份额分配思路，测度了中国企业—产品—市场维度的出口产品加成率指数，使分析中国出口企业在产品维度的议价能力成为可能。（3）从产业链溢出的研究视角，实证检验了生产性服务业外资管制对下游制造业企业出口产品加成率的影响效应和作用机制，同时，扩展性地研究了二者之间可能存在的异质性影响，深化了对两者之间作用关系的认识和理解。（4）从企业内部资源配置效率的视角出发，研究了生产性服务业外资管制对下游制造业多产品出口企业内核心产品和非核心产品加成率的差异化影响效应，并在此基础上考察了生产性服务业外资管制对制造业企业内部产品加成率分散度的作用效果。这对于理解多产品企业在面对生产性服务业开放时，如何通过调整其不同产品的加成率，降低企业内部资源错配程度以及提高企业国际竞争力，均具有一定的参考价值。

第二节　理论分析与研究假设

本节以樊海潮等（Fan et al.，2017）构建的理论模型为基础，将服务型中间投入品纳入企业的生产函数，建立一个简单的数理推导模型，以解释服务外资管制变化如何诱导本国制造业企业调整边际成本，从而改变其出口产品加成率。在该模型中，每家企业最终产品生产涉及一个中间投入集合，该集合不仅包括生产设备、关键零部件等物质型中间投入，也包括物流、信息、销售策略、市场调研等高端服务要素中间投入。

一、需求偏好

假设代表性消费者对差异化产品的偏好由常替代弹性（CES）效用函数表示，即：

$$U = \left[\sum_{s} q(s)^{\frac{\sigma-1}{\sigma}} \right]^{\frac{\sigma}{\sigma-1}} \tag{4-1}$$

其中，$q(s)$ 表示对产品 s 的需求数量。假设所有产品彼此之间都是可替代的，设定常替代弹性 $\sigma > 1$。在支出一定的条件下，根据消费者效用最大化原则，可以推导出差异化产品 s 的需求函数：

$$q(s) = \frac{p(s)^{-\sigma}}{p^{1-\sigma}}E \qquad (4-2)$$

其中，$p(s)$ 为产品 s 的价格，$P = [\sum_s p(s)^{1-\sigma}]^{\frac{1}{1-\sigma}}$ 是一篮子产品的价格指数；E 是总消费支出额。

二、厂商供给

假设企业生产所需的中间投入要素有两种：一是以原材料、生产设备、关键零部件等为代表的物质型中间投入品；二是内含知识、技术、信息等高级要素的服务型中间投入品。在垄断竞争的情形下，每一种产品都由行业内某一企业进行单一生产，每个企业可以生产多种产品。假设生产技术为柯布—道格拉斯（Cobb—Douglas）形式，产品 s 由生产率为 ω 的企业根据以下生产函数产生，即：

$$Y = \exp(\omega)K^{\alpha}L^{\beta}M^{\eta}Z^{\lambda} \qquad (4-3)$$

其中，K 和 L 分别表示所使用的资本投入和劳动投入；M 表示最终品种生产所使用的物质型中间投入，Z 表示最终品种生产所使用的服务型中间投入，各要素投入份额之和等于 1，即 $\alpha + \beta + \eta + \lambda = 1$。将物质型中间投入品 M 设置为 CES 集合形式，同时参照巴龙和辛加诺（Barone & Cingano，2011）的做法，将服务型中间投入品也设置为 CES 集合形式，即：

$$M = \left(\int_0^1 m(h)^{\frac{\theta-1}{\theta}}dh\right)^{\frac{\theta}{\theta-1}} \qquad (4-4)$$

$$Z = \left(\int_0^1 d(l)^{\frac{\kappa-1}{\kappa}}dl\right)^{\frac{\kappa}{\kappa-1}} \qquad (4-5)$$

式（4-4）和式（4-5）中，m(h) 代表企业消耗物质型中间投入品 h 的数量；d(l) 代表企业消耗服务型中间投入品 s 的数量；θ 为企业服务型中间投入品的常替代弹性并且 θ > 1；κ 为企业服务型中间投入品的常替代弹性并且 κ > 1。相对应地，企业可获得的物质型中间品价格指数和服务型中间品价格指数分别为：

$$P_M = \left(\int_0^1 p\,(h)^{1-\theta}dh\right)^{\frac{1}{1-\theta}} \qquad (4-6)$$

$$P_Z = \left(\int_0^1 p\,(l)^{1-\kappa}dl\right)^{\frac{1}{1-\kappa}} \qquad (4-7)$$

在劳动价格 w、资本价格 r、物质中间投入价格 p(h) 与服务中间投入价格 p(l) 的条件下,企业选择劳动投入数量 L、资本投入数量 K、物质型中间投入数量 m(h) 以及服务型中间投入数量 d(l)。在上述条件下,由总生产成本最小化条件可推导出企业边际成本:

$$c(s) = \frac{1}{\exp(\omega)}\frac{r^\alpha w^\beta P_M^\eta P_Z^\lambda}{\alpha^\alpha \beta^\beta \eta^\eta \gamma^\gamma} \qquad (4-8)$$

由式(4-8),我们提出引理1:企业生产的边际成本会随着服务中间品价格指数 P_Z 的下降而降低。

三、厂商利润最大化

基于式(4-2),生产率为 ω 的企业生产的产品 s 的最大化利润问题可表述为:

$$\max_{p(s)}(p(s)-c(s))\frac{p(s)^{-\sigma}}{\sum_s p(s)^{1-\sigma}}E \qquad (4-9)$$

当最终产品品种的数量为有限时,p(s) 变化会影响价格指数 P,将式(4-9)对 p(s) 进行一阶求导,即:

$$1-\sigma\frac{(p(s)-c(s))}{p(s)}+(\sigma-1)\frac{(p(s)-c(s))}{p(s)}\frac{p(s)^{1-\sigma}}{\sum_s p(s)^{1-\sigma}}=0$$

$$(4-10)$$

为了表述上的简化,定义:

$$\frac{p(s)^{1-\sigma}}{\sum_s p(s)^{1-\sigma}}=t(s),\ 0<t(s)<1 \qquad (4-11)$$

将式(4-11)代入式(4-10),简单整理可得:

$$p(s)=c(s)\left(1+\frac{1}{(\sigma-1)(1-t(s))}\right) \qquad (4-12)$$

加成率是指价格与成本之比，据此定义，产品 s 的加成率为 $\mu(s) = \frac{p(s)}{c(s)}$。于是，可以将式（4-12）改写为：

$$\mu(s) = 1 + \frac{1}{(\sigma-1)(1-t(s))} \qquad (4-13)$$

式（4-13）直观地表明，给定企业生产率 ω，产品加成率 $\mu(s)$ 会随着 $t(s)$ 的增加而增加。进一步地，对式（4-13）求取全微分，可以得到：

$$\Delta\mu(s) = \frac{1}{(\sigma-1)(1-t(s))^2}\Delta t(s) = \frac{-t(s)}{p(s)(1-t(s))}\Delta p(s)$$

$$(4-14)$$

将全微分公式 $\Delta\mu(s) = \frac{1}{c}\Delta p(s) - \frac{p}{c^2}\Delta c(s)$ 代入式（4-14）替换 $\Delta p(s)$，通过整理化简即可得到：

$$\Delta\ln\mu(s) = \frac{-t(s)(\sigma-1)}{\sigma}\Delta\ln c(s) \qquad (4-15)$$

式（4-15），由于 $\frac{-t(s)(\sigma-1)}{\sigma} < 0$，提出引理 2：在厂商利润最大化条件下，产品 s 的加成率对数会随着生产边际成本 c(s) 对数的降低而上升。

四、生产性服务业中间品生产部门

借鉴巴龙和辛加诺（Barone & Cingano，2011）的做法，假设每种服务中间品 s 生产需要投入资本（K）和劳动（L）两种要素，其投入组合依然为 Cobb-Douglas 形式，投入要素份额分别为 ν_K 和 ν_L，并且 ν_K 与 ν_L 之和为 1，资本的价格为 r，劳动者价格为 w。假设有 χ 比例的服务中间品市场实施外商直接投资管制放松，这部分服务业中间品以完全竞争价格出售给制造业企业；同时，有（$1-\chi$）比例的服务中间品市场对外商直接投资进行严格管制，这部分服务中间品仍以垄断竞争价格

出售制造业企业。上述条件意味着当式（4-5）中的 $l \in (0, \chi)$ 时，

$$P(l) = \frac{r^{\nu_k} w^{\nu_L}}{(\nu_k)^{\nu_k} (\nu_L)^{\nu_L}};$$ 当 $l \in (\chi, 1)$ 时，$P(l) = \frac{r^{\nu_k} w^{\nu_L}}{(\nu_k)^{\nu_k} (\nu_L)^{\nu_L}} \times \frac{\kappa - 1}{\kappa}$。

依据式（4-5），服务中间投入品的均衡价格可表述为：

$$P_Z = \frac{r^{\nu_k} w^{\nu_L}}{(\nu_k)^{\nu_k} (\nu_L)^{\nu_L}} \left[\chi + (1 - \chi) \frac{\kappa - 1}{\kappa}^{\kappa - 1} \right]^{\frac{\kappa}{1 - \kappa}} = \frac{r^{\nu_k} w^{\nu_L}}{(\nu_k)^{\nu_k} (\nu_L)^{\nu_L}} C(\chi)$$

（4-16）

对 $C(\chi)$ 进行一阶求导可得 $C'(\chi) < 0$。由于服务业外商直接投资开放程度与 χ 正相关，而价格均衡指数 P_Z 会随着 χ 的上升而下降，因此，可以提出引理3：生产性服务业外资管制放松会使本国制造业企业生产使用的服务中间品投入成本降低。

按照引理3、引理1和引理2的逻辑路线，本节提出以下待检验的研究假设。

假设3：在其他条件不变情况下，下游制造业企业生产（或出口）的产品的加成率会随着生产性服务业外资管制政策的放松而有所提升。

第三节　实证研究设计

一、出口产品加成率的测度

定义"企业—产品—市场"作为一个产品单元 s，借鉴德洛克等（De Loecker et al., 2016）的研究成果，使用生产函数法和要素份额分配法测度中国制造业企业—产品—市场—年份维度的出口产品加成率指数。

（一）企业产品加成率测算公式的推导

设定企业 i 在时间 t 生产产品 s 的生产函数表达式为：

$$Q_{ist} = F_{st}(\mathbf{V}_{ist}, \mathbf{H}_{ist}) \exp(\omega_{it})$$

（4-17）

其中，i、s、t 分别代表企业、产品以及年份，Q 是实际产量，向量 **V** 包括企业可变的投入要素，**H** 向量包括企业不可变（固定）的投入要素（企业面临调节成本）。ω_{it} 为企业生产率的对数，其代表的技术进步设定为希克斯中性。假设可变投入要素 V 和固定投入要素 H 的价格分别为 W_{ist}^{v} 和 W_{ist}^{h}。

产出一定时，成本最小化原则下，关于生产成本的拉格朗日函数表达式为：

$$L(\mathbf{V}_{ist}, \mathbf{H}_{ist}, \lambda_{ist}) = \sum_{v=1}^{V} W_{ist}^{v} V_{ist}^{v} + \sum_{h=1}^{H} W_{ist}^{h} H_{ist}^{h} + \lambda_{ist}[Q_{ist} - Q_{ist}(\mathbf{V}_{ist}, \mathbf{H}_{ist}, \omega_{it})]$$

$$(4-18)$$

依据成本最小化原则，对生产产品 s 的任意可变投入要素求取一阶导数：

$$\frac{\partial L_{ist}}{\partial V_{ist}^{v}} = W_{ist}^{v} - \lambda_{ist} \frac{\partial Q_{ist}(\cdot)}{\partial V_{ist}^{v}} = 0 \qquad (4-19)$$

其中，λ_{ist} 为边际成本，整理式（4-19），并且在两边同乘以 V_{ist}^{v}/Q_{ist}，可得：

$$\frac{\partial Q_{ist}(\cdot) V_{ist}^{v}}{\partial V_{ist}^{v} Q_{ist}} = \frac{1}{\lambda_{ist}} \frac{W_{ist}^{v} V_{ist}^{v}}{Q_{ist}} \qquad (4-20)$$

由式（4-20）可知，等式左边反映的是可变投入要素 V_{ist}^{v} 的产出弹性系数 θ_{ist}^{v}，等式右边分子分母同乘以产品 s 的价格 P_{ist}，并且定义产品加成率的表达式为：$\mu_{ist} = P_{ist}/\lambda_{ist}$，等式右边剩下的部分 $\dfrac{W_{ist}^{v} V_{ist}^{v}}{P_{ist} Q_{ist}}$ 则为生产产品 s 可变要素 V_{ist}^{v} 的支出与产品 s 销售总收入的比值，令 $\alpha_{ist}^{v} = \dfrac{W_{ist}^{v} V_{ist}^{v}}{P_{ist} Q_{ist}}$，因此，企业 i 生产产品 s 的加成率的表达式为：

$$\mu_{ist} = \theta_{ist}^{v} \frac{P_{ist} Q_{ist}}{W_{ist}^{v} V_{ist}^{v}} = \theta_{ist}^{v} (\alpha_{ist}^{v})^{-1} \qquad (4-21)$$

由（4-21）式可知，在估算企业产品加成率时，则需要计算该产品生产过程中可变投入要素 V_{ist}^{v} 的产出弹性系数 θ_{ist}^{v} 和企业用于生产产品

s 时使用可变投入要素 V_{ist}^v 的支出额与该产品销售额的比值。

(二) 关键变量的测度

此部分将详细介绍关于 θ_{ist}^v 和 α_{ist}^v 的估计思路。依据德洛克等 (De Loecker et al., 2016),假设一个超越对数生产函数:

$$q_{ist} = f(x_{ist}; \beta) + \omega_{it} + \varepsilon_{ist} \qquad (4-22)$$

其中每个变量均为对数形式;x_{ist} 表示生产 q_{ist} 产量的产品 s 的全部可变投入要素和固定投入要素,包括劳动力 L、资本 K 和原材料 M;ε_{ist} 为随机干扰项,反映了影响产出的不可估计的因素 (包括度量误差);ω_{it} 表示企业层面的希克斯中性生产率。

《中国工业企业数据库》中只报告了企业层面各类投入要素数据,没有企业—产品层面的各类投入要素数据,因此,需要估计出非单一产品企业不同产品之间投入要素的分配系数 ρ_{ist},即企业 i 分配给产品 s 的某种要素投入占该类要素总投入份额的对数值。设 $\tilde{x}_{it}$ 表示平减后的企业整体要素投入量的对数值,于是,式 (4-22) 中的企业—产品层面要素投入写为:

$$x_{ist} = \rho_{ist} + \tilde{x}_{it} \qquad (4-23)$$

假设不同要素在每个产品上的分配系数是相等的。将式 (4-23) 代入式 (4-22) 替换企业—产品要素投入 x_{ist},得到:

$$q_{ist} = f(\tilde{x}_{it}; \beta) + \Lambda_{ist}(\rho_{ist}; \tilde{x}_{it}; \beta) + \omega_{it} + \varepsilon_{ist} \qquad (4-24)$$

$\Lambda_{ist}(\cdot)$ 的取值依赖于企业层面要素投入 $\tilde{x}_{it}$、企业层面要素产出弹性系数 β 和要素分配系数 ρ_{ist}。企业层面整体要素投入 $\tilde{x}_{it}$ 可以直接从《中国工业企业数据库》获取,因此,还需求解 $\Lambda_{ist}(\cdot)$ 需要估计 β 和 ρ_{ist}。

关于企业层面要素产出弹性系数 β 的估计过程为:企业层面要素投入 $\tilde{x}_{it}$ 包括企业就业人数对数 l,固定资产存量对数 k,中间投入品合计对数 m,企业工业总产值的对数 q,上述数据均来自《中国工业企业数据库》[1]。依据德洛克和沃辛斯基 (De Loecker & Warzynski, 2012),企业

---

[1] 除劳动力投入外,其他变量均为金额变量,为了获取其数量变量,本书使用行业层面价格指数对各个变量予以平减。

层面超越对数生产函数设定为：

$$q_{it} = f(\tilde{x}_{it};\ \beta) + \omega_{it} + \varepsilon_{it} \qquad (4-25)$$

为了解决生产函数估计过程中的同时性偏差问题，根据莱文索恩和彼得林（Levinsohn & Petrin，2003）的研究，企业原材料需求是资本投入 k_{it}，企业生产率 ω_{it}，以及其他影响原材料需求变量向量 $\mathbf{Z}_{it}$ 的函数，函数表达式为：

$$m_{it} = f_m(k_{it},\ \omega_{it},\ \mathbf{z}_{it}) \qquad (4-26)$$

其中，依据樊海潮等（Fan et al.，2017）和祝树金等（2018）的研究，$\mathbf{z}_{it}$ 包括出口虚拟变量 EX_{it}、国民经济三位码行业最终品进口关税 $OutTariff_{jt}$ 和投入品进口关税 $InTariff_{jt}$、地区（省份）虚拟变量以及企业所有制虚拟变量[①]。假设原材料需求是企业生产率的单调函数，将其转换为生产率的函数表达式：

$$\omega_{it} = f_\omega(k_{it},\ m_{it},\ \mathbf{z}_{it}) \qquad (4-27)$$

将式（4-27）代入式（4-25），于是，生产函数表达式可写为：

$$q_{it} = \varnothing(l_{it},\ k_{it},\ m_{it},\ \mathbf{z}_{it}) + \varepsilon_{it} \qquad (4-28)$$

为消除对产出不可观测的影响因素的冲击和测量误差，对式（4-28）中 l_{it}，k_{it}，m_{it} 构建三阶多项式，但是 $\mathbf{z}_{it}$ 中的地区虚拟变量和企业所有制虚拟变量仍然为线性形式，通过线性回归得到产出变量的拟合值 $\hat{q}_{it}$。

设定企业生产率满足马尔科夫链性质：

$$\omega_{it} = g(\omega_{i,t-1},\ OutTariff_{j,t-1},\ InTariff_{j,t-1},\ EX_{i,t-1}) + \varepsilon_{it} \qquad (4-29)$$

其中，生产率可以表示产出—要素弹性系数 β 的函数：

$$\omega_{it}(\beta) = \hat{q}_{it} - \beta_l l_{it} - \beta_m m_{it} - \beta_k k_{it} - \beta_{ll} l_{it}^2 - \beta_{mm} m_{it}^2 - \beta_{kk} k_{it}^2 - \beta_{lm} l_{it} m_{it}$$
$$- \beta_{lk} l_{it} k_{it} - \beta_{mk} m_{it} k_{it} - \beta_{lmk} l_{it} m_{it} k_{it} \qquad (4-30)$$

将式（4-30）代入式（4-29），然后依据伍德里奇（Woodridge，2009）提出的方法分国民经济两位码制造业行业估计生产函数，即可获得中国制造业企业层面的要素产生弹性系数的估计值 $\hat{\beta} = (\hat{\beta}_l,\ \hat{\beta}_m,\ \hat{\beta}_k,\ \hat{\beta}_{ll},\ \hat{\beta}_{mm},\ \hat{\beta}_{kk},\ \hat{\beta}_{lm},\ \hat{\beta}_{lk},\ \hat{\beta}_{mk},\ \hat{\beta}_{lmk})$。

---

① j 代表国民经济三位码行业。

不同年份下企业—产品—市场层面要素分配系数 ρ_{ist} 的估计过程为：由于考察对象为出口产品，因此将产出变量设定为企业 i 出口产品 s 的数量 q_{ist}。考虑到出口数量 q_{ist} 可能存在记录偏误，直接使用会影响后续步骤的计算质量。因此，借鉴樊海潮等（Fan et al.，2017）的研究思路，将出口数量 q_{ist} 对投入要素（l，m，k）、产出品/中间品进口关税、出口价格、加工贸易虚拟变量、省份—行业—产品固定效应、市场固定效应和年份固定效应回归，得到出口数量的拟合值 $\hat{q}_{ist}$。将企业层面要素产出弹性系数估计值和出口数量的拟合值 $\hat{\beta}$ 代入式（4-24），可以得到 $\hat{\omega}_{ist} = \hat{q}_{ist} - f(\bar{x}_{it}; \hat{\beta})$。根据式（4-24），$\hat{\omega}_{ist}$ 的表达式可重新写为：

$$\hat{\omega}_{ist} = \omega_{it} + \Lambda_{ist}(\rho_{ist}; \bar{x}_{it}; \hat{\beta}) = \omega_{it} + \hat{a}_{it}\rho_{ist} + \hat{b}_{it}\rho_{ist}^2 + \hat{c}_{it}\rho_{ist}^3 \quad (4-31)$$

其中，ρ_{ist} 的三阶多项式与 $\Lambda_{ist}(\cdot)$ 的超越对数生产函数形式相对应，$\hat{a}_{it}$，$\hat{b}_{it}$，$\hat{c}_{it}$ 具体表达式为：

$$\hat{a}_{it} = \hat{\beta}_l + \hat{\beta}_m + \hat{\beta}_k + 2(\hat{\beta}_{ll}l_{it} + \hat{\beta}_{mm}m_{it} + \hat{\beta}_{kk}k_{it})$$
$$+ \hat{\beta}_{lm}(l_{it} + m_{it}) + \hat{\beta}_{lk}(l_{it} + k_{it}) + \hat{\beta}_{mk}(m_{it} + k_{it})$$
$$+ \hat{\beta}_{lmk}(lm_{it} + lk_{it} + mk_{it}) \quad (4-32)$$

$$\hat{b}_{it} = \hat{\beta}_{ll} + \hat{\beta}_{mm} + \hat{\beta}_{kk} + \hat{\beta}_{lm} + \hat{\beta}_{lk} + \hat{\beta}_{mk} + \hat{\beta}_{lmk}(l_{it} + m_{it} + k_{it}) \quad (4-33)$$

$$\hat{c}_{it} = \hat{\beta}_{lmk} \quad (4-34)$$

其中，$\hat{\omega}_{ist}$，$\hat{a}_{it}$，$\hat{b}_{it}$，$\hat{c}_{it}$ 已知，因此还需要求解 ω_{it} 和 ρ_{ist}。假设企业该年内出口 S 种不同类型产品，根据樊海潮等（Fan et al.，2017）对德洛克等（De Loecker et al.，2016）的修正思路，设定要素分配系数之和等于企业出口额占工业总产值的份额。因此，可以构建一个包含 S+1 个方程的方程组求解 ω_{it} 和 ρ_{ist}。S+1 个方程构成的方程组表达式为：

$$\hat{\omega}_{i1t} = \omega_{it} + \hat{a}_{it}\rho_{i1t} + \hat{b}_{it}\rho_{i1t}^2 + \hat{c}_{it}\rho_{i1t}^3$$

$$\hat{\omega}_{i2t} = \omega_{it} + \hat{a}_{it}\rho_{i2t} + \hat{b}_{it}\rho_{i2t}^2 + \hat{c}_{it}\rho_{i2t}^3$$

$$\cdots\cdots$$

$$\hat{\omega}_{iSt} = \varphi_{it} + \hat{a}_{it}\rho_{iSt} + \hat{b}_{it}\rho_{iSt}^2 + \hat{c}_{it}\rho_{iSt}^3$$

$$T_{it} = \sum_{s=1}^{S} \exp(\rho_{ist})，\exp(\rho_{ist}) < T_{it}，T_{it} \leqslant 1$$

其中，s = (1，…，S)，通过求解 S+1 个方程组，即可估计得到不同年份下企业—产品—市场层面要素分配系数 ρ_{ist}。参照德洛克等（De Loecker et al.，2016）的做法，将可变投入要素 V 设置为中间品投入 M，结合式（4-23）、式（4-21），中间投入品 M 生产并出口产品 s 的产出弹性系数为 $\hat{\theta}_{ist}^{M}$，计算公式如下：

$$\hat{\theta}_{ist}^{M} = \hat{\beta}_m + 2\hat{\beta}_{mm}(\rho_{ist} + m_{it}) + \hat{\beta}_{lm}(\rho_{ist} + l_{it}) + \hat{\beta}_{mk}(\rho_{ist} + k_{it}) \\ + \hat{\beta}_{lmk}(\rho_{ist} + l_{it})(\rho_{ist} + k_{it}) \qquad (4-35)$$

进一步地，结合式（4-21），企业出口产品加成率的计算公式可写为：

$$\hat{\mu}_{ist} = \hat{\theta}_{ist}^{M} \frac{P_{ist} Q_{ist}}{\exp(\rho_{ist}) P_{it}^{M} V_{it}^{M}} \qquad (4-36)$$

其中，$\hat{\mu}_{ist}$ 表述 t 时间企业 i 出口产品 s 的成本加成率；$\hat{\theta}_{ist}^{M}$ 表示 t 时间企业 i 所用的中间投入品 M 生产产品 s 的产出弹性系数，由式（4-35）计算获得；$P_{ist} Q_{ist}$ 是 t 时间企业 i 产品 s 的出口金额，可直接通过中国海关贸易统计数据库计算得出。$\exp(\rho_{ist}) P_{it}^{M} V_{it}^{M}$ 是企业 i 在生产过程中分配给产品 s 的中间投入品 M 的投入额。在得到上述一系列变量后，即可获取企业—产品—市场—年份维度的中国制造业企业出口产品加成率指数。

（三）特征性事实：中国制造业企业出口产品加成率的动态演进

首先，基于出口产品加成率的测算结果，绘制出 2000～2009 年中国制造业企业出口产品加成率的总体平均值和标准差的变动情况（见图 4-2）。从均值水平上看，中国制造业企业出口产品加成率在 2000～2009 年整体处于稳步上升的态势，它从 2000 年的 1.242 上升至 2008 年的 1.471，并于 2008 年达到峰值，2009 年微弱下滑至 1.453，下滑的原因可能是由于受到国际金融危机的影响，要素市场、需求市场以及资本市场遭受到巨大冲击，利润下降和现金流短缺使企业在提升出口产品加成率上力不从心，导致出口产品加成率出现短暂的下滑。从标准差上看，企业出口产品加成率的标准差在整体上都趋于逐年上升的态势，表明在 2000～2009 年，中国制造业企业在出口产品加成率上的差异逐步拉大，从 1.74 上升到 2.03，这充分显示了出口产品加成率在企业—产品—市场层面的异质性。

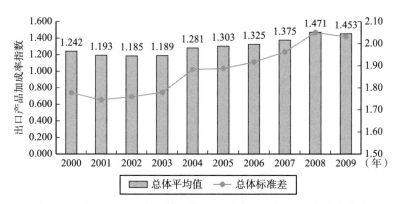

图 4 - 2 2000～2009 年中国制造业企业出口产品加成率变动趋势

资料来源：作者根据测算结果绘制而成。

　　其次，中国独特的体制设置使所有制属性是中国企业绩效表现的重要影响因素之一，为此进一步考察不同所有制类型企业出口产品加成率的变动情况。参考布兰特等（Brandt et al. ，2017）的做法，将样本中的出口企业按照制造业企业调查的"登记注册类型"和"实收资本"区分为国有和集体企业、内地民营企业、中国港澳台企业以及外资企业四类子样本，各类企业出口产品加成率变动特征如图 4 - 3 所示，可以看出，不同所有制类型企业几乎均处于稳步增长的态势。其中，内地民营

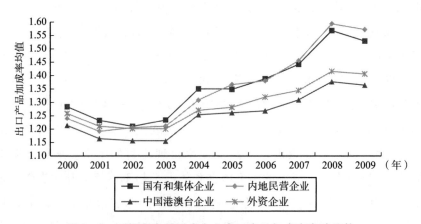

图 4 - 3 不同所有制形式企业出口产品加成率变动趋势

资料来源：作者根据测算结果绘制而成。

企业出口产品加成率增长速度最快，从 2000 年的 1.239 上升至 2009 年的 1.572，年均增长率为 2.67%；而中国港澳台企业出口产品加成率增长速度最慢，从 2000 年的 1.214 上升至 2009 年的 1.364，年均增长率为 1.30%。这可能是和中国港澳台资企业大多从事加工贸易生产有关。

最后，表 4 - 1 给出了细分制造业行业出口产品加成率的均值变动情况。根据国民经济行业二位码分类标准，分行业计算各行业企业在 2000 年和 2009 年的出口产品加成率的均值水平。统计结果列于表 4 - 1，可以看出，全部 28 个制造业行业的出口产品加成率均呈现提升的态势，可是提升幅度存在明显差异。统计显示，出口产品加成率提升最快的 5 个行业依次为有色金属冶炼及压延加工（33）、饮料制造（15）、食品制造（14）、橡胶制品（29）、化学纤维制造（28）。出口产品加成率提升较慢的 5 个行业依次为通信设备计算机及其他电子设备制造（40）、仪器及文化办公用机械制造（41）、石油加工及炼焦（25）、纺织服装鞋帽制造（18）、工艺品及其他制造（42）。

表 4 - 1　　中国制造业行业出口产品加成率均值变动情况

制造业行业	2000 年	2009 年	变化值	变化率（%）
农副食品加工（13）	1.253	1.575	0.322	25.660
食品制造（14）	1.433	1.936	0.503	35.087
饮料制造（15）	1.289	1.754	0.465	36.044
纺织（17）	1.197	1.364	0.167	13.950
纺织服装鞋帽制造（18）	1.290	1.410	0.120	9.315
皮革毛皮羽毛及其制品（19）	1.352	1.496	0.143	10.586
木材加工木竹藤棕草制品（20）	1.302	1.551	0.249	19.139
家具制造（21）	1.447	1.598	0.151	10.445
造纸及纸制品（22）	1.206	1.434	0.229	18.986
印刷业和记录媒介的复制（23）	1.092	1.297	0.204	18.703
文教体育用品制造（24）	1.169	1.333	0.163	13.970

续表

制造业行业	2000 年	2009 年	变化值	变化率（%）
石油加工及炼焦（25）	2.227	2.401	0.174	7.807
化学原料及化学制品制造（26）	1.251	1.572	0.321	25.698
医药制造（27）	1.345	1.615	0.270	20.087
化学纤维制造（28）	1.211	1.552	0.342	28.213
橡胶制品（29）	1.044	1.358	0.314	30.084
塑料制品（30）	1.227	1.390	0.163	13.256
非金属矿物制品（31）	1.452	1.787	0.335	23.067
黑色金属冶炼及压延加工（32）	1.310	1.693	0.383	29.208
有色金属冶炼及压延加工（33）	1.212	1.703	0.490	40.427
金属制品（34）	1.165	1.496	0.331	28.415
通用设备制造（35）	1.173	1.380	0.207	17.658
专用设备制造（36）	1.489	1.748	0.259	17.418
交通运输设备制造（37）	1.173	1.442	0.269	22.914
电气机械及器材制造（39）	1.280	1.586	0.306	23.881
通信设备计算机及其他电子设备制造（40）	1.168	1.218	0.051	4.331
仪器及文化办公用机械制造（41）	1.003	1.051	0.047	4.734
工艺品及其他制造（42）	1.332	1.478	0.146	10.967

资料来源：笔者依据测算结果绘制而成。

二、实证模型、变量和数据说明

（一）实证模型的设定

为考察生产性服务业外资管制对下游制造业企业出口产品加成率的影响，借鉴服务业市场改革对制造业企业生产绩效影响的研究成果（Arnold et al.，2016），设定如下的线性计量模型用于实证检验：

$$\ln Markup_{ipdt} = \theta_0 + \theta_1 IFDI\_Ser_{jt} + X_t\gamma + \delta_{ipd} + \delta_t + \varepsilon_{ipdt} \qquad (4-37)$$

其中，下标 i、j、p、d、t 分别表示企业、行业、产品、出口市场以及年份。$lnMarkup_{ipdt}$ 为企业—产品—市场—年份四个维度下的出口产品加成率指数；$IFDI\_Ser_{jt}$ 为生产性服务业外资管制综合指数。$\mathbf{X}_t$ 为企业、行业以及出口市场层面的控制变量向量，具体包括企业规模、资本劳动比、利润率、融资约束、外资企业哑变量、行业最终品进口关税、行业中间品进口关税、出口目的国进口关税、人民币实际有效汇率以及出口市场人均收入。δ_{ipd} 为企业—产品—市场层面的个体固定效应，用以控制个体内部不可观测因素对企业出口产品加成率的影响；δ_t 为时间固定效应，用以控制宏观不可观测因素对企业出口产品加成率的影响；θ_0 为常数项；θ_1 为核心解释变量的系数，γ 为控制变量的系数向量；ε_{ipdt} 为个体随机扰动项。由于采用的是行业层面生产性服务业外资管制指数，若不对同一组内观测值误差项进行校正，误差项之间的相关性可能使估计的标准误产生向下的偏差，导致无法对变量之间的关系进行准确推断。为此，本书将标准误聚类至行业—年份层面用于实证估计。依据理论分析，预测估计系数 $\theta_1 < 0$。

（二）变量选取说明

因变量：企业出口产品加成率的对数（lnMarkup）。借鉴德洛克等（De Loecker et al.，2016）提出的生产函数估计法对中国制造业企业出口产品加成率指数进行测算。具体的测算过程参见本章第三节第一部分内容。

自变量：生产性服务业外资管制指数（IFDI_Ser）。根据中国各行业服务业外资管制指数和《中国 2002 年投入产出表》计算得到。具体构造步骤参见第二章第三节中国生产性服务业外资管制的定量研究。

控制变量：（1）企业规模（lnSize），选取企业总资产的对数值刻画企业规模大小，用以控制企业规模因素对企业出口产品加成率的影响。

（2）企业资本劳动比（lnKlratio），采用实际资本存量与就业人数比值取对数衡量企业资本劳动比。其中，企业的实际资本存量采用永续盘存法构造，与布兰特等（Brandt et al.，2012）做法类似，资本折旧率设定为 9%。

（3）企业利润率（Profitratio），采用企业营业利润与销售额的比值度量，用以控制企业盈利能力对企业出口产品加成率的影响。

（4）企业融资约束（Finance），选用企业总负债（流动负债加上长期负债）与总资产之比加 1 取对数度量，该数值越大表明企业的财务杠杆越高，面临的融资门槛就越低。

（5）外资企业所有权哑变量（Foreign），若该年内企业为外资企业，则赋值为 1，反之为 0，用以控制所有权属性的异质性对企业出口产品加成率的影响。

（6）行业竞争程度（HHI），采用行业赫芬达尔指数（Herfindahl – Hirschman Index）来刻画，其计算公式为：

$$hhi_{jt} = \sum_{i \in I_j} (sale_{it}/sale_{jt})^2$$

其中，$sale_{it}$ 表示企业 i 在 t 年的产品销售额；$sale_{jt}$ 表示行业 j 在 t 年的产品总销售额。如果该指数越大则表明行业市场集中程度越大，竞争程度越低。

（7）行业进口关税（OutTariff），借鉴布兰特等（Brandt et al.，2017）的做法，构造行业层面进口关税数值，具体计算步骤为：首先，从 WITS 数据库和 WTO 数据库中调取 2000～2013 年内中国对各个 HS 六位码产品所征收的最惠国进口关税数据，并将不同版本的 HS 协调编码版本统一至 HS1996 版①。其次，基于 HS1996 版协调编码与国民经济制造业行业四位码对应表，计算出制造业四位码行业 j 在 t 年所面临的最终品进口关税，公式为：

$$Tariff\_output_{jt} = \sum_{p \in \theta_j} N_{pt} \times ImportTariff_{pt} \Big/ \sum_{p \in \theta_j} N_{pt} \qquad (4-38)$$

其中，$Tariff\_output_{jt}$ 即为四位码行业 j 在 t 年的最终品进口关税数值，该指标数值越小则说明进口的关税壁垒越低；θ_j 为归属于行业 j 的产品集合；N_{pt} 为产品 p 在 t 年的进口条目数；$ImportTariff_{pt}$ 为产品 p 在 t

① 产品关税数据所基于的 HS 协调编码版本不一致，1997～2001 年采用 HS1996 版，2002～2006 年采用 HS2002 版，2007～2011 年采用 HS2007 版本，2012～2013 年采用 HS2012 版本。

年的关税水平。通过上式计算得到 Tariff_output$_{jt}$后，依据国民经济行业四位码与《中国 2002 年投入产出表》和《中国 2007 年投入产出表》部门代码对应关系得到各部门简单平均关税 Tariff_output$_{kt}$，然后再以各部门中间投入要素份额为权重，通过加权平均计算出各个部门的中间品进口关税，公式为：

$$\text{Tariff\_input}_{ct} = \sum_{k} \varpi_{ck} \text{Tariff\_output}_{kt} \qquad (4-39)$$

其中，InTariff$_{ct}$表示《投入产出表》中部门 c 在第 t 年所面临的投入品进口关税数值；$\varpi_{ck} = (\text{input}_{ck}^{2002}/\text{input}_{c,total}^{2002} + \text{input}_{ck}^{2007}/\text{input}_{c,total}^{2007})/2$，表示在《中国 2002 年投入产出表》和《中国 2007 年投入产出表》中，部门 c 消耗的中间投入总额中来自部门 k 的比重均值[1]。通过式（4-39）得到 Tariff_input$_{ct}$后，继续利用国民经济行业四位码与中国《投入产出表》部门代码对应关系，就可以得到本章所需的制造业四位码行业 j 在 t 年所面临的中间品进口关税 Tariff_input$_{jt}$。

（8）出口市场进口关税（ExTariff），采用出口目的国对每种进口产品征收的从价关税的均值度量。

（9）人民币实际有效汇率（lnREER），参考余淼杰和张睿（2017）的方法构造各年份内中国人民币对其他国家货币的实际有效汇率指数，具体公式为：

$$\text{lnREER}_{dt} = \ln(1 + \text{Ner}_{dt} \times \text{CPI}_{china,t}/\text{CPI}_{dt})$$

其中，Ner$_{dt}$为人民币与 d 国货币第 t 年的名义汇率指数，CPI$_{china,t}$表示中国第 t 年的消费者价格指数，CPI$_{dt}$表示 d 国在 t 年的消费者价格指数，lnREER$_{dt}$数值越大即表示人民币对 d 国货币真实升值。

（10）出口市场人均收入（lnPergdp），采用以 2010 年美元不变价计算的出口市场人均生产总值的对数度量，用以控制出口市场经济发展状

---

① 需要说明的是，本书在计算各行业中间投入权重时，采用的是《中国 2002 年投入产出表》与《中国 2007 年投入产出表》投入权重的平均值。这样处理的优点在于避免了由中间投入权重的内生变化而导致行业中间品进口关税发生变化的可能性，测算的结果能够更加真实地反映中间品进口关税的演变趋势。

况对中国企业出口产品加成率的影响。

（三）数据来源与说明

本章主要使用两套高度细分的大型微观数据库:《中国工业企业数据库》以及《中国海关贸易统计数据库》,时间跨度为 2000～2009 年①。用于构建生产性服务业外资管制指数的数据来自 OECD 全球化数据库中的行业外商直接投资管制指数。产品进口关税数据来自世界银行 WITS 数据库。人民币对各国货币名义汇率数据以及各国消费者价格指数来自国际货币基金组织（IMF）统计数据库。主要变量的描述性统计特征如表 4-2 所示。

表 4-2　　　　　　　　　变量的描述性统计特征

变量符号	变量含义	观测值	均值	标准差	最小值	最大值
lnMarkup	出口产品加成率（对数）	2696995	-0.764	1.668	-5.929	2.714
lnMC	出口产品边际成本（对数）	2696995	4.391	2.196	-2.458	12.18
lnPrice	出口产品单价（对数）	2696995	3.627	1.534	-1.082	11.68
IFDI_Ser	生产性服务业外资综合管制指数	2696995	0.076	0.024	0.035	0.198
IFDI_Ser^{Trans}	运输业外资管制指数	2696995	0.022	0.009	0.006	0.102
IFDI_Ser^{Commu}	通信业外资管制指数	2696995	0.012	0.008	0.001	0.047
IFDI_Ser^{Distru}	分销业外资管制指数	2696995	0.026	0.014	0.009	0.088
IFDI_Ser^{Bank}	金融业外资管制指数	2696995	0.007	0.003	0.001	0.053
IFDI_Ser^{Busin}	商务服务业外资管制指数	2696995	0.008	0.006	0.001	0.035
lnSize	企业规模（对数）	2696995	11.10	1.496	8.059	15.14
lnKlratio	企业资本劳动比（对数）	2696995	3.883	1.148	0.999	6.772
Profitratio	企业利润率	2696995	0.038	0.066	-0.193	0.266
Finance	企业融资约束	2696995	0.010	0.013	0	0.060
Foreign	外资企业哑变量	2696995	0.320	0.466	0	1

---

　　① 关于《中国工业企业数据库》和《中国海关贸易统计数据库》的具体处理和匹配步骤,请参见附录内容。

变量符号	变量含义	观测值	均值	标准差	最小值	最大值
lnTariff_output	行业最终品进口关税（对数）	2696995	2.315	0.715	0	4.190
lnTariff_input	行业中间品进口关税（对数）	2696995	2.044	0.251	1.126	3.311
lnExTariff	出口市场进口关税（对数）	2696995	1.475	1.066	0	6.686
lnREER	人民币实际有效汇率（对数）	2696995	-0.055	2.561	-3.327	8.015
lnPergdp	出口市场人均 GDP（对数）	2696995	9.908	1.144	5.318	11.43

注：对上述变量均进行1%的双边缩尾处理，以排除极端值的影响。

第四节　实证检验结果

一、基准检验结果

表4－3汇报了模型（4－37）的检验结果。第（1）列结果显示，在未添加控制变量的固定效应模型下，生产性服务业外资管制指数（IFDI_Ser）系数为负，且在1%水平上拒绝了系数为0的原假设，这初步表明生产性服务业外资管制放松有助于促进下游制造业企业出口产品加成率提升。第（2）列进一步控制企业规模、企业资本劳动比、利润率和融资约束等企业特征变量，结果显示，IFDI_Ser的系数依然显著为负。第（3）~第（5）列分别引入外资企业虚拟变量、行业最终品进口关税、行业中间品进口关税、目的国关税率、双边实际汇率以及目的国人均生产总值等特征变量，结果显示，IFDI_Ser的系数无论是在影响的量级还是显著性水平上，均没有发生实质性改变。以第（5）列对所有控制变量加以控制的回归结果显示，生产性服务业外资管制指数的估计系数为－1.6204，且在1%水平上显著。上述结果表明，生产性服务业外资管制放松有效促进了下游制造业企业出口产品加成率提升，这印证了本章第二节的研究假说，对于如何从服务业外资管制政策变动的视角

提升中国制造业企业出口产品议价能力和盈利能力有着重要的启示作用。

表 4 – 3　　　　　　　　　　　　基准检验结果

项目	（1）	（2）	（3）	（4）	（5）
	lnMarkup	lnMarkup	lnMarkup	lnMarkup	lnMarkup
IFDI_Ser	– 3. 5901 *** （0. 1893）	– 3. 1806 *** （0. 1892）	– 3. 1729 *** （0. 1888）	– 2. 8218 *** （0. 2021）	– 1. 6204 *** （0. 1942）
lnSize		0. 0328 *** （0. 0055）	0. 0327 *** （0. 0055）	0. 0276 *** （0. 0053）	0. 0135 *** （0. 0049）
lnKlratio		0. 0313 *** （0. 0039）	0. 0313 *** （0. 0039）	0. 0314 *** （0. 0039）	0. 0328 *** （0. 0039）
Profitratio		0. 1713 *** （0. 0352）	0. 1713 *** （0. 0352）	0. 1753 *** （0. 0348）	0. 1862 *** （0. 0345）
Finance		0. 3113 （0. 1907）	0. 3110 （0. 1909）	0. 3542 * （0. 1891）	0. 1482 （0. 1904）
Foreign			0. 0120 （0. 0097）	0. 0101 （0. 0096）	0. 0082 （0. 0096）
lnTariff_output				0. 0516 *** （0. 0114）	0. 0477 *** （0. 0112）
lnTariff_input				– 0. 1715 *** （0. 0250）	– 0. 0834 *** （0. 0244）
lnExTariff					– 0. 0450 *** （0. 0059）
lnREER					– 0. 0621 *** （0. 0202）
lnPergdp					0. 6880 *** （0. 0526）

项目	（1）	（2）	（3）	（4）	（5）
	lnMarkup	lnMarkup	lnMarkup	lnMarkup	lnMarkup
Constant	− 0. 4922 *** （0. 0144）	− 1. 0180 *** （0. 0645）	− 1. 0212 *** （0. 0646）	− 0. 7609 *** （0. 0741）	− 7. 6242 *** （0. 5350）
个体固定效应	是	是	是	是	是
年份固定效应	是	是	是	是	是
观测值	2696995	2696995	2696995	2696995	2696995
调整的 R^2	0. 5684	0. 5685	0. 5686	0. 5687	0. 5690

注：*** 和 * 分别表示 1% 和 10% 的显著性水平，圆括号内为聚类至四位码行业—年份水平的稳健标准误。

控制变量中：企业规模（lnSize）系数显著为正，说明规模经济的存在也有助于加快企业出口产品加成率提升。企业资本劳动比（lnKlratio）的系数显著为正，说明企业资本劳动比越高越有助于提高其出口产品加成率。利润率（Profitratio）系数显著为正，说明盈利水平越高的企业越有机会促出口产品加成率提升。行业最终品进口关税（lnTariff_output）系数显著为正，表明最终品进口关税壁垒越低则企业出口产品加成率越低，由最终品进口自由化引致的竞争效应会对企业生产过程造成冲击，继而对企业出口产品加成率造成不利影响。行业中间品进口关税（lnTariff_input）系数显著为负，表明中间品进口关税壁垒越低则企业出口产品加成率越高，由中间品进口自由化引致的质量转移效应和成本节约效应会使企业有更充足的资金提升生产的产品性能，从而显著促进企业出口产品加成率提升。目的国进口关税（lnExTariff）系数显著为负，表明目的国进口关税壁垒越低则本国企业出口产品加成率越高。双边实际汇率（lnREER）的系数显著为负，说明人民币对出口目的国货币实际汇率上升阻碍了中国企业出口产品加成率提升，这是因为人民币升值会使本国产品更加昂贵，以至于加剧中国企业在出口市场上面临的竞争压力，为了稳住市场份额和竞争优势，中国企业不得不采取降价思路予以应对，从而导致出口产品加成率下降。

二、稳健性检验结果

(一) 更换其他服务投入要素权重

为了排除服务中间投入权重对实证结果的干扰，选用其他服务中间投入权重以重新构建生产性服务业外资管制变量做稳健性检验。首先，选用《中国2002年投入产出表》中的完全消耗系数作为各个制造业部门消耗的投入总额中来自服务部门的比重作为投入要素权重一。其次按照相同方法构造服务业外资管制指数进行回归，结果列于表4-4第（1）~第（2）列。可以看出，IFDI_Ser系数符号为负且在1%水平上显著。再次，以每个制造业部门在《中国2002年投入产出表》与《中国2007年投入产出表》中消耗服务业部门k的比重均值作为服务中间品的投入权重作为投入要素权重二，重新计算生产性服务业外资管制指数进行回归。结果列于第（3）~第（4）列，IFDI_Ser系数在10%的水平上显著为负，与基准估计结果一致。最后，考虑到各个要素的投入权重在样本期间可能会发生动态变化，利用《中国2002年投入产出表》计算2000~2004年各制造业部门消耗的服务要素中间投入比重，利用《中国2007年投入产出表》计算2005~2009年各制造业部门消耗的服务要素中间投入比重，以此构成作为投入要素权重三，重新计算生产性服务业外资管制指数，结果列于表4-4第（5）~第（6）列，结果显示，IFDI_Ser系数仍然显著为负，与基准估计结果保持一致。

表4-4　　　　　　　　　　　　不同服务中间投入权重

项目	投入要素权重一		投入要素权重二		投入要素权重三	
	(1)	(2)	(3)	(4)	(5)	(6)
	lnMarkup	lnMarkup	lnMarkup	lnMarkup	lnMarkup	lnMarkup
IFDI_Ser	-1.6198 *** (0.1148)	-0.9511 *** (0.1117)	-4.9181 *** (0.3081)	-3.0942 *** (0.3023)	-1.7928 *** (0.1260)	-1.1035 *** (0.1204)

续表

项目	投入要素权重一		投入要素权重二		投入要素权重三	
	（1）	（2）	（3）	（4）	（5）	（6）
	lnMarkup	lnMarkup	lnMarkup	lnMarkup	lnMarkup	lnMarkup
lnSize	0.0235 ***	0.0120 **	0.0301 ***	0.0135 ***	0.0248 ***	0.0119 **
	（0.0053）	（0.0049）	（0.0054）	（0.0049）	（0.0053）	（0.0049）
lnKlratio	0.0310 ***	0.0326 ***	0.0325 ***	0.0332 ***	0.0315 ***	0.0327 ***
	（0.0039）	（0.0039）	（0.0039）	（0.0039）	（0.0039）	（0.0039）
Profitratio	0.1829 ***	0.1897 ***	0.1706 ***	0.1853 ***	0.1767 ***	0.1873 ***
	（0.0349）	（0.0345）	（0.0349）	（0.0346）	（0.0349）	（0.0345）
Finance	0.3251 *	0.1436	0.4031 **	0.1620	0.3303 *	0.1374
	（0.1896）	（0.1907）	（0.1886）	（0.1902）	（0.1900）	（0.1910）
Foreign	0.0100	0.0082	0.0106	0.0082	0.0093	0.0077
	（0.0096）	（0.0096）	（0.0096）	（0.0096）	（0.0096）	（0.0096）
lnTariff_output	0.0495 ***	0.0465 ***	0.0476 ***	0.0461 ***	0.0468 ***	0.0452 ***
	（0.0114）	（0.0111）	（0.0115）	（0.0112）	（0.0115）	（0.0112）
lnTariff_input	− 0.1381 ***	− 0.0686 ***	− 0.1744 ***	− 0.0771 ***	− 0.1677 ***	− 0.0824 ***
	（0.0254）	（0.0248）	（0.0246）	（0.0245）	（0.0248）	（0.0242）
lnExTariff		− 0.0442 ***		− 0.0446 ***		− 0.0451 ***
		（0.0059）		（0.0059）		（0.0059）
lnREER		− 0.0621 ***		− 0.0587 ***		− 0.0570 ***
		（0.0202）		（0.0200）		（0.0200）
lnPergdp		0.6546 ***		0.6924 ***		0.6540 ***
		（0.0525）		（0.0520）		（0.0525）
Constant	− 0.7161 ***	− 7.2661 ***	− 0.7815 ***	− 7.6683 ***	− 0.8406 ***	− 7.3255 ***
	（0.0738）	（0.5351）	（0.0746）	（0.5319）	（0.0735）	（0.5308）
个体固定效应	是	是	是	是	是	是
年份固定效应	是	是	是	是	是	是

项目	投入要素权重一		投入要素权重二		投入要素权重三	
	（1）	（2）	（3）	（4）	（5）	（6）
	lnMarkup	lnMarkup	lnMarkup	lnMarkup	lnMarkup	lnMarkup
观测值	2696995	2696995	2696995	2696995	2696995	2696995
调整的 R^2	0.5687	0.5691	0.5687	0.5691	0.5687	0.5691

注：***、**和*分别表示1%、5%和10%的显著性水平，圆括号内为聚类至四位码行业—年份水平的稳健标准误。

（二）企业层面整体加成率指数

在基准检验中，核心被解释变量为企业—产品—市场维度的出口产品加成率指数。接下来，基于德洛克和沃辛斯基（De Loecker & Warzynski，2012）的研究成果，进一步测算出中国制造业企业层面的整体加成率指数，用以做稳健性检验。同理，依据德洛克和沃辛斯基（De Loecker & Warzynski，2012）构建的理论模型，可得到企业加成率指数的计算公式为：

$$\mu_{it} = \theta_{it}/\alpha_{it}$$

其中，θ_{it} 和 α_{it} 分别代表企业层面可变投入要素的产出弹性与该要素的支出占工业总产值的比例。与前面一致，可变投入要素选用中间投入品 M。

中间投入支出占企业总产出的比重 α_{it} 可从《国有及规模以上中国工业企业数据库》直接获取，中间投入支出采用布兰特等（Brandt et al.，2012）提供的两位码行业中间品价格平减指数予以平减，工业总产值采用两位码行业产出价格指数予以平减。接下来，将重点介绍中间投入品 M 产出弹性的估计方法。依据德洛克和沃辛斯基（De Loecker & Warzynski，2012）的研究，设定企业生产所用的投入要素为劳动力 L、资本 K 以及中间品 M，其生产函数形式为：

$$Q_{it} = F(K_{it},\ L_{it},\ M_{it}:\ \beta)\exp(\omega_{it}) \tag{4-40}$$

其中，Q_{it} 为企业 i 第 t 年的产出数量；K_{it}，L_{it} 和 M_{it} 和分别表示企业 i 在 t 年所使用的资本、劳动与中间品数量；ω_{it} 为企业 i 在 t 年生产率对数。对式（4-41）取对数得：

$$q_{it} = f(k_{it}, l_{it}, m_{it}; \beta) + \omega_{it} + \varepsilon_{it} \qquad (4-41)$$

其中，q_{it} 为企业实际产出数量的对数；k_{it}，l_{it} 和 m_{it} 分别表示资本、劳动与中间品数量的对数。假定生产函数为超越对数形式：

$$q_{it} = \beta_k k_{it} + \beta_l l_{it} + \beta_m m_{it} + \beta_{kk} k_{it}^2 + \beta_{ll} l_{it}^2 + \beta_{mm} m_{it}^2 + \beta_{lk} l_{it} k_{it}$$
$$+ \beta_{lm} l_{it} m_{it} + \beta_{km} k_{it} m_{it} + \beta_{lkm} l_{it} k_{it} m_{it} + \omega_{it} + \varepsilon_{it} \qquad (4-42)$$

为解决使用生产函数估计生产率过程中的同时性偏差问题，参考莱文索恩和彼得林（Levinsohn & Petrin, 2003）的做法，此处假定：

$$m_{it} = m_t(k_{it}, \omega_{it}, \mathbf{z}_{it}) \qquad (4-43)$$

其中，$\mathbf{z}_{it}$ 为其他影响企业中间投入需求的控制变量的向量，它包括出口虚拟变量 EX_{it}、国民经济三位码行业最终品 $OutTariff_{jt}$ 和中间品关税 $InTariff_{jt}$、地区（省份）虚拟变量以及企业所有制虚拟变量。于是，生产率 ω_{it} 可以用中间投入 m_{it} 的反函数表示，形式如下：

$$\omega_{it} = h_t(k_{it}, m_{it}, \mathbf{z}_{it}) \qquad (4-44)$$

式（4-42）可改写为：

$$q_{it} = \beta_k k_{it} + \beta_l l_{it} + \beta_m m_{it} + \beta_{kk} k_{it}^2 + \beta_{ll} l_{it}^2 + \beta_{mm} m_{it}^2 + \beta_{lk} l_{it} k_{it} + \beta_{lm} l_{it} m_{it}$$
$$+ \beta_{km} k_{it} m_{it} + \beta_{lkm} l_{it} k_{it} m_{it} + h_t(k_{it}, m_{it}, \mathbf{z}_{it}) + \varepsilon_{it} \qquad (4-45)$$

对式（4-45）进行回归，可以得到产出的拟合值 $\hat{q}_{it}$。设定生产率 ω_{it} 服从一阶马尔科夫性质，那么，企业当期的生产率的表达式可以写为：

$$\omega_{it} = g_t(\omega_{it-1}) + \xi_{it} \qquad (4-46)$$

最终得到生产率 ω_{it} 的测算公式：

$$\omega(\boldsymbol{\beta})_{it} = \hat{q}_{it} - \beta_k k_{it} - \beta_l l_{it} - \beta_m m_{it} - \beta_{kk} k_{it}^2 - \beta_{ll} l_{it}^2 - \beta_{mm} m_{it}^2$$
$$- \beta_{lk} l_{it} k_{it} - \beta_{lm} l_{it} m_{it} - \beta_{km} k_{it} m_{it} - \beta_{lkm} l_{it} k_{it} m_{it} \qquad (4-47)$$

其中，$\boldsymbol{\beta}$ 为系数向量，即 $\boldsymbol{\beta} = (\beta_l, \beta_k, \beta_m, \beta_{ll}, \beta_{kk}, \beta_{mm}, \beta_{lk}, \beta_{lm}, \beta_{km}, \beta_{lkm})$ 由于生产率满足一阶马尔科夫性质，将 $\omega(\boldsymbol{\beta})_{it}$ 对 $\omega(\boldsymbol{\beta})_{it-1}$ 回归，得到随机扰动项 $\xi_{it}(\boldsymbol{\beta})$ 的表达式。假设随机扰动项

$\xi_{it}(\beta)$ 与当期的资本、滞后一期的劳动和中间投入相关系数为 0，设置矩条件：

$$E\left[\zeta_{it}(\beta)\begin{bmatrix}l_{it-1}\\k_{it}\\m_{it-1}\\l_{it-1}^2\\k_{it}^2\\m_{it-1}^2\\l_{it-1}k_{it}\\l_{it-1}m_{it-1}\\k_{it}m_{it-1}\\l_{it-1}k_{it}m_{it-1}\end{bmatrix}\right]=0 \quad (4-48)$$

经过相关计算得到 β_1、β_k、β_m、β_{ll}、β_{kk}、β_{mm}、β_{lk}、β_{lm}、β_{km} 和 β_{lkm} 的估计值，进而得出中间品产出弹性，再除以之前计算得到的中间品投入成本占企业总产出值的比重 α_{it}，最终计算得到每家企业的加成率。

计算出企业层面的加成率指数后发现，2000～2009 年，中国企业加成率基本处于稳步上升的态势。以制造业出口企业样本为例，中国制造业出口企业加成率指数均值从 1.173 上升至 1.739，年均增长率达到 4.472%（见表 4-5）。

表 4-5　　　　中国制造业企业加成率变动趋势情况（2000～2009 年）

加成率均值	2000 年	2002 年	2004 年	2006 年	2009 年	年均增长率（%）
整体制造业企业样本	1.153	1.185	1.404	1.597	1.779	4.940
制造业出口企业样本	1.173	1.186	1.390	1.576	1.739	4.472

从产业关联的视角来看，生产性服务业外资管制和下游制造业企业加成率动态演进之间存在怎样的联系呢？图4－4描绘了生产性服务业外资管制与下游制造业企业层面整体加成率以及出口企业加成率之间的散点图。从中可以很明显地看出，无论是企业整体层面加成率，还是出口企业加成率，均与服务业外资管制指数呈现反向变动关系，表明中国服务业外资管制指数越低（即外资自由化水平越高），企业的加成率越高。表4－6展示了基于企业层面回归的计量回归结果。列（1）~列（3）展示的是使用全部制造业企业样本回归的结果，列（4）~列（6）展示的是使用制造业出口企业样本回归的结果。综合列（1）~列（6）可以看出，生产性服务业外资管制指数（IFDI_Ser）系数为负，且均在1%水平上显著，表明生产性服务业外资管制放松有助于促进企业层面整体加成率提升，这不仅进一步佐证了通过图4－4散点图获得的研究结论，也从企业层面证实了生产性服务业外资管制放松对产品或出口产品加成率提升的积极作用。

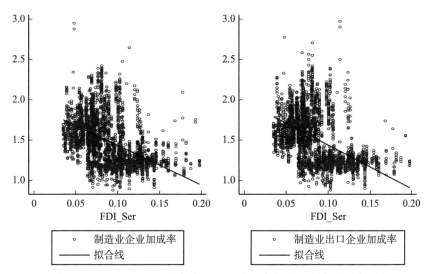

图4－4 生产性服务业外资管制与下游制造业企业加成率散点拟合

表 4 – 6　　　　　服务业外资管制对企业层面加成率的影响

项目	全部制造业企业样本			出口制造业企业样本		
	（1）	（2）	（3）	（4）	（5）	（6）
	lnMarkup	lnMarkup	lnMarkup	lnMarkup	lnMarkup	lnMarkup
IFDI_Ser	– 4. 5856 ***	– 4. 8557 ***	– 0. 5928 ***	– 5. 7850 ***	– 6. 4313 ***	– 0. 5269 ***
	（0. 1518）	（0. 1669）	（0. 1530）	（0. 1363）	（0. 1467）	（0. 1767）
lnSize	0. 0586 ***	0. 0564 ***	0. 0099 ***	0. 0655 ***	0. 0623 ***	0. 0112 ***
	（0. 0021）	（0. 0021）	（0. 0008）	（0. 0023）	（0. 0022）	（0. 0009）
lnKlratio	0. 0246 ***	0. 0241 ***	0. 0061 ***	0. 0226 ***	0. 0220 ***	0. 0046 ***
	（0. 0012）	（0. 0012）	（0. 0006）	（0. 0014）	（0. 0014）	（0. 0007）
Profitratio	– 0. 0779 ***	– 0. 0752 ***	– 0. 0098 **	– 0. 0988 ***	– 0. 0941 ***	– 0. 0136 ***
	（0. 0068）	（0. 0066）	（0. 0039）	（0. 0079）	（0. 0077）	（0. 0046）
Finance	0. 7101 ***	0. 6959 ***	– 0. 0331	0. 8572 ***	0. 8290 ***	– 0. 0242
	（0. 0492）	（0. 0484）	（0. 0223）	（0. 0601）	（0. 0591）	（0. 0272）
Foreign	0. 0320 ***	0. 0320 ***	0. 0246 ***	0. 0307 ***	0. 0298 ***	0. 0260 ***
	（0. 0016）	（0. 0015）	（0. 0010）	（0. 0017）	（0. 0016）	（0. 0011）
lnTariff_output	0. 0262 ***	0. 0167 ***	0. 0113 ***	0. 0288 ***	0. 0161 ***	0. 0114 **
	（0. 0059）	（0. 0061）	（0. 0043）	（0. 0058）	（0. 0062）	（0. 0049）
lnTariff_input	– 0. 2251 ***	– 0. 1960 ***	0. 0723 ***	– 0. 1194 ***	– 0. 0494 **	0. 1256 ***
	（0. 0190）	（0. 0207）	（0. 0191）	（0. 0201）	（0. 0213）	（0. 0228）
Constant	0. 4514 ***	0. 3359 ***	– 0. 3755 ***	0. 2410 ***	0. 0045	– 0. 5652 ***
	（0. 0411）	（0. 0571）	（0. 0628）	（0. 0425）	（0. 0599）	（0. 0760）
企业固定效应	是	是	是	是	是	是
行业固定效应	否	是	是	否	是	是
年份固定效应	否	否	是	否	否	是
观测值	239097	239097	239097	182765	182765	182765
调整的 R^2	0. 7770	0. 7905	0. 9137	0. 7900	0. 8085	0. 9204

注：*** 和 ** 分别表示1% 和5% 的显著性水平，圆括号内为聚类至四位码行业—年份水平的稳健标准误。

三、内生性问题处理

与第三章研究内容相似，生产性服务业外资管制指标是在国民经济三位码行业层面进行度量的，而出口产品加成率是企业—产品—市场维度的微观指标，微观生产行为难以对整个服务行业的对外开放以及服务中间投入产生显著影响，故而因变量与自变量之间存在反向因果关系的可能性较低。然而，与研究服务业外资管制对制造业企业出口产品质量影响时的担忧相类似，有些制造业企业也可能会为了满足自身对高质量服务中间投入的需求，以降低生产成本和增强出口竞争力为理由，去游说政府有针对性地制定和执行生产性服务业外资管制放松政策，导致基准估计结果因为内生性问题的存在得到有偏估计。为缓解此担忧，接下来，进一步构造工具变量并且采用面板工具变量两阶段最小二乘法（2SLS）进行估计，以更加严谨地排除内生性问题对前述实证结果造成的干扰。工具变量选取思路与第三章相同，工具变量一选用印度生产性服务业外资管制指数，工具变量二选用中国以外其他国家各个服务业部门的外资管制指数进行加权，得到中国以外其他国家生产性服务业外资管制平均指数。

表4-7报告了采用面板工具变量估计的检验结果。综合第（1）～第（4）列可以看出，使用两种工具变量的2SLS估计结果均显示，生产性服务业外资管制放松对制造业企业出口产品加成率的影响系数始终显著为负，这与基准回归模型的估计结果完全一致，进一步佐证了前述研究结论的真实性。此外，从第一阶段内生变量对工具变量回归的估计结果、用于弱工具变量检验的 Kleibergen - Paap rk LM 统计量以及用于工具变量不可识别检验的 Kleibergen - Paap rk Wald F 统计量结果不难看出，选用的两个工具变量均是合理有效的。

表 4 – 7 面板工具变量估计

项目	工具变量一:		工具变量二:	
	2SLS 第一阶段	2SLS 第二阶段	2SLS 第一阶段	2SLS 第二阶段
	(1)	(2)	(3)	(4)
	IFDI_Ser	lnMarkup	IFDI_Ser	lnMarkup
IFDI_Ser		– 1. 4974 *** (0. 1937)		– 0. 9806 *** (0. 2014)
IFDI_Ser_Indian	1. 5583 *** (0. 0124)			
IFDI_Ser_Foreign			6. 5660 *** (0. 1203)	
lnSize	– 0. 0009 *** (0. 0001)	0. 0142 *** (0. 0049)	– 0. 0018 *** (0. 0001)	0. 0170 *** (0. 0049)
lnKlratio	– 0. 0004 *** (0. 0001)	0. 0330 *** (0. 0039)	– 0. 0009 *** (0. 0001)	0. 0338 *** (0. 0039)
Profitratio	0. 0016 *** (0. 0003)	0. 1854 *** (0. 0345)	0. 0036 *** (0. 0006)	0. 1821 *** (0. 0345)
Finance	– 0. 0095 *** (0. 0022)	0. 1536 (0. 1905)	– 0. 0492 *** (0. 0043)	0. 1763 (0. 1905)
Foreign	– 0. 0003 *** (0. 0001)	0. 0083 (0. 0096)	– 0. 0004 ** (0. 0002)	0. 0089 (0. 0096)
lnTariff_output	0. 0010 *** (0. 0003)	0. 0471 *** (0. 0111)	0. 0011 * (0. 0006)	0. 0444 *** (0. 0112)
lnTariff_input	– 0. 0046 *** (0. 0008)	– 0. 0872 *** (0. 0243)	– 0. 0093 *** (0. 0016)	– 0. 1031 *** (0. 0243)
lnExTariff	0. 0003 *** (0. 0001)	– 0. 0452 (0. 0059)	0. 0001 (0. 0001)	– 0. 0459 *** (0. 0059)
lnREER	– 0. 0052 *** (0. 0005)	– 0. 0616 *** (0. 0200)	– 0. 0078 *** (0. 0010)	– 0. 0599 *** (0. 0199)

项目	工具变量一：		工具变量二：	
	2SLS 第一阶段	2SLS 第二阶段	2SLS 第一阶段	2SLS 第二阶段
	（1）	（2）	（3）	（4）
	IFDI_Ser	lnMarkup	IFDI_Ser	lnMarkup
lnPergdp	− 0. 0136 *** （0. 0009）	0. 7002 *** （0. 0537）	− 0. 0438 *** （0. 0018）	0. 7517 *** （0. 0558）
Constant	0. 1406 *** （0. 0098）	− 7. 7535 *** （0. 5480）	0. 4639 *** （0. 0201）	− 8. 2970 *** （0. 5711）
个体固定效应	是	是	是	是
年份固定效应	是	是	是	是
观测值	2696995	2696995	2696995	2696995
调整的 R^2	0. 9820	0. 5690	0. 9427	0. 5690
Kleibergen – Paap rk	3. 2e + 05		2. 4e + 05	
LM 统计量	\{0. 000\}		\{0. 000\}	
Kleibergen – Paap rk	4. 2e + 06		1. 3e + 06	
Wald F 统计量	[16. 38]		[16. 38]	

注：***、** 和 * 分别表示 1%、5% 和 10% 的显著性水平，圆括号内为聚类至四位码行业—年份水平的稳健标准误；方括号内为弱工具变量检验在 10% 水平上的临界值；大括号内为 P 值。

四、中介机制检验

（一）模型设定与指标构建

前述研究发现，生产性服务业外资管制放松对下游制造业企业出口产品加成率具有显著的促进作用。要想更加深入地了解二者之间的作用关系，必须考虑到二者之间的作用机制是什么？依据本章第二节理论分析，服务业外资管制将通过影响企业出口产品边际生产成本和边际价格的途径作用于出口产品加成率，为此，借鉴巴伦和肯尼（Baron & Kenny，1986）提出的"递归法"研究思路，构造以下的中介效应模型对上述理论机制予以实证检验：

$$\ln Markup_{ipdt} = \alpha_0 + \alpha_1 IFDI\_Ser_{jt} + \mathbf{X}_t \boldsymbol{\gamma} + \delta_{ipd} + \delta_t + \varepsilon_{ipdt} \qquad (4-49)$$

$$M_{ipdt} = \partial_0 + \partial_1 IFDI\_Ser_{jt} + \mathbf{X}_t \boldsymbol{\gamma} + \delta_{ipd} + \delta_t + \varepsilon_{ipdt} \qquad (4-50)$$

$$\ln Markup_{ipdt} = \pi_0 + \pi_1 IFDI\_Ser_{jt} + \pi_2 M_{ipdt} + \mathbf{X}_t \boldsymbol{\gamma} + \delta_{ipd} + \delta_t + \varepsilon_{ipdt}$$

$$(4-51)$$

式（4-50）中，M_{ipdt}代表机制变量，即企业出口产品边际成本的对数（lnMC）和出口产品单价的对数（lnPrice）；其余变量和下标与式（4-37）保持一致。根据中介效应检验原理，在式（4-49）实证结果符合理论预期的基础上，对模型（4-50）予以估计，以考察生产性服务业外资管制与机制变量的关系，若生产性服务业外资管制变动对制造业企业出口产品边际成本或单价具有显著且符合理论预期的影响效应，则进一步对模型（4-51）予以估计，如果系数 π_1 和 π_2 均符合预期，并且系数 π_1 的量级小于模型（4-49）系数 α_1 的量级，则说明机制变量的中介效应成立。机制变量中，企业出口产品单价数据可通过《中国海关贸易统计数据库》直接获得，企业出口产品边际成本数据由式（4-52）计算而得：

$$\ln Mc_{ipdt} = \ln\left(\frac{Price_{ipdt}}{Markup_{ipdt}}\right) \qquad (4-52)$$

（二）机制检验结果与分析

企业出口产品边际成本降低的中介检验结果报告于表4-8列（1）~列（2）。列（1）检验结果显示，生产性服务业外资管制指数（IFDI_Ser）系数显著为正，表明生产性服务业外资管制放松有助于促进下游制造业企业出口产品边际成本降低。列（3）检验结果显示，出口产品边际成本（ln MC）系数在1%水平上显著为负，表明企业出口产品边际成本越高则出口产品加成率越低，与理论预期完全一致；同时，生产性服务业外资管制指数的系数相对于基准估计结果的系数值的绝对值有所下降（-1.6204→-1.1919），说明在控制企业出口产品边际成本后，生产性服务业外资管制放松对制造业企业出口产品加成率提升的影响程度相对减弱，减弱部分正是被企业边际成本降低效应所吸收。此结果证明出口产品边际成本降低是二者之间作用关系的一个重要途径。

企业出口产品单价提升途径的中介检验结果报告于表 4 - 8 列（3）~列（5）。其中，列（3）检验结果显示，生产性服务业外资管制指数（IFDI_Ser）系数在 1% 水平上显著为负，表明生产性服务业外资管制放松有助于促进下游制造业企业出口产品单价提升。列（4）检验结果显示，出口产品单价（lnPrice）系数符号为正且在 1% 水平上显著为正，表明出口产品单价提升会促进企业出口产品加成率提升，与理论预期相符；与此同时，生产性服务业外资管制指数的系数相对于基准估计结果的系数值的绝对值发生明显下降（- 1.6204→ - 1.2839）。此结果证明出口产品单价提升是二者之间作用关系的一个重要途径。那么，生产性服务业外资管制放松为何会促进下游制造业企业出口产品单价呢？回想第三章所得结论，生产性服务业外资管制放松有助于推动制造业企业出口产品质量升级，而出口产品质量与产品单价之间具有紧密联系，由此不难得出，生产性服务业外资管制放松将通过影响产品质量的途径提升下游制造业企业出口产品单价。列（5）展示的是出口产品质量对出口产品单价的回归结果，可以看出，出口产品质量（Qua）的回归系数显著为正，表明产品质量越高产品单价越高，这进一步佐证了上述研究设想。

表 4 - 8　　　　　　　　　　影响机制检验

项目	产品边际成本降低效应		产品价格提升效应		
	（1）	（2）	（3）	（4）	（5）
	lnMC	lnMarkup	lnPrice	lnMarkup	lnPrice
IFDI_Ser	0.4678 **	- 1.1919 ***	- 1.1526 ***	- 1.2839 ***	
	(0.2106)	(0.0981)	(0.1037)	(0.1929)	
lnMC		- 0.9160 ***			
		(0.0024)			
lnPrice				0.2920 ***	
				(0.0065)	

续表

项目	产品边际成本降低效应		产品价格提升效应		
	（1）	（2）	（3）	（4）	（5）
	lnMC	lnMarkup	lnPrice	lnMarkup	lnPrice
Qua					0.1699 *** (0.0090)
lnSize	−0.0036 (0.0059)	0.0102 *** (0.0025)	0.0099 *** (0.0027)	0.0106 ** (0.0051)	−0.0009 (0.0025)
lnKlratio	−0.0306 *** (0.0043)	0.0048 *** (0.0017)	0.0022 (0.0018)	0.0322 *** (0.0039)	0.0141 *** (0.0018)
Profitratio	0.0097 (0.0384)	0.1951 *** (0.0150)	0.1959 *** (0.0162)	0.1290 *** (0.0351)	0.0930 *** (0.0142)
Finance	0.2118 (0.2148)	0.3423 *** (0.0782)	0.3600 *** (0.0851)	0.0431 (0.1937)	0.2981 *** (0.0773)
Foreign	0.0064 (0.0105)	0.0141 *** (0.0037)	0.0146 *** (0.0039)	0.0039 (0.0097)	0.0105 *** (0.0034)
lnTariff_output	−0.0854 *** (0.0140)	−0.0305 *** (0.0072)	−0.0377 *** (0.0078)	0.0587 *** (0.0114)	−0.0447 *** (0.0078)
lnTariff_input	0.0037 (0.0310)	−0.0800 *** (0.0140)	−0.0797 *** (0.0155)	−0.0601 ** (0.0257)	−0.1156 *** (0.0152)
lnExTariff	0.0458 *** (0.0065)	−0.0031 (0.0025)	0.0008 (0.0026)	−0.0452 *** (0.0060)	0.0018 (0.0025)
lnREER	0.1088 *** (0.0257)	0.0376 *** (0.0122)	0.0468 *** (0.0135)	−0.0757 *** (0.0211)	0.0894 *** (0.0147)
lnPergdp	−0.5004 *** (0.0630)	0.2296 *** (0.0219)	0.1876 *** (0.0246)	0.6332 *** (0.0551)	0.3316 *** (0.0255)
Constant	9.5971 *** (0.6362)	1.1671 *** (0.2311)	1.9729 *** (0.2564)	−8.2002 *** (0.5509)	0.5654 ** (0.2608)

续表

项目	产品边际成本降低效应		产品价格提升效应		
	（1）	（2）	（3）	（4）	（5）
	lnMC	lnMarkup	lnPrice	lnMarkup	lnPrice
个体固定效应	是	是	是	是	是
年份固定效应	是	是	是	是	是
观测值	2696995	2696995	2696995	2696995	2635033
调整的 R^2	0.7385	0.9494	0.9365	0.5736	0.9485

注：***和**分别表示1%和5%的显著性水平，圆括号内为聚类至企业层面的稳健标准误。表中第（1）和第（3）列未对任何控制变量加以控制；第（2）和第（4）列的回归中加入控制变量，包括：劳动生产率、企业规模、资本劳动比、企业年龄、融资约束和行业竞争程度。

五、异质性影响检验

（一）分服务业细分行业的影响

不同服务业行业外资管制变化对下游制造业企业出口产品加成率的影响又是如何？将第二章所得的五种生产性服务业分行业外资管制指数分别作为核心解释变量代入模型（4-37）回归。表4-9第（1）~第（6）列汇报了五种生产性服务业分行业外资管制指数对下游制造业企业出口产品加成率的影响。结果显示，生产性交通运输、生产性通信、生产性分销以及生产性商务服务业部门的外资管制放松对下游制造业企业出口产品加成率存在显著的负向影响，没有证据表明生产性金融业外资管制变动存在显著作用。从影响系数的量级来看，生产性商务生产性服务业外资管制放松对下游制造业企业出口产品加成率的影响效果最为强烈，接下来依次是生产性分销业、生产性交通运输业、生产性通信业外资管制放松所产生的作用效果。

表 4 - 9   分不同服务部门的实证检验

项目	(1)	(2)	(3)	(4)	(5)
	lnMarkup	lnMarkup	lnMarkup	lnMarkup	lnMarkup
IFDI_Ser^{Trans}	-2.5827 *** (0.6555)				
IFDI_Ser^{Commu}		-1.9812 *** (0.7533)			
IFDI_Ser^{Distru}			-2.6030 *** (0.3005)		
IFDI_Ser^{Bank}				2.6132 (1.7980)	
IFDI_Ser^{Busin}					-3.5542 *** (1.1840)
lnSize	0.0198 *** (0.0049)	0.0218 *** (0.0049)	0.0119 ** (0.0050)	0.0225 *** (0.0049)	0.0221 *** (0.0049)
lnKlratio	0.0350 *** (0.0039)	0.0351 *** (0.0039)	0.0319 *** (0.0039)	0.0353 *** (0.0039)	0.0351 *** (0.0039)
Profitratio	0.1781 *** (0.0345)	0.1764 *** (0.0346)	0.1895 *** (0.0344)	0.1759 *** (0.0346)	0.1760 *** (0.0346)
Finance	0.2178 (0.1902)	0.2166 (0.1900)	0.1078 (0.1908)	0.2156 (0.1901)	0.2176 (0.1898)
Foreign	0.0093 (0.0095)	0.0099 (0.0095)	0.0077 (0.0096)	0.0100 (0.0095)	0.0100 (0.0095)
lnTariff_output	0.0432 *** (0.0111)	0.0422 *** (0.0112)	0.0442 *** (0.0110)	0.0396 *** (0.0110)	0.0411 *** (0.0111)
lnTariff_input	-0.1289 *** (0.0233)	-0.1275 *** (0.0232)	-0.0871 *** (0.0237)	-0.1382 *** (0.0235)	-0.1099 *** (0.0241)
lnExTariff	-0.0465 *** (0.0060)	-0.0471 *** (0.0060)	-0.0445 *** (0.0059)	-0.0473 *** (0.0060)	-0.0473 *** (0.0060)

项目	（1）	（2）	（3）	（4）	（5）
	lnMarkup	lnMarkup	lnMarkup	lnMarkup	lnMarkup
lnREER	-0.0525^{***} (0.0199)	-0.0558^{***} (0.0198)	-0.0690^{***} (0.0202)	-0.0575^{***} (0.0198)	-0.0601^{***} (0.0200)
lnPergdp	0.8038^{***} (0.0534)	0.8411^{***} (0.0527)	0.6558^{***} (0.0528)	0.8526^{***} (0.0524)	0.8414^{***} (0.0522)
Constant	-8.8086^{***} (0.5486)	-9.2349^{***} (0.5408)	-7.3253^{***} (0.5359)	-9.3724^{***} (0.5383)	-9.2685^{***} (0.5356)
个体固定效应	是	是	是	是	是
年份固定效应	是	是	是	是	是
观测值	2696995	2696995	2696995	2696995	2696995
调整的 R^2	0.5689	0.5689	0.5691	0.5689	0.5689

注： *** 和 ** 分别表示 1% 和 5% 的显著性水平，圆括号内为聚类至企业层面的稳健标准误。

（二）分企业所有权性质的影响

正如阿诺德等（Arnold et al.，2016）研究指出的，由于外资企业的母公司一般在服务业发展水平较为完善的地区进行生产活动，在服务型中间投入品的管理和运用技术方面相对比较成熟，因此，生产性服务业市场改革对下游制造业外资企业生产绩效的影响程度大于本土企业。为了检验生产性服务业外资管制变化对下游制造业企业出口产品加成率的影响效果是否会因企业所有权性质产生分化，依据企业当年的"登记类型"和"实际注册资本"，将样本企业划分为本土企业和外资企业，然后进行分样本估计，检验结果汇报于表 4 – 10 列（1）与列（2）。从分样本检验的影响系数量级上看，生产性服务业外资管制放松对下游制造业外资企业出口产品加成率升级的促进作用确实会大于本土企业，这印证了阿诺德等（Arnold et al.，2016）的研究假设，表明较于本土企业而言，外资企业在对高质量服务中间投入品的使用上确实会更加成熟，以至于可以更好地吸收生产性服务业外资管制放松通过服务中间品市场带来的积极效益。

表 4 – 10　　　　　　　　　　　异质性影响检验

项目	本土企业样本	外资企业样本	加工贸易样本	一般贸易样本	同质化产品样本	差异化产品样本
	（1）	（2）	（3）	（4）	（5）	（6）
	lnMarkup	lnMarkup	lnMarkup	lnMarkup	lnMarkup	lnMarkup
IFDI_Ser	- 1. 2242 *** （0. 2238）	- 1. 7527 *** （0. 3020）	- 1. 6535 *** （0. 2118）	- 1. 3335 *** （0. 3146）	- 1. 5936 *** （0. 2147）	- 1. 7159 *** （0. 3071）
lnSize	0. 0224 *** （0. 0056）	0. 0148 （0. 0101）	0. 0100 * （0. 0057）	0. 0083 （0. 0095）	0. 0095 * （0. 0054）	0. 0330 *** （0. 0099）
lnKlratio	0. 0392 *** （0. 0044）	0. 0255 *** （0. 0077）	0. 0318 *** （0. 0044）	0. 0256 *** （0. 0073）	0. 0347 *** （0. 0042）	0. 0232 *** （0. 0077）
Profitratio	0. 1685 *** （0. 0442）	0. 2563 *** （0. 0569）	0. 1935 *** （0. 0395）	0. 1811 *** （0. 0588）	0. 1451 *** （0. 0382）	0. 3464 *** （0. 0646）
Finance	0. 6043 *** （0. 2132）	- 0. 1137 （0. 3651）	0. 0288 （0. 2049）	0. 4726 （0. 4086）	0. 1381 （0. 2192）	0. 2639 （0. 3332）
Foreign			0. 0059 （0. 0116）	0. 0142 （0. 0150）	0. 0079 （0. 0104）	0. 0097 （0. 0206）
lnTariff_output	0. 0442 *** （0. 0126）	0. 0341 * （0. 0176）	0. 0539 *** （0. 0123）	0. 0327 ** （0. 0156）	0. 0441 *** （0. 0120）	0. 0748 *** （0. 0182）
lnTariff_input	- 0. 0807 *** （0. 0282）	- 0. 0861 ** （0. 0414）	- 0. 1961 *** （0. 0250）	0. 0784 * （0. 0410）	- 0. 0776 *** （0. 0275）	- 0. 1268 *** （0. 0385）
lnExTariff	- 0. 0409 *** （0. 0074）	- 0. 0503 *** （0. 0106）	- 0. 0377 *** （0. 0067）	- 0. 0586 *** （0. 0113）	- 0. 0399 *** （0. 0071）	- 0. 0551 *** （0. 0099）
lnREER	- 0. 1049 *** （0. 0229）	0. 0121 （0. 0329）	0. 0406 ** （0. 0200）	- 0. 2626 *** （0. 0342）	- 0. 0776 *** （0. 0221）	0. 0082 （0. 0329）
lnPergdp	0. 5920 *** （0. 0567）	0. 9372 *** （0. 0773）	0. 6782 *** （0. 0575）	0. 7972 *** （0. 0731）	0. 6755 *** （0. 0600）	0. 7305 *** （0. 0685）

项目	本土企业样本	外资企业样本	加工贸易样本	一般贸易样本	同质化产品样本	差异化产品样本
	（1）	（2）	（3）	（4）	（5）	（6）
	lnMarkup	lnMarkup	lnMarkup	lnMarkup	lnMarkup	lnMarkup
Constant	− 6.7681 *** (0.5726)	− 10.2066 *** (0.8226)	− 7.2119 *** (0.5812)	− 9.1158 *** (0.7805)	− 7.5163 *** (0.6132)	− 8.0258 *** (0.6868)
个体固定效应	是	是	是	是	是	是
年份固定效应	是	是	是	是	是	是
观测值	1834548	862447	1925990	771005	2212632	484363
调整的 R^2	0.5615	0.5961	0.5603	0.5890	0.5685	0.5711

注：***、** 和 * 分别表示 1%、5% 和 10% 的显著性水平，圆括号内为聚类至四位码行业—年份水平的稳健标准误。

（三）一般贸易与加工贸易

企业加工贸易出口和一般贸易出口的决策从根本上是不同的。加工贸易的特征本质为"两头在外"的生产方式，即生产过程中的原材料或生产设备来自国外，加工形成的产品又销往国外。相比之下，从事一般出口的中国企业其生产或出口行为拥有自主决定权。为了考察不同贸易方式下的生产性服务业外资管制变动对下游制造业企业出口产品加成率升级的影响，依据中国海关统计数据库中当年贸易类型记录将样本分为加工贸易、一般贸易两大子类别，然后进行分样本估计，检验结果列于表 4 − 10 列（3）与列（4）。结果显示，无论是显著性水平还是影响量级，生产性服务业外资管制放松对加工贸易出口产品加成率的影响力度较强，对此可能的解释为：中国加工贸易企业大多数为外资企业，而前述研究发现，生产性服务业外资管制放松对下游制造业外资企业出口产品加成率的影响力度更强，据此不难理解，生产性服务业外资管制放松对下游制造业企业出口产品加成率的影响程度会因加工贸易得到强化。

（四）同质化产品与差异化产品

服务业外资管制变化对同质化与差异化产品加成率的促进作用是否也存在差异？使用劳奇（Rauch，1999）在 SITC 第二版四分位层面对贸易商品进行的保守分类法和宽松分类法，同时结合 HS1996 版与 SITC 第二版转换表，将 HS 六位码产品类别划分为同质化产品与差异化产品，然后进行分样本回归。表 4－10 列（5）和列（6）汇报了基于保守法区分同质化和差异化产品的分样本估计结果，可以看出，生产性服务业外资管制放松对差异化产品加成率升级的促进作用较强，证明生产性服务业外资管制放松对下游制造业企业出口产品加成率的影响力度也会因差异化产品而得到强化。

六、多产品企业内部资源配置情况

（一）服务业外资管制对核心产品与非核心产品差异化影响

依据产品的销售额，可在企业内部将生产并用于销售的产品划分为核心产品和非核心产品。核心产品和非核心产品享受的生产资源是不同的，也拥有不同的销售优势和定价能力。迈尔和梅里兹（Mayer & Melitz，2014）认为，当外部条件发生改变时，企业会调整内部的生产结构，以至于将更多资源集中到具有竞争优势的核心产品。埃克尔等（Eckel et al.，2015）提出质量竞争策略认为，企业通常会增加对核心产品的研发投资，提高核心产品质量、价格、盈利能力等。那么，生产性服务业外资管制放松作为一种外部变化，是否也会促使下游制造业企业将生产资源更多倾向于核心产品，从而导致对核心和非核心产品加成率的促进作用产生分化？删除样本中的单一出口产品企业，并借鉴迈尔和梅里兹（Mayer & Melitz，2014）、埃克尔等（Eckel et al.，2015）的处理方法，依据企业内产品出口额构建产品排序变量 Rank，出口额最高的产品称为核心产品，核心产品 Rank 值等于 1，产品 Rank 值越大表明其离核心产品距离越远。在式（4-37）基础上引入产品排序变量（lnRank）以及生产性服务业外资管制指数与产品排序变量的交互项（IFDI_Ser × lnRank），实证模型如下：

$$\ln\text{Markup}_{ipdt} = \theta_0 + \theta_1 \text{IFDI\_Ser}_{jt} + \theta_2 \text{IFDI\_Ser}_{jt} \times \ln\text{Rank}_{ipdt}$$

$$+ \mathbf{X}_t \boldsymbol{\gamma} + \delta_{ipd} + \delta_t + \varepsilon_{ipdt} \qquad (4-53)$$

式（4-53）的估计结果列于表4-11。其中，第（3）列展示的是加入交互项之后的估计结果，可以看出，生产性服务业外资管制指数与产品排序变量的交互项（IFDI_Ser × lnRank）系数均在1%水平上显著为负，表明生产性服务业外资管制放松对企业内核心和非核心产品出口产品加成率影响确实存在差异，然而显示的结果却是，非核心产品出口产品加成率受到生产性服务业外资管制放松的促进作用越强。

表4-11　　　服务业外资管制对核心产品与非核心产品差异化影响

项目	(1) lnMarkup	(2) lnMarkup	(3) lnMarkup
IFDI_Ser	-1.6134 *** (0.1968)	-2.5422 *** (0.2498)	-1.7050 *** (0.2781)
IFDI_Ser × lnRank			-0.3733 *** (0.1245)
lnRank		-1.2902 *** (0.0041)	-1.2618 *** (0.0114)
lnSize	0.0145 *** (0.0050)	0.1659 *** (0.0066)	0.1649 *** (0.0066)
lnKlratio	0.0326 *** (0.0040)	-0.0032 (0.0047)	-0.0031 (0.0047)
Profitratio	0.1782 *** (0.0353)	0.1997 *** (0.0376)	0.2022 *** (0.0376)
Finance	0.1696 (0.1953)	1.6564 *** (0.2292)	1.6337 *** (0.2290)

续表

项目	(1)	(2)	(3)
	lnMarkup	lnMarkup	lnMarkup
Foreign	0.0082 (0.0097)	0.0101 (0.0111)	0.0092 (0.0112)
lnTariff_output	0.0480 *** (0.0113)	0.0622 *** (0.0111)	0.0628 *** (0.0111)
lnTariff_input	− 0.0824 *** (0.0247)	− 0.3677 *** (0.0280)	− 0.3719 *** (0.0280)
lnExTariff	− 0.0455 *** (0.0060)	− 0.0335 *** (0.0049)	− 0.0327 *** (0.0049)
lnREER	− 0.0628 *** (0.0204)	− 0.0217 (0.0230)	− 0.0156 (0.0230)
lnPergdp	0.6977 *** (0.0536)	1.1790 *** (0.0500)	1.1780 *** (0.0500)
Constant	− 7.7478 *** (0.5447)	− 10.5060 *** (0.5231)	− 10.5421 *** (0.5212)
个体固定效应	是	是	是
年份固定效应	是	是	是
观测值	2654272	2654272	2654272
调整的 R^2	0.5682	0.7732	0.7732

注: *** 表示 1% 的显著性水平，圆括号内为聚类至四位码行业—年份水平的稳健标准误。

（二）服务业外资管制对多产品企业内出口产品加成率离散度的影响

前述研究发现，生产性服务业外资管制放松对下游制造业企业非核心出口产品加成率的影响效果大于核心出口产品加成率，由此产生的一个直接结果便会是促使企业内出口产品加成率的分布趋于收紧，进而在此基础上对下游制造业企业内资源配置效率形成可能的改善效应。数据统计显示（见图4-5），2000~2009年，中国制造业多产品企业出口产品加成率离散值在经过短暂的上升后，一直处于下降趋势，从 2003 年的 0.564 降至 2009 年的 0.520，这体现出中国制造业企业内部资源配置效率稳步提升的势头。为验证上述猜想，进一步考察生产性服务业外资管制变化对下游制造业企业出口产品加成率离散度的影响效应，实证模型设定如下：

$$\ln\text{Dis}_{it} = \pi_0 + \pi_1 \text{IFDI\_Ser}_{jt} + \eta \overrightarrow{\text{Controls}}_t + \delta_i + \delta_t + \delta_{jt} + \varepsilon_{it} \quad (4-54)$$

其中，$\ln\text{Dis}_{it}$ 为企业 i 第 t 年出口的全部产品的加成率离散度，使用泰尔指数度量[①]。IFDI_Ser_{jt} 为制造业行业 j 第 t 年面临的生产性服务业外资管制指数。$\overrightarrow{\text{Controls}}$ 是企业层面和行业层面的控制变量集合，包括企业规模资本劳动比、利润率、融资约束、外资企业哑变量、行业最终品进口关税、行业中间品进口关税。δ_i、δ_t、δ_{jt} 分别代表企业固定效应、时间固定效应以及行业—时间固定效应。

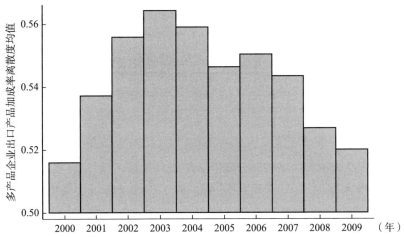

图 4-5　2000~2009 年中国多产品企业出口产品加成率离散度均值变动情况

资料来源：作者依据测算结果绘制所得。

---

① 泰尔指数测算公式为：$\text{Theil}_{jt} = \dfrac{1}{n_{jt}} \displaystyle\sum_{i=1}^{n_{jt}} \dfrac{y_{ijt}}{\bar{y}_{jt}} \log\left(\dfrac{y_{ijt}}{\bar{y}_{jt}}\right)$。其中，$y_{ijt}$ 是企业 j 产品 i 第 t 年的加成率指数；$\bar{y}_{jt}$ 是企业 j 第 t 年所有出口产品加成率指数均值；n_{jt} 是企业 j 第 t 年产品数目。

式（4-54）的回归结果报告于表4-12。第（1）列结果显示，在未添加控制变量的固定效应模型下，生产性服务业外资管制指数（IFDI_Ser）系数为正，且在5%水平上拒绝了系数为0的原假设，这初步表明生产性服务业外资管制放松有助于促进下游制造业企业内出口产品加成率离散度收敛。第（2）列进一步控制企业规模、企业资本劳动比、利润率和融资约束等企业层面的特征变量，结果显示，IFDI_Ser的系数依然显著为正。第（3）列引入行业最终品进口关税、行业中间品进口关税，结果显示，IFDI_Ser的系数无论是在影响的量级还是显著性水平上，均没有发生实质性改变。第（4）列进一步纳入行业—年份固定效应，可以看出，生产性服务业外资管制指数（IFDI_Ser）的系数在10%水平上显著为正，再次证明服务业外资管制指数越低则制造业企业内出口产品加成率的离散度越低。综合上述结论，生产性服务业外资管制放松确实会降低下游制造业企业内出口产品加成率离散度，从而达到优化和改善企业内资源配置的效果。

表4-12　生产性服务业外资管制放松对企业内出口产品加成率离散度的影响

项目	（1）	（2）	（3）	（4）
	lnDis	lnDis	lnDis	lnDis
IFDI_Ser	0.2314 ** (0.1106)	0.2045 * (0.1099)	0.2511 ** (0.1104)	0.2501 * (0.1462)
lnSize		0.0418 *** (0.0017)	0.0417 *** (0.0017)	0.0410 *** (0.0017)
lnKlratio		-0.0174 *** (0.0014)	-0.0174 *** (0.0014)	-0.0171 *** (0.0014)
Profitratio		0.0138 (0.0116)	0.0140 (0.0116)	0.0181 (0.0116)
Finance		0.3817 *** (0.0679)	0.3805 *** (0.0679)	0.4017 *** (0.0678)

项目	（1）	（2）	（3）	（4）
	lnDis	lnDis	lnDis	lnDis
Foreign		0.0033 (0.0034)	0.0032 (0.0034)	0.0037 (0.0034)
lnTariff_output			-0.0107*** (0.0026)	-0.0036 (0.0031)
lnTariff_input			0.0063 (0.0103)	0.0035 (0.0145)
Constant	0.4363*** (0.0128)	0.0712*** (0.0218)	0.0819** (0.0331)	0.2036*** (0.0582)
企业固定效应	是	是	是	是
年份固定效应	是	是	是	是
行业—年份固定效应	否	否	否	是
观测值	203801	203801	203801	203801
调整的 R^2	0.4630	0.4661	0.4662	0.4680

注：***、**和*分别表示1%、5%和10%的显著性水平，圆括号内为聚类至四位码行业—年份水平的稳健标准误。

第五节　本章小结

本章利用2000~2009年国有及规模以上中国工业企业数据和中国海关贸易统计数据，从理论和实证两个层面，探讨了生产性服务业外资管制对下游制造业企业出口产品加成率的影响。本章得出以下五点研究结论。

（1）理论研究发现，生产性服务业外资管制放松会通过市场竞争途径促使服务中间品的价格指数降低，从而减少下游制造业企业的边际生产成本，并据此直接影响下游制造业企业出口产品加成率。

（2）使用生函数法和投入要素配比思路对中国"企业—产品—市场—年份"维度的加成率进行测算后发现，中国制造业企业出口产品加成率的均值水平在 2000～2009 年整体处于稳步上升的态势，并且企业出口产品加成率的标准差在整体上也趋于逐年上升的态势，表明在 2000～2009 年，中国制造业企业在出口产品加成率上的差异逐步拉大。分企业所有权类型来看，内地民营企业出口产品加成率增长速度较快，从 2000 年的 1.239 上升至 2009 年的 1.572，年均增长率为 2.67%。中国港澳台企业出口产品加成率增长速度较慢，从 2000 年的 1.214 上升至 2009 年的 1.364，年均增长率为 1.30%。这可能是和中国港澳台资企业大多从事加工贸易生产有关。就行业均值而言，中国黑色金属冶炼及压延加工行业的出口产品加成率最高，仪器及文化办公用制造行业出口产品加成率最低。就行业均值的增长率而言，有色金属冶炼及压延加工行业出口产品加成率提升速度最快，考察期内增长率达到 40% 以上，通信设备计算机及其他电子设备制造行业提升速度最慢，考察期内增长率仅为 4.331%。

（3）实证研究发现，生产性服务业外资管制放松能够显著推动下游制造业企业出口产品加成率提升。基于中介效应的机制检验发现，生产性服务业外资管制对企业出口产品加成率的影响路径有两个：其一，由生产性服务业外资管制放松引起的成本降低效应会促使下游制造业企业出口产品的边际成本降低，并据此提升企业出口产品加成率；其二，生产性服务业外资管制放松将促使下游制造业企业出口产品质量升级，并在此基础上通过促进下游制造业企业出口产品单价的方式提升下游制造业企业出口产品加成率。

（4）异质性检验发现，下游外资企业、加工贸易和差异化产品样本出口产品加成率提升对生产性服务业外资管制放松的反应最为强烈。

（5）生产性服务业外资管制放松对下游制造业企业内出口的非核心产品加成率的影响显著高于出口的核心产品加成率，在上述作用存在的基础上，生产性服务外资管制放松有助于缩小下游制造业企业内出口产品加成率的离散度，从而起到优化和改善企业内资源配置的效果。

第五章　生产性服务业开放与制造业企业出口复杂度

第一节　问题的提出

出口复杂度反映了出口产品内蕴含的生产性知识和技术分布，它是衡量一国贸易结构水平演变的关键指标（Lall，2006）。研究表明，出口复杂度的提升对国家（地区）或行业的产出增长具有明显带动作用（Jarreau & Poncet，2012；李小平等，2015），且在一定程度上能够"熨平"经济波动（Maggioni et al.，2016）。因此，提升并保持高水平的出口复杂度无疑是助力中国经济与贸易实现稳定、高质量发展的重要举措。

依据 CEPII – BACI 数据库的产品贸易流量数据和拉尔（Lall，2000）的产品分类法计算发现①，2000～2013 年，中国制造业低技术产品出口占比从 43.88% 下降至 29.09%，而高技术产品出口占比从 24.10% 上升到 36.72%（见图 5 – 1）。这清楚地表明，21 世纪之初，中国制造业出口复杂度呈现上升态势。此变化引起了国内外学者的广泛关注和探讨。其中，由外商直接投资引起的跨国技术溢出效应得到了众多学者们的支持（Xu & Lu，2009；Wang & Wei，2010）。该观点认为，发达国家的外

---

① 拉尔（Lall，2000）提供的产品分类法数据来自 *The Technological Structure and Performance of Developing Country Manufactured Exports*，1985 – 1998。

资企业入驻发展中国家，一方面扩充了发展中国家"出口篮子"里的高技术产品份额；另一方面也通过示范机制、技术溢出机制或竞争机制帮助发展中国家的企业提升生产技术，并在此基础上推动出口复杂度提升。现有文献偏重探讨工业或制造业外资进入对东道国企业生产或出口复杂度的影响效应（Eck & Huber，2016；Javorcik et al.，2018），然而对服务业外资尤其是生产性服务业外资跨国技术溢出效应的研究存在欠缺和不足。

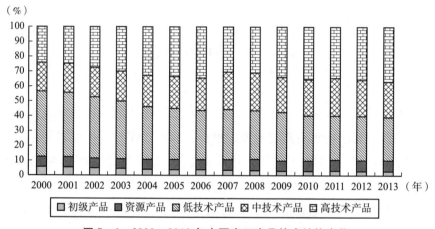

图 5-1　2000～2013 年中国出口产品技术结构变化

资料来源：作者依据 CEPII - BACI 数据库计算得到。

与工业或制造业等物质型投入要素不同，服务行业更多提供的是一种内含知识、技术、信息等高级要素的中间投入产品（Rosenblum et al.，2000；Levinson，2008），这使服务业外资开放与东道国企业出口复杂度的关系可能呈现与传统的工业或制造业外资开放存在一定差别的理论逻辑和经验事实。随着服务业逐渐成为中国未来对外开放的战略重心，生产性服务业外资管制变化会对下游制造业企业出口复杂度产生何种影响？是当前亟须解答的新命题。

为了弥补现有文献的研究缺口，本部分以中国"入世"以来积极扩大服务业对外开放为研究背景，结合 2000～2013 年中国工业企业数据与中国海关贸易数据，试图基于产业链溢出的分析视角，从生产性服务业外资管制变化的角度重新解读中国制造业出口复杂度提升背后的动力机制。

第二节　理论分析和研究假设

本节以巴斯和埃尔—马拉赫（Bas & El – Mallakh，2019）构建的异质性企业技术升级模型为基础，将生产性服务业外资管制放松纳入模型中，用以解释生产性服务业外资管制放松如何诱导本国制造业企业调整边际成本，从而改变其产品复杂度。在该模型中，每家企业最终产品生产涉及一个中间投入集合，该集合不仅包括生产设备、关键零部件等物质型中间投入，也包括物流、信息、销售策略、市场调研等高端服务要素中间投入。

一、需求偏好

假设代表性家庭对差异化最终商品 ω 的消费偏好可以由常替代弹性（CES）效用函数表示：

$$U = \left[\int_{\omega \in \Omega} q(\omega)^{\frac{\sigma-1}{\sigma}} d\omega \right]^{\frac{\sigma}{\sigma-1}}, \ \sigma > 1 \qquad (5-1)$$

其中，σ 为两种商品之间的替代弹性。在预算约束一定条件下，每个差异化产品 ω 的最优需求函数为：

$$q(\omega) = Q \left[\frac{p(\omega)}{P} \right]^{-\sigma}, \ Q \equiv U \qquad (5-2)$$

其中，Q 为可获得产品的消费集，$p(\omega)$ 为企业对产品 ω 定价，P 为综合价格指数，$P = \left[\int_{\omega \in \Omega} p(\omega)^{1-\sigma} d\omega \right]^{\frac{1}{1-\sigma}}$。

二、生产性服务型中间品生产部门

假设生产性服务业部门企业生产连续的且具有水平差异化的投入品

$s(i)$，$i \in [0, \cdots, 1]$，由于垄断竞争市场下中间投入品全部被下游最终产品生产商使用，中间投入品可以用 CES 集合表示：

$$X = \left(\sum_{i=1}^{N} X_i^{\frac{\sigma-1}{\sigma}} \right)^{\frac{\sigma}{\sigma-1}} \qquad (5-3)$$

假设企业仅使用劳动力（l）生产中间投入品，劳动力要素在生产性部门和下游部门之间可以自由流动，并且劳动力供给缺乏弹性①。由此，可以将劳动力价格即工资水平标准化为 1（w = 1）。那么，每种中间产品均以相同成本函数生产：

$$l(x) = f_x + \beta x \qquad (5-4)$$

其中，f_x 表示固定生产成本，β 是边际成本。生产性部门企业生产和销售中间投入品获取的利润为：

$$\pi_x = p_x x - l = p_x x - (f_x + \beta x) \qquad (5-5)$$

其中，p_x 是中间投入品 x 的价格。在利润最大化问题下，每个产品定价为：$p_x = \dfrac{\sigma}{\sigma-1} \beta r$。

其中，假设服务业类中间品生产部门有一个影响生产可变成本的监管成本，即可变调节成本 r，包括对跨国公司在本国经济体中生产和经营的所有监管可变税。由于可变监管成本影响跨国公司的存在，可以用来反映服务业中间品生产部门外资自由化水平。中间投入品集合 X(i) 的价格指数可表示为：

$$P_x = \left(\sum_{i=1}^{N} p_{x_i}^{1-\sigma} \right)^{\frac{1}{1-\sigma}} = \left[N_x p_x^{1-\sigma} \right]^{\frac{1}{1-\sigma}} \qquad (5-6)$$

其中，N_x 对应的是中间投入品的内生品种数。在生产性半成品市场完全自由化的情况下（r = 1），企业利润被推至零：$p_x x - (f_x + \beta x) = 0$。利用自由进入条件下的工厂定价条件，得到生产性企业的均衡产量：

$$x = \frac{f_x}{\beta} (\sigma - 1) \qquad (5-7)$$

---

① 为了简化模型，参考普加和维纳布尔斯（Puga & Venables, 1997）的设定，假设生产性部门生产的产品之间的替代弹性与下游部门生产的最终产品之间的替代弹性相同，均为 σ。

　　每个企业的均衡产量只取决于中间产品生产的固定成本 f_x，不变的边际成本参数 β 和需求参数 σ。然后，利用充分就业条件 $L = L_x + L_k + L_f$，即可确定均衡状态下生产的中间产品品种数。中间产品部门使用的总劳动力需求是由 $L_x = N_x(f_x + \beta x)$，x 为生产性企业的均衡产出 $x = \dfrac{f_x}{\beta}(\sigma - 1)$，$L_k$ 是资本货物部门的总劳动力需求。L_f 是经济中用来支付所有固定成本的劳动力。在均衡状态下，内生中间商品品种的数量等于：$N_x = \dfrac{L_x}{\sigma f_x}$。于是，中间投入品的价格指数可以写成如下函数形式：

$$P_x = \left[\frac{L_x}{\sigma f_x} \left(\frac{\sigma}{\sigma - 1} \beta r \right)^{1 - \sigma} \right]^{\frac{1}{1 - \sigma}} \tag{5-8}$$

　　由于 $\sigma > 1$，式（5-8）表明中间投入品价格指数 P_x 是生产性中间投入品部门固定生产成本 f_x、跨国企业监管调节成本 r 和单位投入成本 β 的递增函数，这些因素共同决定了下游制造企业半成品的投入成本。

　　至此，可以提出引理1：生产性服务业部门的外国直接投资开放代表着跨国企业在该部门生产的进入壁垒的消除。随着外资监管程度下降，监管调节成本 r 的下降低促使跨国公司在本国市场上的中间投入品供给效率提升，从而降低了服务业中间投入品的整体价格指数。

三、下游生产部门

　　在垄断竞争情形下，下游制造业企业生产连续的差异化最终品。市场上有连续的初始生产率 φ 不同的最终品生产商。每一种最终品生产需要中间投入品 X 和资本品 k 的 CES 函数集合，这两种要素在 CES 技术生产函数中的要素份额分别为 η 和（$1 - \eta$）。两种投入品之间的替代弹性为：$\theta = \dfrac{1}{1 - \alpha}$。①

----

①　中间投入和资本货物是不完美的替代品，因此 $0 < \alpha < 1$。

$$q(\varphi) = \varphi \left[\eta \left(\frac{X}{\lambda_j} \right)^{\alpha} + (1 - \eta) k^{\alpha} \right]^{\frac{1}{\alpha}}, \quad j = \{ LT, \ HT \} \qquad (5-9)$$

技术投资需要的固定成本为 f_{HT}，采用劳动力衡量，技术投资会导致边际生产成本降低 $\lambda_{i=HT}$。LT 和 HT 分别对应企业使用原始生产技术和先进生产技术。$\lambda_{HT} < 1$ 表示企业升级其生产技术。$\lambda_{LT} = 1$ 表示企业未升级其生产技术。高生产技术企业资本品投入的表达式可以用 C – D 生产函数表达：$k = k_{HT}^{\gamma} k_{LT}^{1-\gamma}$。这种技术投资提高了生产过程中的中间投入品的投入效率，促进企业边际生产成本的降低。只使用低生产技术的企业资本品投入表达式为：$k = k_{LT}$，$\lambda_j = 1$。

在弹性 σ 不变的需求曲线下，企业选择价格以实现利润最大化。均衡价格反映了对边际成本的恒定加价：$p_j(\varphi) = \frac{\sigma}{\sigma - 1} mc_j$。边际成本 $mc_j = \frac{c_j r}{\varphi}$，$\varphi$ 为企业生产率，r 为可变监管调节成本，c_j 为 CES 成本指数，包括中间品投入品价格指数 P_x 和资本品价格指数 P_k。

最终品生产者是资本品市场的价格接受者，资本品市场的生产成本与劳动力成固定比例。低技术资本品的价格等于工资，由于工资被用作计算单位，于是 $P_{kLT} = 1$。高技术资本品的价格更高，因为这些高技术资本品被认为拥有更高的质量水平和更高的生产成本，于是使用 $P_{kHT} = t_k (t_k > 1)$，用以衡量高技术资本品的成本投入。中间投入品和资本品的 CES 成本指数可以表示为中间投入品价格指数 P_x、先进生产技术带来的效率提升参数 λ_j 与资本货物的价格 P_{kj} 的函数形式，具体数学表达式为：

$$\begin{cases} c_{LT}^{1-\theta} = (1 - \eta)^{\theta} + \eta^{\theta} (P_x)^{1-\theta} \\ c_{HT}^{1-\theta} = (1 - \eta)^{\theta} t_k^{\gamma\theta} + \eta^{\theta} (\lambda_{HT} P_x)^{1-\theta} \end{cases} \qquad (5-10)$$

由于 $\lambda_{HT} < 1$，支付固定技术成本的企业将通过提高中间投入品供给效率的途径降低其边际成本。我们假设更先进的资本品的效率参数 λ_{HT} 在绝对值上大于它的额外可变成本 t_k。因此，拥有先进生产技术的企业的成本指数 c_{HT} 小于原始生产技术企业的成本指数 c_{LT}。结合需求函数和价格函数，企业的收入表达式为：

$$r_j(\varphi) = \left(\frac{P}{p_j(\varphi)}\right)^{\sigma-1} R = Ac_j^{1-\sigma}\varphi^{\sigma-1} \qquad (5-11)$$

其中，R 为总收入，定义 $A = p^{\sigma-1}R\left(\dfrac{\sigma-1}{\sigma}\right)^{\sigma-1}$ 代表市场需求指数。由此，不同技术水平的企业其利润函数式为：

$$\begin{cases} \text{低生产技术企业：} \pi_{LT}(\varphi) = \dfrac{r_{LT}(\varphi)}{\sigma} - f \\[2mm] \text{高生产技术企业：} \pi_{HT}(\varphi) = \dfrac{r_{HT}(\varphi)}{\sigma} - f - f_{HT} \end{cases} \qquad (5-12)$$

其中，f 表示所有企业为生产必须支付的固定成本 f，f_{HT} 表示固定技术成本。由于 f 存在，只有那些能够赚取足够营业利润的企业才能承担固定生产成本继续进行生产。因此，存活下来继续进行生产的最边缘的企业其利润为零：$\pi_{LT}(\varphi^*) = 0$，φ^* 为临界生产率，其由决定条件为：$\pi(\varphi^*) = \dfrac{r(\varphi^*)}{\sigma} - f = 0$。变换可得 $\varphi^{*\sigma-1} = fc_{LT}^{\sigma-1}\dfrac{\sigma}{A}$。那么，所有生产率低于临界生产率的企业无法支付固定的生产成本，经营绩效的亏损会使该类企业选择退出市场。生产率高于临界生产率的企业会留在市场上继续进行生产。

四、企业生产技术选择

企业可以在盈利能力的基础上决定是否升级其生产技术以降低其边际成本，从而获得更高利润水平。技术升级的决定是由初始生产率 φ 决定的。生产率较高的企业从技术升级中获得的潜在回报更大。因此，他们更有动力去支付固定技术成本提升自身生产技术。可以确定采用高技术的下游制造业企业是生产率较高的企业。企业采用高新技术的无差异决定条件为：

$$\pi_{HT}(\varphi_{HT}^*) = \pi(\varphi_{HT}^*) \Rightarrow \frac{r_{HT}(\varphi_{HT}^*) - r(\varphi_{HT}^*)}{\sigma} = f_{HT} \qquad (5-13)$$

其中，提高生产技术的生产率临界值 φ_{HT}^* 表示能够采用先进技术的边缘企业的最低生产率水平。无差异条件意味着 $\varphi_{HT}^{*\sigma-1} = \dfrac{f_{HT}}{c_{HT}^{1-\sigma} - c_{LT}^{1-\sigma}} \dfrac{\sigma}{A}$。
基于此，可以将 φ_{HT}^{*} 视作 φ^{*} 的一个隐函数：

$$\varphi_{HT}^{*} = \varphi^{*}\left(\frac{f_{HT}}{f}\right)^{\frac{1}{\sigma-1}}(\chi^{1-\sigma} - 1)^{\frac{1}{1-\sigma}} \qquad (5-14)$$

其中，$\chi = c_{HT}/c_{LT}$ 表示进行生产技术升级企业与使用原始生产技术企业的相对单位成本，具体表达式为：

$$\chi = \left(\frac{\nu^{\theta}P_x^{\theta-1} + 1}{\nu^{\theta}P_x^{\theta-1}t_k^{\gamma\theta} + \lambda_{HT}^{1-\theta}}\right)^{\frac{1}{\theta-1}}, \quad \nu = \frac{1-\eta}{\eta} \qquad (5-15)$$

由式（5-15）可知，由于 $\theta > 1$ 并且 $\lambda_{HT} < 1$，因此，相对成本 χ 是半成品投入价格指数 P_x 的递增函数，即 $\partial\chi/\partial P_x > 0$。于是，提出引理 2：中间投入品的价格指数越低，选择进行生产技术升级企业与使用原始生产技术企业之间的相对单位成本会降低。

结合式（5-15）和式（5-14）可知，企业进行技术升级的临界生产率 φ_{HT}^{*} 会随着中间投入品价格指数 P_x 的降低而降低，即 $\partial\varphi_{HT}^{*}/\partial P_x > 0$。由此结论，可以进一步提出引理 3：生产性服务业外资开放降低了企业对生产技术升级的生产率门槛限制，促使行业内更多的企业开展生产技术升级活动。

五、生产性服务业开放的影响

依据式（5-15）和式（5-14）下游制造企业对其生产技术进行升级的可能性为 $\rho_{HT} = (\varphi_{HT}^{*}/\varphi^{*})^{-k}$，$\rho_{HT}$ 的表达式为：

$$\rho_{HT} = \left(\frac{f_{HT}}{f}\right)^{\frac{-k}{\sigma-1}}\left[\left(\frac{\nu^{\theta}P_x^{\theta-1} + 1}{\nu^{\theta}P_x^{\theta-1}t_k^{\gamma\theta} + \lambda_{HT}^{1-\theta}}\right)^{\frac{1-\sigma}{\theta-1}} - 1\right]^{\frac{-k}{1-\sigma}} \qquad (5-16)$$

依据式（5-16），可以得到企业进行技术升级的概率 ρ_{HT} 会随着中间投入品价格指数 P_x 的降低而上升，即 $\partial\rho_{HT}/\partial P_x < 0$。结合引理 1 $\partial P_x/\partial r > 0$，据此可以提出引理 4：下游制造业企业对自身生产技术升级的概率会随着生产性服务业外资管制放松而上升，即 $\partial\rho_{HT}/\partial r < 0$。产品复杂度

是直接反映企业生产技术水平的有力指标，每类产品对应于一个特定的生产复杂度指数，所以产品复杂度与企业生产技术水平相挂钩，也就是说企业生产技术的变化会影响企业生产或出口的产品复杂度指数。

综合上述分析，提出本节的研究假设：

假设4：在其他条件不变情况下，生产性服务业外资管制放松显著促进制造业企业生产技术升级的概率，进而推动下游制造业企业出口复杂度提升。

第三节　实证研究设计

一、出口复杂度的测度

（一）出口复杂度的测算

为了获得每家企业出口复杂度指数，需要先计算单个产品 p 的产品复杂度指数。然而，如何准确测度产品复杂度指数一直是研究界的难点问题。在早期的研究中，学者们主要使用豪斯曼等（Hausmann et al.，2007）提出的人均收入指标法测度产品复杂度指数。然而，人均收入指标法与一国的人均收入水平紧密相连，主观假设太强，在实际运用中容易出现"复杂的产品由富国生产，简单的产品由穷国生产；富国生产复杂产品，穷国生产简单产品"的自我循环结论（李小平等，2015），从而导致测度的结果与真实情况相违背[①]。因此，仅依靠人均收入水平这一信息评判产品复杂度的高低，很可能无法准确得到各产品真实的复杂度水平。为解决上述问题，豪斯曼和伊达尔戈（Hausmann &

---

① 假设一种工业初级产品只由一个富国生产并出口；另一种需要投入多种要素的工业制成品只由一个穷国生产并出口，那么它们各自的显示性比较优势权重为1，根据该方法，富国生产的初级产品复杂度要高于穷国生产的工业制成品复杂度，这就产生了与事实相违背的结论。

Hidalgo，2010）进一步提出了以能力理论为基础的反射法（the method of reflection）测度产品生产复杂度指数。反射法可以有效规避人均收入增长的动态影响对产品复杂度指数的影响，其测度的结果更具优越性和真实性。本书采用豪斯曼和伊达尔戈（Hausmann & Hidalgo，2010）基于能力理论创立的反射法测算产品复杂度指数。

能力理论假设产品生产过程需要大量投入品，这些投入品包括有形的、可直接交易的生产要素（如资本、劳动、中间品等）和一些无形的、不可直接交易的生产技能型要素（如生产性知识、技术分布等），后者可称为能力。从国家的角度来看，不同的国家拥有的能力不同，每个国家只能生产并出口与自身能力相匹配的产品，国家拥有的能力越多，生产并出口的产品种类越丰富。从产品角度来看，不同产品生产过程需要的能力组合也不尽相同，生产技术越复杂的产品在生产时所需投入能力数量越多，只有能力较强的国家才能进行生产并出口。这就好比乐高玩具，一种产品类比一个乐高模型，一个国家类比一桶乐高积木，复杂的乐高模型可由一桶更加多样化的乐高积木搭建而成，一桶更加多样化的乐高积木可以搭建更复杂的乐高模型（Maggioni et al.，2016）。由于能力信息是无法直接获取的，豪斯曼和伊达尔戈（Hausmann & Hidalgo，2010）提出使用一个国家生产并出口的产品种类反映该国拥有的能力属性，一种产品被生产和被出口的国家数量反映产品在生产过程中需要的能力数量。

基于上述思想，反射法采用多样性（diversification）定义国家经济复杂度水平，用一个国家出口的具有显示性比较优势的产品数表示；采用普遍性（ubiquity）定义产品复杂度水平，表示在该种产品的出口上具有显示性比较优势的国家数，通过对初始多样化指数和普遍性指数不断迭代提炼，最终获得某一产品 p 的产品复杂度指数。

使用反射法测算产品复杂度分为三个步骤：第一步，计算产品的显示性比较优势（revealed comparative advantage，RCA）。RCA 衡量了一个国家某种产品的贸易专业化程度，当一个国家出口某种产品的比重大于或等于全世界出口这种产品的比重，则这个国家在该产品出口上具有显示性比较优势（Balassa，1965），计算公式为：

$$RCA_{cp} = \frac{E_{cp} / \sum_{p} E_{cp}}{\sum_{c} E_{cp} / \sum_{p} \sum_{c} E_{cp}} \qquad (5-17)$$

其中，c 代表国家；p 代表产品；E 代表出口额。第二步，在得到产品显示性比较优势的基础上计算国家经济复杂度（即多样性）初始值和产品复杂度（即普遍性）的初始值，计算公式为：

$$M_{c,0} = \sum_{p} DRCA_{cp}, \quad DRCA_{cp} = 1 \ if \ RCA_{cp} \geqslant 1 \qquad (5-18)$$

$$M_{p,0} = \sum_{c} DRCA_{cp}, \quad DRCA_{cp} = 1 \ if \ RCA_{cp} \geqslant 1 \qquad (5-19)$$

式（5-18）和式（5-19）中，下标 c、p 分别代表国家和产品；$DRCA_{cp}$ 为指示变量，如果一国 c 在产品 p 的出口上具有显示性比较优势（即 $RCA_{cp} \geqslant 1$），则 $DRCA_{cp}$ 取值为 1，否则为 0；$M_{c,0}$ 表示国家 c 出口的具有 RCA 的产品数量；$M_{p,0}$ 表示在产品 p 的出口上具有 RCA 的国家数量。关于国家产品级出口的数据来自 CEPII – BACI 数据库，该套数据库包括按照 HS 六位码级别统计的国家—产品出口数据（1996 年版），共包括 200 多个国家出口的 5000 多种产品类别，这使我们构造 $M_{c,0}$ 和 $M_{p,0}$ 指数成为可能。豪斯曼和伊达尔戈（Hausmann & Hidalgo，2010）认为，初始的 $M_{c,0}$ 和 $M_{p,0}$ 指数包含的国家和产品能力信息有限且不具有排他性，所以需要通过反复迭代的方式来不断提炼能力信息以改进这些粗略的指标。具体而言，第二步计算公式如下：

$$M_{c,n} = \frac{1}{M_{c,0}} \sum_{p} DRCA_{cp} \times M_{p,n-1} \qquad (5-20)$$

$$M_{p,n} = \frac{1}{M_{p,0}} \sum_{c} DRCA_{cp} \times M_{c,n-1} \qquad (5-21)$$

式（5-20）和式（5-21）中，n 表示迭代次数。$M_{c,0}$ 和 $M_{p,0}$ 经过偶数次反复迭代直到国家和产品的排序不再发生变化时，就可以得到包含产品信息的真实国家能力值 $M_{c,n}$ 和包含国家信息的真实产品能力值 $M_{p,n}$[①]。

---

① 将迭代次数设为偶数次，是因为奇数次迭代和偶数次迭代所表达的信息并不相同。有关该部分内容的说明，具体可参见豪斯曼和伊达尔戈（Hausmann & Hidalgo，2010）以及李小平等（2015）两篇文献。

此时，$M_{c,n}$值越大代表这个国家的经济复杂度越高；$M_{p,n}$的值越大则代表该产品的复杂度越低。为了表述上的直观，求取 $M_{p,n}$ 的相反数以刻画产品复杂度的高低。本书在通过 28 次反复迭代后，得到了各产品复杂度指数 $M_{p,28}$，参考马吉奥尼等（Maggioni et al.，2016）的处理方法对产品复杂度指数进行标准化处理，标准化公式为：

$$M_{p,28}^{sd} = \frac{M_{p,28} - M_{p,28}^{mean}}{M_{p,28}^{standard\_deviation}} \tag{5-22}$$

其中，$M_{p,28}^{sd}$ 表示经过标准化处理后的产品复杂度指数；$M_{p,28}^{mean}$ 表示产品复杂度的平均值；$M_{p,28}^{standard\_deviation}$ 表示产品复杂度的标准差。在实际计算过程中有两点问题值得注意：第一，资源型产品与国家的自然资源禀赋密切相关，不能较好地反映出口复杂度含义。因此，根据拉尔（Lall，2000）提供的产品分类标准，对数据集中所有的资源型产品予以剔除。第二，本书只使用了 2000 年这一年贸易流量数据构造产品复杂度指数。一般来说，企业出口复杂度的变化来源于每一种产品的复杂度随时间的自然变化以及企业出口产品结构的动态调整。前者是由全球生产结构或商业周期波动外生决定的；后者是由企业自身的生产决策内在决定的。使用样本期初（即 2000 年）的产品复杂度指数可以减少商业周期和全球工业发展的动态影响，从而更好地评估中国企业出口复杂度受产品结构动态调整的净影响。

为了体现使用反射法计算产品复杂度的可靠性，表 5 - 1 展示了使用 2000 年国家—产品贸易流量数据迭代测算得到的产品复杂度指数结果为例，列示出产品复杂度（已标准化）排名位于前 20 位和后 20 位的产品（HS6 位码 1996 年版）名称和复杂度指数值。[①] 从中可以看出，产品复杂度较高的产品主要集中在精密仪器设备和化学材料，这些产品均由资本及技术密集型行业生产；产品复杂度较低的产品主要集中在服装纺织业，这些产品均由劳动密集型行业生产。这一事实表明，采用反射法测算所得的结果与现实感知基本相符。

---

① 产品中文名称取自 UN Comtrade Database，网址：https：//comtrade. un. org/Data/。

表 5－1　　产品复杂度排名位于前 20 位和后 20 位的产品名称

排名前 20 位产品			排名后 20 位产品		
HS 码	产品中文名称	复杂度	HS 码	产品中文名称	复杂度
845691	等离子电弧机床（1）	3.063	620721	棉质睡衣（1）	－2.268
845699	等离子电弧机床（2）	3.032	610510	棉质衬衫	－2.270
845610	由激光操作的机床	2.659	610892	纤维制品（浴袍）	－2.282
854311	等粒子加速器	2.654	091030	香料；姜黄	－2.295
290541	烯丙醇类化合物	2.590	610343	男用裤子（1）	－2.300
722591	合金钢物质材料	2.538	611692	手套	－2.312
290721	酚类和苯酚化合物	2.477	620920	婴儿服饰配饰	－2.322
847521	装配电灯或电子灯的机器	2.476	620711	男用裤子（2）	－2.331
903141	测量或检验仪器	2.415	620822	女用睡衣	－2.346
846021	磨床、研磨机	2.340	620722	男用睡衣	－2.357
901049	摄影仪器设备	2.301	610120	棉质大衣、斗篷	－2.382
750711	镍管；镍制品	2.292	620719	梭织面料的内衣	－2.387
370241	彩色摄影卷	2.280	611120	婴儿服装辅料的纺织面料	－2.390
722530	钢合金	2.252	530720	韧皮纤维制纱线（1）	－2.401
382430	非聚合金属硬质合金	2.239	620510	梭织面料衬衫	－2.421
340212	有机表明活性剂	2.233	621111	游泳衣	－2.605
381519	含有镍或贵金属的活化剂	2.222	610839	穿的睡衣，睡衣（2）	－2.617
293799	固醇类激素	2.184	120730	蓖麻子	－2.678
901813	医疗器械：核磁共振仪	2.177	620821	穿的睡衣，睡衣（3）	－2.684
902710	物理或化学分析仪器	2.136	530710	黄麻韧皮纤维制纱线（2）	－2.948

注：作者根据国家—产品贸易流量数据测算得到；HS 代码版本为 HS1996 版。

　　经过测算得到产品复杂度指数后，进一步地，与构建国家或行业出口复杂度的方法相类似，以企业每种产品出口额占企业出口总额的比例为权重，加权平均成为中国企业 i 当年的出口复杂度指数，即：

$$ESI_{it} = \sum_p \left(\frac{E_{ipt}}{\sum_p E_{ipt}} \times M_{p,28}^{sd} \right) \qquad (5-23)$$

其中，ESI_{it} 为企业 i 第 t 年的出口复杂度水平；E_{ipt} 为企业 i 第 t 年出口产品 k 的金额。从式（5-23）不难看出，促使 ESI_{it} 的值变高的来源有三个：一是新的复杂度更高的产品进入企业"出口篮子"；二是企业持续"出口篮子"中的复杂产品份额变高；三是复杂度较低的产品退出企业"出口篮子"。由于每种产品对应一个复杂度指数，因此产品结构变化与产品复杂度变化直接挂钩。

（二）特征性事实：中国制造业企业出口复杂度的动态演进

第一，2000～2013 年中国制造业企业出口复杂度（已标准化）的总体变化趋势和分布情况。表 5-2 统计了研究样本区间内中国制造业企业出口复杂度的总体变化和分布情况。从均值和中位数水平上看，中国制造业企业出口复杂度在 2000～2013 年处于稳步上升的态势。以海关和工企匹配得到的制造业企业样本为例，中国制造业企业出口复杂度指数均值从 -0.463 上升至 -0.0430，中位数值从 -0.389 上升至 0.118，出口复杂度增长趋势较为稳健。值得重视的是，在整个样本期间内，经过标准化处理的企业出口复杂度均值和中位数大多小于 0，意味着在 2000～2013 年，中国多数企业出口产品复杂度小于世界平均产品复杂度（由于经过标准化处理，世界平均水平产品复杂度指数为零），处于国际水平中等偏下位置，在未来仍具有较大的产品结构升级空间。

表 5-2　　2000～2013 年中国制造业企业出口复杂度总体变动特征

年份	海关数据库样本				海关—工企数据库匹配样本			
	观测值	均值	中位数	75% 分位	观测值	均值	中位数	75% 分位
2000	56956	-0.540	-0.543	0.202	14400	-0.463	-0.389	0.307
2001	62091	-0.507	-0.499	0.256	18500	-0.445	-0.374	0.340

年份	海关数据库样本				海关—工企数据库匹配样本			
	观测值	均值	中位数	75%分位	观测值	均值	中位数	75%分位
2002	69582	- 0.478	- 0.452	0.294	20824	- 0.442	- 0.378	0.349
2003	83366	- 0.444	- 0.407	0.328	23713	- 0.421	- 0.362	0.388
2004	101548	- 0.409	- 0.367	0.365	32870	- 0.345	- 0.253	0.471
2005	108602	- 0.369	- 0.289	0.423	37236	- 0.329	- 0.225	0.492
2006	152523	- 0.305	- 0.217	0.513	40658	- 0.259	- 0.115	0.574
2007	173708	- 0.299	- 0.211	0.513	48963	- 0.241	- 0.102	0.580
2008	186978	- 0.242	- 0.134	0.566	53655	- 0.193	- 0.028	0.635
2009	198550	- 0.229	- 0.123	0.577	49484	- 0.181	- 0.020	0.640
2010	217842	- 0.210	- 0.099	0.594	40254	- 0.156	0.011	0.652
2011	236905	- 0.187	- 0.066	0.617	47066	- 0.072	0.082	0.704
2012	252315	- 0.159	- 0.022	0.633	50796	- 0.055	0.106	0.709
2013	264080	- 0.140	0.0109	0.649	46029	- 0.043	0.118	0.713
整体平均	2165046	- 0.263	- 0.167	0.549	524448	- 0.217	- 0.0686	0.600

资料来源：作者依据计算结果测算所得。

　　第二，2000～2013 年中国制造业企业在不同贸易类型下的出口复杂度（已标准化）变化趋势和分布情况。以一般贸易和加工贸易为主的二元贸易体制是中国对外贸易发展模式的特色所在。企业进行加工贸易和一般贸易的决策从根本上是不同的，因此有必要分别对加工贸易出口复杂度和一般贸易出口复杂度进行考察①。表 5 - 3 和图 5 - 2 展示的是基于2000～2013 年海关—工企匹配之后的中国制造业企业分贸易类型的出口

───────────

　　①　加工贸易的特征本质为"两头在外"的生产方式，即生产过程中的全部或部分原材料或生产设备来自国外，加工形成的产品又销往国外，换言之，加工贸易是由"进口→加工→出口"的贸易形式来驱动的，是否出口更复杂产品以及出口规模并非由企业自主做决定。相比之下，从事一般贸易的中国企业对生产或出口（是否采购投入品或是否出口复杂产品或出口规模）具有自主决定权。加工贸易出口复杂度可能与一些其他因素有关，例如，长期离岸外包合同存在、产能限制以及投入品来源限制等。如果不考虑这两种贸易类型出口决策上的差异，很可能会对本书研究造成影响。

复杂度均值变动特征以及核密度分布情况。从中可以看出，对贸易方式进行划分后，无论是一般贸易还是加工贸易，出口复杂度指数均值都呈现逐步上升态势：一般贸易出口复杂度均值从 2000 年的 -0.407 增加至 2013 年的 -0.024；加工贸易出口复杂度均值从 2000 年的 -0.594 增加至 2013 年的 -0.133。通过各年份横向对比后发现，加工贸易出口复杂度均值以及核密度峰值始终低于一般贸易。加工贸易是指经营企业进口全部或者部分生产材料，经加工或装配后，将制成品再次出口的经营活动。众所周知，中国是以丰富的劳动力优势嵌入全球生产链，长期从事最低端的加工组装环节，对企业而言，由于处在产业链低端位置，并不需要较高的技术水平，因此加工贸易出口复杂度较低也是非常符合客观事实的。至此可得，就制造业领域而言，中国一般贸易出口复杂度总体上高于加工贸易出口复杂度。

表 5 - 3　　2000～2013 年中国制造业企业分贸易方式出口复杂度变动特征

年份	一般贸易出口复杂度			加工贸易出口复杂度			均值差：列（2）减列（5）
	观测值（1）	均值（2）	中位数（3）	观测值（4）	均值（5）	中位数（6）	
2000	10774	-0.407	-0.308	9241	-0.594	-0.556	0.187
2001	14318	-0.393	-0.305	10896	-0.585	-0.547	0.192
2002	16736	-0.395	-0.315	11470	-0.577	-0.542	0.182
2003	19610	-0.381	-0.301	11885	-0.575	-0.547	0.194
2004	27443	-0.317	-0.217	15499	-0.477	-0.400	0.160
2005	31604	-0.302	-0.183	16673	-0.479	-0.385	0.177
2006	35410	-0.233	-0.054	16557	-0.438	-0.329	0.205
2007	43169	-0.218	-0.043	19334	-0.387	-0.260	0.169
2008	48032	-0.172	0.017	19685	-0.332	-0.219	0.160
2009	44499	-0.160	0.029	17704	-0.301	-0.193	0.141
2010	36922	-0.140	0.038	13559	-0.260	-0.152	0.120
2011	43481	-0.056	0.124	15391	-0.169	-0.037	0.113

年份	一般贸易出口复杂度			加工贸易出口复杂度			均值差：列（2）减列（5）
	观测值（1）	均值（2）	中位数（3）	观测值（4）	均值（5）	中位数（6）	
2012	47136	-0.036	0.141	15742	-0.159	-0.021	0.123
2013	43090	-0.024	0.142	13995	-0.133	-0.001	0.109
整体平均	462224	-0.186	-0.007	207631	-0.375	-0.255	0.189

资料来源：作者依据计算结果测算所得。

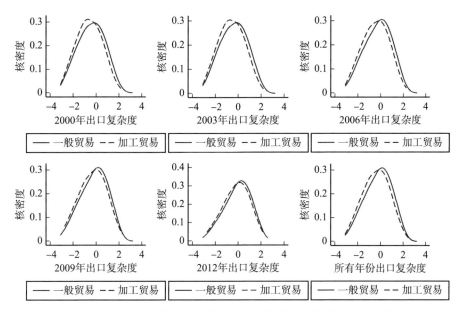

图 5 - 2 2000 ~ 2013 年中国制造业企业分贸易类型的出口复杂度核分布

资料来源：作者依据计算测算结果绘制所得。

第三，中国独特的体制设置使所有权属性是中国企业绩效表现的重要影响因素之一（Hu & Liu，2014），因此，有必要考察不同所有制类型制造业企业出口复杂度的变动情况。参考布兰特等（Brandt et al.，2017）的做法，将样本中的出口企业按照制造业企业调查的"登记注册类型"和"实收资本"区分为国有和集体企业、内地民营企业、中国港澳台企业以及外资企业四类子样本,各类企业出口复杂度变动特征如表 5 - 4 所示,可以看出,不同所有制类型企业几乎处于平行增长的态势。

表 5 - 4   中国制造业分所有制类型的企业出口复杂度变动特征

年份	国有和集体企业		内地民营企业		中国港澳台企业		外资企业	
	平均值	中位数	平均值	中位数	平均值	中位数	平均值	中位数
2000	- 0.310	- 0.228	- 0.455	- 0.399	- 0.603	- 0.557	- 0.379	- 0.239
2001	- 0.272	- 0.156	- 0.433	- 0.384	- 0.588	- 0.540	- 0.357	- 0.225
2002	- 0.245	- 0.096	- 0.397	- 0.369	- 0.585	- 0.558	- 0.380	- 0.256
2003	- 0.198	- 0.033	- 0.373	- 0.341	- 0.568	- 0.534	- 0.371	- 0.269
2004	- 0.098	0.052	- 0.324	- 0.266	- 0.476	- 0.400	- 0.301	- 0.190
2005	- 0.097	0.044	- 0.292	- 0.208	- 0.464	- 0.382	- 0.295	- 0.163
2006	0.001	0.161	- 0.212	- 0.037	- 0.412	- 0.299	- 0.232	- 0.046
2007	0.013	0.177	- 0.201	- 0.034	- 0.417	- 0.311	- 0.191	- 0.015
2008	0.082	0.265	- 0.166	0.015	- 0.384	- 0.259	- 0.128	0.055
2009	0.041	0.227	- 0.170	- 0.002	- 0.378	- 0.256	- 0.111	0.071
2010	0.087	0.297	- 0.116	0.040	- 0.358	- 0.229	- 0.097	0.090
2011	0.151	0.329	- 0.073	0.080	- 0.260	- 0.154	0.017	0.196
2012	0.164	0.337	- 0.058	0.100	- 0.241	- 0.136	0.036	0.231
2013	0.177	0.349	- 0.053	0.101	- 0.223	- 0.113	0.059	0.257
整体	- 0.036	0.123	- 0.237	- 0.122	- 0.425	- 0.338	- 0.195	- 0.036

资料来源:作者依据计算结果测算所得。

图 5 - 3 刻画了各年份内不同所有制企业出口复杂度的核密度函数估计图。图示结果显示,国有和集体企业出口复杂度均值最高,然后是内地民营企业与外资企业,而中国港澳台企业出口复杂度的核密度曲线始终偏左,处于中国制造业最低水平位置。此特征可能的解释为:国有企业具有特殊的地位,承担着一定的社会责任,大量的资源和生产设备倾注到国有企业,使国有企业拥有较大的规模和较多的能力生产出一定技术水平的产品。民营企业由于政策方面(如融资、补贴等)受到较多

的约束，自身发展受到限制，规模往往更小，因此生产能力有限。外资与中国港澳台企业多是出于利用我国内地劳动力的目的，组织工人进行简单重复的加工装配生产，理论上并不需要投入较多的生产技能，产品加工生产所含的技术含量较低，因此出口复杂度较低。

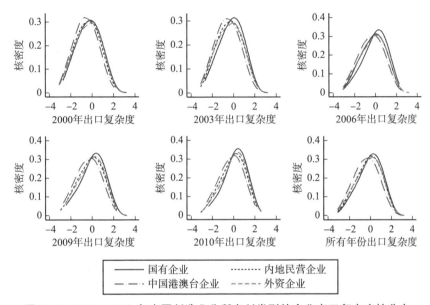

图 5 - 3　2000～2013 年中国制造业分所有制类型的企业出口复杂度核分布

　　第四，进一步考察细分制造业行业出口复杂度均值变动情况。根据国民经济行业 2 位码分类标准，分行业计算各行业企业在期初 2000 年和期末 2013 年的标准化出口复杂度均值。统计结果如表 5 - 5 所示，从中可以看出，在 28 个制造业行业中，除了行业代码为 13、15、18、19、23、28 六个行业，大部分行业均呈现出口复杂度提升的态势。其中，出口复杂度提升最快的行业排序依次为仪器及文化办公用机械制造（41）、橡胶制品行业（29）、黑色金属冶炼及压延加工（32）、石油加工及炼焦（25）、非金属矿物制品（31），这些行业出口复杂度均显著提升 0.3 以上。本书的测算结果显示，中国资本及技术密集型行业出口复杂度均值明显高于劳动密集型行业出口复杂度均值。此特征也进一步佐证了利用反射法测算企业出口复杂度指数的科学性和合理性。

表 5-5　　国民经济行业分类两位码制造业行业出口复杂度变动特征

制造业行业	2000 年	2013 年	均值差
农副食品加工（13）	-0.922	-0.930	-0.008
食品制造（14）	-0.767	-0.442	0.325
饮料制造（15）	-0.518	-1.048	-0.531
纺织（17）	-1.092	-0.852	0.240
纺织服装鞋帽制造（18）	-1.869	-1.882	-0.013
皮革毛皮羽毛及其制品（19）	-1.265	-1.283	-0.018
木材加工木竹藤棕草制品（20）	-0.757	-0.469	0.289
家具制造（21）	-0.407	-0.123	0.284
造纸及纸制品（22）	-0.156	0.014	0.170
印刷业和记录媒介的复制（23）	0.073	0.072	-0.001
文教体育用品制造（24）	-0.811	-0.518	0.293
石油加工及炼焦（25）	0.156	0.552	0.396
化学原料及化学制品制造（26）	0.383	0.615	0.232
医药制造（27）	0.395	0.413	0.018
化学纤维制造（28）	-0.154	-0.168	-0.014
橡胶制品（29）	-0.427	0.007	0.434
塑料制品（30）	-0.305	-0.101	0.204
非金属矿物制品（31）	-0.199	0.101	0.300
黑色金属冶炼及压延加工（32）	0.189	0.607	0.418
有色金属冶炼及压延加工（33）	0.249	0.434	0.186
金属制品（34）	0.117	0.225	0.108
通用设备制造（35）	0.679	0.791	0.112
专用设备制造（36）	0.572	0.702	0.130
交通运输设备制造（37）	0.440	0.666	0.226
电气机械及器材制造（39）	0.023	0.216	0.192
通信设备计算机及其他电子设备制造（40）	0.041	0.284	0.243
仪器及文化办公用机械制造（41）	0.103	0.573	0.470
工艺品及其他制造（42）	-1.053	-0.944	0.109

注：最后一列表示 2013 年行业出口复杂度均值减去 2000 年行业出口复杂度均值。

第五，从上下游产业关联的角度来看，中国生产性服务业外资管制和下游制造业企业出口复杂度动态演进之间存在怎样联系呢？这是本部分最为关心的问题。为了初步回答这一问题，图 5-4 描绘了生产性服务业外资管制与汇总到行业—年份维度的制造业整体出口复杂度、一般贸易出口复杂度以及加工贸易出口复杂度之间的散点。从中可以明显看出，出口复杂度与生产性服务业外资管制指数之间均呈现反向变动关系，即中国生产性服务业外资管制指数越低（外资自由化水平越高）则下游制造业企业出口复杂度越高，由此可以初步推断，中国制造业企业出口复杂度会随着生产性服务业外资管制放松而上升。在稍后经验分析中，将对前述结论进行验证。

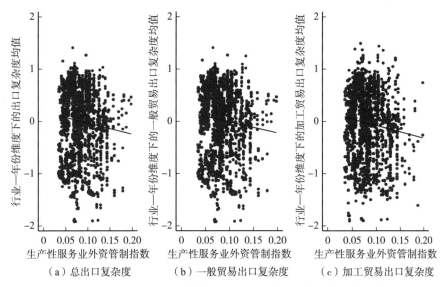

图 5-4 中国服务业外资管制和制造业出口复杂度关系的散点

资料来源：作者根据测算结果利用 Stata 14 软件制作而成。

二、实证模型、变量和数据说明

（一）实证模型的设定

本部分旨在从产业链溢出的视角，检验生产性服务业外资管制对下游制造业企业出口复杂度的影响效应，为此构建以下线性实证模型进行估计：

$$ESI_{ijt} = \alpha_0 + \alpha_1 IFDI\_Ser_{jt} + \gamma \overrightarrow{X_{it}} + \theta \overrightarrow{Z_{jt}} + \vartheta_i + \varepsilon_{it} \qquad (5-24)$$

其中，i、j、t 分别表示企业、行业以及年份；因变量 ESI_{ijt} 代表制造业行业 j 内的企业 i 在第 t 年的出口复杂度指数；自变量 $IFDI\_Ser_{jt}$ 代表企业所在行业 j 第 t 年面临的生产性服务业外资管制指数；$\overrightarrow{X_{it}}$ 为一系列企业层面的控制变量集合，包括企业全要素生产率、规模、年龄、资本劳动比、增值税税率、利润率、融资约束以及外资企业哑变量；$\overrightarrow{Z_{jt}}$ 为一系列行业层面的控制变量集合，包括行业竞争程度、行业最终品关税以及行业投入品关税；ϑ_i 为企业个体固定效应，以控制不可观测因素对企业出口复杂度的影响；α_0 为常数项，α_1 为核心解释变量的系数，γ 和 θ 分别为企业控制变量和行业控制变量的系数；ε_{it} 为个体随机扰动项。由于生产性服务业外资管制指数为行业层面变量，若不对同一组内观测值误差项进行校正，误差项之间的相关性可能使估计的标准误产生向下的偏差，导致无法对变量之间的关系进行准确推断。为此，将标准误聚类至行业（四位码）—年份层面用于实证估计。根据前述理论机制分析，预计自变量 $IFDI\_Ser_{jt}$ 的估计系数 $\alpha_1 < 0$。

（二）变量选取说明

被解释变量：企业出口复杂度（ESI）。采用豪斯曼和伊达尔戈（Hausmann & Hidalgo，2010）基于能力理论创立的反射法测算出产品的复杂度指数，然后以企业出口产品份额将产品复杂度指数进行加权处理，从而构建企业出口复杂度变量。具体测算过程参见本章第三节第一部分。

核心解释变量：生产性服务业外资管制指数（IFDI_Ser）。使用中国各行业服务业外资管制指数和《中国 2002 年投入产出表》计算得到。具体构造步骤参见第二章第三节中国生产性服务业外资管制的定量研究测度。

控制变量：（1）企业全要素生产率（TFP），采用阿克伯格等（Ackerberg et al.，2015）提出的方法分行业测度企业全要素生产率。测算过程中，选用工业总产值衡量企业的产出水平，选用中间投入品额作为生产率代理变量①，从业人员年均人数衡量劳动力投入，实际资产存量衡量资本投入，相关名义变量均以 1998 年为基期的行业价格指数予以平减。

（2）企业规模（lnSize），选取企业总资产的对数值刻画企业规模，用以控制企业规模异质性对企业出口复杂度的影响。

（3）企业年龄（lnAge），采用统计年份与企业成立年份之差加 1 取对数刻画企业年龄，用以控制企业经营经验因素对出口复杂度的影响。

（4）企业资本劳动比（lnKlratio），采用实际资本存量与就业人数比值取对数衡量企业资本劳动比。其中，企业的实际资本存量采用永续盘存法构造，与布兰特等（Brandt et al.，2017）做法类似，资本折旧率设定为 9%。

（5）企业增值税税率（Tax），采用企业增值税与工业总产值的比值度量，用以控制增值税税负对企业出口复杂度的影响。

（6）企业利润率（Profitratio），采用企业营业利润与销售额的比值度量，用以控制企业盈利能力对企业出口复杂度的影响。

（7）企业融资约束（Finance），选用企业总负债（流动负债加上长期负债）与总资产之比加 1 取对数度量，数值越大表明企业的财务杠杆越高，面临的融资门槛就越低。

（8）外资企业所有权哑变量（Foreign），若该年内企业为外资企业，则赋值为 1，反之为 0，用以控制所有权属性的异质性对企业出口复杂度的影响。

（9）行业竞争程度（HHI），采用行业赫芬达尔指数（Herfindahl - Hirschman Index）刻画，计算公式为：

$$\text{hhi}_{jt} = \sum_{i \in I_j} (\text{sale}_{it} / \text{sale}_{jt})^2$$

---

① 2000～2007 年的企业中间投入数据直接记录于中国工业企业数据库，从 2008 年开始中间投入数据缺失。本书根据余森杰等（2018）方法对 2008～2013 年的中间投入数据进行估算，估算公式为"中间投入 = 工业总产值×（产品销售收入/产品销售成本）- 资本折旧 - 工资"。

其中，$sale_{it}$表示企业 i 在 t 年的产品销售额，$sale_{jt}$表示行业 j 在 t 年的产品总销售额。如果该指数越大则表明行业市场集中程度越大，竞争程度越低。市场集中度对企业出口复杂度的影响是不确定的：一方面，更高的行业集中度可以为企业创造了更大的利润，有助于激励企业加大对复杂产品的研发投资力度；另一方面，较低的竞争程度会削弱企业创新动机，从而遏制企业生产更复杂的产品。

（10）行业最终品进口关税（OutTariff）与投入品进口关税（InTariff）。借鉴布兰特等（Brandt et al. , 2017）的做法，构造行业层面最终品和投入品进口关税数值，具体计算步骤为：首先，从 WITS 数据库和 WTO 数据库中调取 2000～2013 年内中国对各个 HS 六位码产品所征收的最惠国进口关税数据，并将不同版本的 HS 协调编码版本统一至 HS1996 版。[①] 其次，基于 HS1996 版协调编码与国民经济制造业行业四位码对应表，计算出制造业四位码行业 j 在 t 年所面临的最终品进口关税，公式为：

$$OutTariff_{jt} = \sum_{p \in \theta_j} N_{pt} \times ImportTariff_{pt} / \sum_{p \in \theta_j} N_{pt} \qquad (5-25)$$

其中，$OutTariff_{jt}$即为四位码行业 j 在 t 年的最终品进口关税数值，该指标数值越小则说明进口的关税壁垒越低；θ_j为归属于行业 j 的产品集合；N_{pt}为产品 p 在 t 年的进口条目数；$ImportTariff_{pt}$为产品 p 在 t 年的关税水平。通过上式计算得到 $OutTariff_{jt}$后，依据国民经济行业四位码与中国 2002 年和 2007 年的《投入产出表》部门代码对应关系得到各部门简单平均关税 $OutTariff_{kt}$，然后以各部门中间投入要素份额为权重，通过加权平均计算出各个部门的投入品进口关税，公式为：

$$InTariff_{ct} = \sum_k \varpi_{ck} OutTariff_{kt} \qquad (5-26)$$

其中，$InTariff_{ct}$表示《投入产出表》中部门 c 在第 t 年所面临的投入品进口关税数值；$\varpi_{ck} = (input_{ck}^{2002} / input_{c,total}^{2002} + input_{ck}^{2007} / input_{c,total}^{2007}) / 2$，表

---

① 产品关税数据所基于的 HS 协调编码版本不一致，1997～2001 年采用 HS1996 版，2002～2006 年采用 HS2002 版，2007～2011 年采用 HS2007 版本，2012～2013 年采用 HS2012 版本。

示在《中国 2002 年投入产出表》和《中国 2007 年投入产出表》中，部门 c 消耗的中间投入总额中来自部门 k 的比重均值。[①] 通过式（5 - 26）得到 InTariff$_{ct}$ 后，继续利用国民经济行业四位码与中国《投入产出表》部门代码对应关系，就可以得到本书所需的制造业四位码行业 j 在 t 年所面临的中间品进口关税 InTariff$_{jt}$。

（三）数据来源与说明

本部分主要使用三套高度细分的大型微观数据库：CEPII - BACI 数据库、中国工业企业数据库以及中国海关贸易统计数据库。时间跨度为 2000～2013 年。

国家—产品层面的贸易流量数据来自 CEPII - BACI 数据库，该数据库记录了各个年份内 213 个国家出口的 5000 多种 HS 六位码的产品出口金额与数量，使之能够在能力理论的框架下利用反射法测算产品的复杂度指数。考虑到资源禀赋型产品不符合能力理论对产品复杂度内涵的界定，根据拉尔（Lall，2000）对产品的分类标准，剔除资源禀赋型产品，仅保留归属于低技术、中技术和高技术类别的 3974 类 HS 六位码产品。企业层面生产和财务数据来自 2000～2013 年《中国工业企业数据库》。企业产品层面的出口数据来自《中国海关贸易统计数据库》，时间跨度为 2000～2013 年。[②] 除了上述三套大型微观数据外，用于构建生产性服务业外资管制水平的数据来自 OECD 全球化数据库中的行业外商直接投资管制指数。产品进口关税数据来自世界银行 WITS 数据库。

变量的描述性统计如表 5 - 6 所示。

---

① 需要说明的是，本书在计算各行业中间投入权重时，采用的是《中国 2002 年投入产出表》与《中国 2007 年投入产出表》投入权重的平均值。这样处理的优点在于避免了由中间投入权重的内生变化而导致行业中间品进口关税发生变化的可能性，测算的结果能够更加真实地反映中间品进口关税的演变趋势。

② 关于《中国工业企业数据库》和《中国海关贸易统计数据库》的具体处理和匹配步骤，请参见附录内容。

表 5 - 6   变量的描述性统计

变量名	变量含义	观测值	均值	标准差
ESI	企业出口复杂度	524448	-0.217	1.015
$ESI^{Ordinary}$	企业一般贸易出口复杂度	462224	-0.186	1.025
$ESI^{Process}$	企业加工贸易出口复杂度	207631	-0.375	1.022
IFDI_Ser	生产性服务业外资管制综合指数	524448	0.071	0.023
$IFDI\_Ser^{Trans}$	生产性运输业外资管制指数	524448	0.021	0.008
$IFDI\_Ser^{Commu}$	生产性通信业外资管制指数	524448	0.012	0.007
$IFDI\_Ser^{Distru}$	生产性分销业外资管制指数	524448	0.023	0.014
$IFDI\_Ser^{Bank}$	生产性金融业外资管制指数	524448	0.007	0.003
$IFDI\_Ser^{Busin}$	生产性商务服务业外资管制指数	524448	0.008	0.006
TFP	企业全要素生产率	524448	0.956	0.358
lnSize	企业规模（对数）	524448	10.63	1.453
lnAge	企业年龄（对数）	524448	2.225	0.661
lnKlratio	企业资本劳动比（对数）	524448	3.882	1.270
Tax	企业增值税税率	524448	0.023	0.028
Profitratio	企业利润率	524448	0.036	0.082
Finance	企业融资约束	524448	0.011	0.017
Foreign	外资企业哑变量	524448	0.300	0.458
HHI	行业竞争指数	524448	0.007	0.008
lnOutTariff	行业最终品关税（对数）	524448	2.201	0.753
lnInTariff	行业投入品关税（对数）	524448	1.906	0.292

注：除哑变量外，所有自变量均进行1%的缩尾处理。

第四节　实证检验结果

一、基准检验结果

表 5 - 7 汇报了式（5 - 8）的基准估计结果。列（1）结果显示，在未添加任何控制变量的固定效应模型下，生产性服务业外资管制指数

（IFDI_Ser）系数值为负，且在1%水平上拒绝了系数为0的原假设，这初步表明生产性服务业外资管制放松有助于促进下游制造业企业出口复杂度提升。列（2）~列（6）进一步控制企业全要素生产率、规模、年龄、资本劳动比、增值税税率、利润率、融资约束、外资企业哑变量、行业竞争程度以及行业最终品关税和行业投入品关税等特征变量后，结果显示，生产性服务业外资管制指数（IFDI_Ser）系数依然为负，尽管影响的量级有所下降，但依然在1%显著性水平显著。以列（6）为例，对所有控制变量加以控制，结果显示，生产性服务业外资管制指数（IFDI_Ser）的系数为 – 2.639，且在1%水平上显著。上述结果表明，生产性服务业外资管制放松有效促进了下游制造业企业出口复杂度的升级，而以往文献对出口复杂度驱动因素的研究均忽视了生产性服务业外资管制变化发挥的重要作用，本章研究结论对于更深入认识中国制造业出口复杂度升级背后驱动因素的认识具有重要现实意义和政策意义。

表 5 – 7　　　　　　　　　　　基准检验结果

项目	（1）ESI	（2）ESI	（3）ESI	（4）ESI	（5）ESI	（6）ESI
IFDI_Ser	– 0.6475 *** (0.0593)	– 0.6213 *** (0.0593)	– 0.3687 *** (0.0637)	– 0.3705 *** (0.0639)	– 0.3671 *** (0.0641)	– 0.2639 *** (0.0627)
TFP		0.0086 *** (0.0019)	0.0070 *** (0.0020)	0.0070 *** (0.0020)	0.0068 *** (0.0020)	0.0059 *** (0.0020)
Size			– 0.0013 (0.0010)	– 0.0013 (0.0010)	– 0.0012 (0.0010)	– 0.0012 (0.0010)
Age			0.0191 *** (0.0025)	0.0191 *** (0.0025)	0.0188 *** (0.0025)	0.0174 *** (0.0025)
Klratio			0.0022 *** (0.0007)	0.0022 *** (0.0007)	0.0022 *** (0.0007)	0.0022 *** (0.0007)

续表

项目	（1）	（2）	（3）	（4）	（5）	（6）
	ESI	ESI	ESI	ESI	ESI	ESI
Tax			-0.0397^{**} （0.0178）	-0.0397^{**} （0.0178）	-0.0392^{**} （0.0178）	-0.0321^{*} （0.0177）
Profitratio			-0.0077 （0.0070）	-0.0076 （0.0070）	-0.0074 （0.0070）	-0.0064 （0.0070）
Finance			-0.0510 （0.0312）	-0.0511 （0.0312）	-0.0512 （0.0312）	-0.0406 （0.0309）
Foreign				-0.0034 （0.0022）	-0.0035 （0.0022）	-0.0038^{*} （0.0022）
HHI					-0.1839 （0.1452）	-0.1721 （0.1459）
lnOutTariff						-0.0074^{**} （0.0030）
lnInTariff						-0.0121 （0.0075）
Constant	-0.1707^{***} （0.0043）	-0.1808^{***} （0.0048）	-0.2330^{***} （0.0130）	-0.2318^{***} （0.0131）	-0.2302^{***} （0.0131）	-0.1948^{***} （0.0194）
观测值	524448	524448	524448	524448	524448	524448
调整的 R^2	0.9500	0.9500	0.9501	0.9501	0.9501	0.9501
固定效应	是	是	是	是	是	是

注：***、**、*分别表示在1%、5%和10%的水平上具有显著性，括号内为稳健标准差。

对于其他控制变量，从列（6）可以看出，全要素生产率（TFP）的系数显著为正，表明生产率越高的企业出口复杂度越高，这与埃克和胡贝尔（Eck & Huber，2016）所得结论一致；企业年龄（lnAge）系数显著为正，说明企业经营经验对企业出口复杂度具有促进作用；企业资本劳动比（lnKlratio）系数显著为正，表明要素禀赋偏向资本的企业更倾向于出口高复杂度产品；企业增值税（Tax）系数显著为负，表明增值税税负越低，越有利于企业出口复杂度提升；行业最终品关税（lnOutTariff）系数显著为负，说明进口的竞争激励有助于推动中国企业出口复杂度提升。此外，没有明显证据表明企业规模（lnSize）、利润率（Profitratio）、融资约束（Finance）、外企企业哑变量（Foreign）、行业竞争程度（HHI）以及行业投入关税（lnInTariff）对企业出口复杂度有统计学意义的显著作用。

表 5 - 8 汇报了区分不同贸易方式下的生产性服务业外资管制对下游制造业企业出口复杂度的影响结果。其中，列（1）~列（3）被解释变量为企业以一般贸易形式出口的复杂度指数（ESI^{Ordinary}）；列（4）~列（6）被解释变量为企业以加工贸易形式出口的复杂度指数（ESI^{Process}）。以列（3）与列（6）的汇报结果为准：列（3）显示，生产性服务业外资管制指数（IFDI_Ser）的估计系数为 - 0. 2363 且在 1% 水平上显著，表明生产性服务业外资管制放松显著提升了下游制造业企业一般贸易出口复杂度；列（6）显示，生产性服务业外资管制指数（IFDI_Ser）的估计系数为 - 0. 2424 且在 5% 水平上显著，证明更宽松的服务业外资管制环境同样显著促进了下游制造业企业加工贸易出口复杂度。至此得知，无论是一般贸易还是加工贸易，生产性服务业外资管制放松确实会促使中国企业出口结构向生产复杂度更高的产品演变。上述结论再次表明，在中国工业化道路上，扩大服务业对外开放对中国制造业企业出口贸易确实存在"促升级"的积极影响。

表 5 - 8　　　　　　　　　分贸易方式的实证检验结果

项目	（1）	（2）	（3）	（4）	（5）	（6）
	ESI^{Ordinary}	ESI^{Ordinary}	ESI^{Ordinary}	ESI^{Process}	ESI^{Process}	ESI^{Process}
IFDI_Ser	- 0. 5387 *** （0. 0566）	- 0. 3526 *** （0. 0611）	- 0. 2363 *** （0. 0615）	- 0. 7755 *** （0. 0981）	- 0. 2708 *** （0. 0999）	- 0. 2424 ** （0. 0992）
TFP		0. 0047 ** （0. 0023）	0. 0036 （0. 0023）		0. 0070 ** （0. 0030）	0. 0063 ** （0. 0029）

续表

项目	（1） ESI^{Ordinary}	（2） ESI^{Ordinary}	（3） ESI^{Ordinary}	（4） ESI^{Process}	（5） ESI^{Process}	（6） ESI^{Process}
Size		0.0007 （0.0010）	0.0007 （0.0010）		− 0.0011 （0.0015）	− 0.0012 （0.0015）
Age		0.0108 *** （0.0024）	0.0092 *** （0.0024）		0.0359 *** （0.0040）	0.0355 *** （0.0042）
Klratio		0.0029 *** （0.0008）	0.0028 *** （0.0008）		0.0022 * （0.0013）	0.0022 * （0.0013）
Tax		− 0.0481 ** （0.0205）	− 0.0385 * （0.0205）		− 0.0374 （0.0294）	− 0.0351 （0.0290）
Profitratio		− 0.0045 （0.0086）	− 0.0033 （0.0086）		− 0.0193 * （0.0104）	− 0.0187 * （0.0103）
Finance		− 0.0195 （0.0338）	− 0.0093 （0.0336）		− 0.1510 *** （0.0562）	− 0.1498 *** （0.0562）
Foreign		− 0.0068 ** （0.0028）	− 0.0070 ** （0.0028）		0.0019 （0.0030）	0.0017 （0.0030）
HHI			− 0.1355 （0.1451）			− 0.1748 （0.2141）
lnOutTariff			− 0.0071 ** （0.0031）			− 0.0111 *** （0.0042）
lnInTariff			− 0.0160 ** （0.0074）			0.0114 （0.0108）
Constant	− 0.1473 *** （0.0041）	− 0.2043 *** （0.0132）	− 0.1610 *** （0.0186）	− 0.3182 *** （0.0071）	− 0.4361 *** （0.0204）	− 0.4323 *** （0.0295）
观测值	462224	462224	462224	207631	207631	207631
调整的 R^2	0.9414	0.9414	0.9414	0.9502	0.9503	0.9503
固定效应	是	是	是	是	是	是

注：***、**、*分别表示在1%、5%和10%的水平下具有显著性，括号内为聚类至行业—年份维度的稳健标准误。

二、稳健性测试结果

（一）其他方法测算产品复杂度

为了避免本书的核心结论由产品复杂度的特殊测度方法造成，稳健起见，更换其他方法计算产品复杂度指数。

（1）人均收入法。豪斯曼等（Hausmann et al.，2007）基于一国人均收入水平越高，对高复杂产品的需求偏好就越高，同时投资于复杂产品开发的能力就越强的假设条件，开发了人均收入指标法测算产品的生产复杂度指数。正如前面所述，此方法存在着些许不足，这里仅将它这作为一种参考性的度量方法用于稳健性检验。该方法以各国出口产品的比较优势指数为权重，对所有出口国的人均收入进行加总，计算公式如下：

$$\text{prody}_p = \sum_c \frac{E_{cp}/E_c}{\sum_c (E_{cp}/E_c)} \text{Pergdp}_c \qquad (5-27)$$

其中，prody_p 表示基于人均收入指标法测度的 HS 六位码产品 p 的复杂度指数值，该值越大，产品复杂度越高；E_{cp} 表示国家 c 出口产品 p 的量；E_c 表示国家 c 的总出口量；E_{cp}/E_c 表示国家 c 产品 p 的出口份额；Pergdp_p 表示以 2010 年不变美元统计的国家 c 人均实际 GDP，该数据来源于世界银行统计数据库。

（2）适合度法。塔奇拉等（Tacchella et al.，2013）在能力理论的框架下，对反射法进行了部分扩展和改进，使产品复杂度的含义不再随着迭代次数奇偶性发生变化，同时迭代结果呈现发散的特点。[①] 具体测算公式为：

$$c^{(n)} = \sum_p M_{cp} Q_p^{(n-1)} \qquad (5-28)$$

---

① 有关该方法的介绍，感兴趣的读者可以参见塔奇拉等（Tacchella et al.，2013）"*Economic complexity：Conceptual grounding of a new metrics for global competitiveness*"。

$$p^{(n)} = \frac{1}{\sum\limits_{c} M_{cp} \dfrac{1}{F_c^{(n-1)}}} \tag{5-29}$$

$$F_c^{(n)} = c^{(n)} / \left[c^{(n)} \right]_c \tag{5-30}$$

$$Q_p^{(n)} = p^{(n)} / \left[p^{(n)} \right]_p \tag{5-31}$$

以上式子中，$F_c^{(n)}$ 表示国家适合度，用来衡量一个国家的经济竞争力，其数值越大则表示国家经济发展能力越强，对应反射法当中的国家复杂度；$Q_p^{(n)}$ 是 HS 六位码产品复杂度指数，其数值越大表示产品复杂度越高；中间变量 $c^{(n)}$ 和 $p^{(n)}$ 的初始值 $c^{(n)} = 1$；$p^{(n)} = 1$；M_{cp} 与前面相同；$\left[c^{(n)} \right]_c$ 表示第 n 次迭代所有国家适合度的平均值；$\left[p^{(n)} \right]_p$ 表示第 n 次迭代所有产品复杂度的平均值。在适合度法迭代过程中，当第 n 次与 n + 1 次迭代得到的国家以及产品排序不再改变时，所得的值为最终选取的国家适合度和产品复杂度指数。

表 5 – 9 统计了采用三种不同的方法测度产品复杂度指数的相关性分析结果。从中可以看出，由于不同方法假设条件不同，产品复杂度之间的相关性并不高，这从一定程度上说明了使用这三种不同的方法进行估计可以相互补充和印证研究结论。在得到产品复杂度指数后，以各企业产品出口份额为权重，将产品复杂度指数汇总至企业层面，并分别代入基准模型进行估计。结果如表 5 – 10 列（1）~ 列（6）所示，生产性服务业外资管制指数（IFDI_Ser）估计系数的显著性水平和符号与基准结果基本一致（列（4）和列（6）系数符号未变，显著性水平下降），证明前述研究结论并不会随着出口复杂度测算方法的改变而发生变化。

表 5 – 9　　　　　基于不同方法测算产品复杂度的相关性分析

产品复杂度指数	M_p^{sd}	Q_p	$prody_p$
M_p^{sd}	1		
Q_p	0. 576 ***	1	
$prody_p$	0. 730 ***	0. 574 ***	1

注：表为 pearson 相关性分析，*** 表示在 1% 的水平上显著相关。

表 5 – 10　　　　　稳健性检验：其他方法测算出口复杂度

项目	人均收入法			适合度法		
	（1）	（2）	（3）	（4）	（5）	（6）
	ESI	ESI^{Ordinary}	ESI^{Process}	ESI	ESI^{Ordinary}	ESI^{Process}
IFDI_Ser	− 0. 1760 ***	− 0. 1789 ***	− 0. 1827 ***	− 0. 0127	− 0. 0274 ***	− 0. 0131
	（0. 0491）	（0. 0538）	（0. 0638）	（0. 0087）	（0. 0104）	（0. 0119）
TFP	0. 0013	0. 0025	0. 0025	0. 0007 *	0. 0004	− 0. 0003
	（0. 0015）	（0. 0018）	（0. 0020）	（0. 0004）	（0. 0005）	（0. 0006）
Size	− 0. 0003	0. 0004	− 0. 0011	0. 0007 ***	0. 0007 ***	0. 0008 ***
	（0. 0007）	（0. 0008）	（0. 0010）	（0. 0002）	（0. 0002）	（0. 0003）
Age	0. 0067 ***	0. 0035 *	0. 0116 ***	0. 0008 **	0. 0009 **	− 0. 0004
	（0. 0017）	（0. 0019）	（0. 0025）	（0. 0004）	（0. 0004）	（0. 0006）
Klratio	0. 0010 *	0. 0009	0. 0011	0. 0006 ***	0. 0005 ***	0. 0010 ***
	（0. 0006）	（0. 0007）	（0. 0009）	（0. 0001）	（0. 0002）	（0. 0003）
Tax	− 0. 0031	0. 0052	− 0. 0202	− 0. 0159 ***	− 0. 0137 ***	− 0. 0033
	（0. 0139）	（0. 0162）	（0. 0199）	（0. 0037）	（0. 0044）	（0. 0059）
Profitratio	− 0. 0003	− 0. 0033	− 0. 0026	0. 0006	− 0. 0006	0. 0028
	（0. 0050）	（0. 0064）	（0. 0067）	（0. 0014）	（0. 0017）	（0. 0022）
Finance	− 0. 0443 *	− 0. 0248	− 0. 1380 ***	0. 0187 ***	0. 0131 **	0. 0131
	（0. 0265）	（0. 0285）	（0. 0461）	（0. 0060）	（0. 0065）	（0. 0121）
Foreign	− 0. 0015	− 0. 0031	0. 0010	0. 0006	0. 0011 **	0. 0006
	（0. 0016）	（0. 0020）	（0. 0021）	（0. 0004）	（0. 0006）	（0. 0006）
HHI	0. 0152	0. 0376	0. 0838	− 0. 0051	− 0. 0315	0. 0491
	（0. 0772）	（0. 0869）	（0. 1112）	（0. 0229）	（0. 0266）	（0. 0366）
lnOutTariff	− 0. 0042	− 0. 0040	− 0. 0052 *	− 0. 0002	− 0. 0001	− 0. 0004
	（0. 0027）	（0. 0030）	（0. 0030）	（0. 0003）	（0. 0004）	（0. 0005）
lnInTariff	− 0. 0127 ***	− 0. 0205 ***	0. 0022	− 0. 0033 ***	− 0. 0031 ***	− 0. 0040 ***
	（0. 0047）	（0. 0057）	（0. 0056）	（0. 0009）	（0. 0012）	（0. 0012）
Constant	9. 5917 ***	9. 6136 ***	9. 5069 ***	0. 4880 ***	0. 4911 ***	0. 4740 ***
	（0. 0126）	（0. 0143）	（0. 0165）	（0. 0026）	（0. 0031）	（0. 0043）
观测值	524448	462227	207636	524448	463138	214041
调整的 R^2	0. 9153	0. 9006	0. 9244	0. 9213	0. 9024	0. 9275
固定效应	是	是	是	是	是	是

注：***、**、*分别表示在1%、5%和10%的水平上显著，括号内为聚类至行业—年份维度的稳健标准误。

（二）更换其他服务中间投入权重

为避免服务要素投入权重对本书实证结果的干扰，进一步选用其他服务中间投入权重，重新构建生产性服务业外资管制变量进行稳健性检验。第一，选用《中国 2002 年投入产出表》中的完全消耗系数作为各制造业部门消耗的投入总额中来自服务业部门的比重，然后按照同样方法构造生产性服务业外资管制指数进行回归。结果显示，生产性服务业外资管制指数（IFDI_Ser）系数依然显著为负，核心结论未发生实质性改变。第二，利用《中国 2007 年投入产出表》计算各制造业部门消耗的服务要素中间投入比重。然后按照相同方法构造生产性服务业外资管制指数进行回归。结果显示，生产性服务业外资管制指数（IFDI_Ser）系数仍然显著为负，并且与基准估计结果所得结论完全保持一致。上述检验结果证明，前述研究结论并不会随着服务要素投入权重的不同而发生变化（见表 5 – 11）。

表 5 – 11　　　　　稳健性检验：更换其他服务中间投入权重

项目	投入权重为 2002 年 IO 表完全消耗系数			投入权重为 2007 年 IO 表直接消耗系数		
	(1)	(2)	(3)	(4)	(5)	(6)
	ESI	$ESI^{Ordinary}$	$ESI^{Process}$	ESI	$ESI^{Ordinary}$	$ESI^{Process}$
IFDI_Ser	−0.2028*** (0.0375)	−0.1573*** (0.0357)	−0.2160*** (0.0586)	−0.5654*** (0.1036)	−0.4872*** (0.1053)	−0.5287*** (0.1560)
TFP	0.0059*** (0.0020)	0.0037 (0.0023)	0.0063** (0.0029)	0.0052*** (0.0020)	0.0030 (0.0023)	0.0059** (0.0029)
Size	−0.0013 (0.0010)	0.0007 (0.0010)	−0.0014 (0.0015)	−0.0013 (0.0010)	0.0007 (0.0010)	−0.0013 (0.0015)
Age	0.0150*** (0.0026)	0.0079*** (0.0024)	0.0315*** (0.0043)	0.0176*** (0.0025)	0.0095*** (0.0024)	0.0357*** (0.0041)
Klratio	0.0020*** (0.0007)	0.0027*** (0.0008)	0.0021 (0.0013)	0.0022*** (0.0007)	0.0029*** (0.0008)	0.0023* (0.0013)

项目	投入权重为2002年IO表完全消耗系数			投入权重为2007年IO表直接消耗系数		
	（1）	（2）	（3）	（4）	（5）	（6）
	ESI	ESI^{Ordinary}	ESI^{Process}	ESI	ESI^{Ordinary}	ESI^{Process}
Tax	− 0.0329 *	− 0.0386 *	− 0.0387	− 0.0305 *	− 0.0369 *	− 0.0336
	（0.0177）	（0.0205）	（0.0289）	（0.0178）	（0.0206）	（0.0291）
Profitratio	− 0.0060	− 0.0029	− 0.0181 *	− 0.0061	− 0.0030	− 0.0187 *
	（0.0070）	（0.0086）	（0.0103）	（0.0070）	（0.0086）	（0.0103）
Finance	− 0.0410	− 0.0097	− 0.1504 ***	− 0.0395	− 0.0081	− 0.1495 ***
	（0.0309）	（0.0336）	（0.0562）	（0.0308）	（0.0335）	（0.0561）
Foreign	− 0.0039 *	− 0.0071 **	0.0015	− 0.0038 *	− 0.0071 **	0.0017
	（0.0022）	（0.0028）	（0.0030）	（0.0022）	（0.0028）	（0.0030）
HHI	− 0.1402	− 0.1173	− 0.1323	− 0.0230	− 0.0203	− 0.0040
	（0.1462）	（0.1454）	（0.2146）	（0.1529）	（0.1515）	（0.2271）
lnOutTariff	− 0.0072 **	− 0.0072 **	− 0.0108 ***	− 0.0072 **	− 0.0072 **	− 0.0107 **
	（0.0030）	（0.0031）	（0.0041）	（0.0030）	（0.0031）	（0.0042）
lnInTariff	− 0.0052	− 0.0118	0.0197 *	− 0.0110	− 0.0153 **	0.0121
	（0.0078）	（0.0077）	（0.0112）	（0.0075）	（0.0074）	（0.0106）
Constant	− 0.1871 ***	− 0.1568 ***	− 0.4186 ***	− 0.1943 ***	− 0.1609 ***	− 0.4314 ***
	（0.0194）	（0.0186）	（0.0295）	（0.0192）	（0.0184）	（0.0293）
观测值	524448	462224	207631	524448	462224	207631
调整的 R^2	0.9501	0.9414	0.9503	0.9501	0.9414	0.9503
固定效应	是	是	是	是	是	是

注： *** 、 ** 、 * 分别表示在1%、5%和10%的水平上显著，括号内为聚类至行业—年份维度的稳健标准误。

三、内生性问题处理

由于生产性服务业外资管制指标是在三位码行业层面进行度量的，出口复杂度是企业层面指标，单个制造业企业生产行为难以对整个行业服务投入产生显著影响，故而因变量与自变量存在反向因果关系可能性较低。但严谨起见，不排除有些制造业企业可能会为了满足自身对高质量服务中间投入的需求，以降低生产成本和增强出口竞争力为理由游说政府有针对性地制定和执行服务业外资管制放松政策，导致基准估计结果可能因为内生性问题（反向因果关系）的存在而得到有偏估计。为了排除此担忧，接下来，本书通过构造工具变量并且采用面板工具变量两阶段最小二乘法（2SLS）估计的处理方法，以更加严谨地排除内生性问题对前述实证结果造成的干扰。工具变量选取思路与第三章内容相同，工具变量一选用印度生产性服务业外资管制指数，工具变量二选用中国以外其他国家各个服务业部门的外资管制加权指数，得到中国以外其他国家生产性服务业外资管制平均指数。

表 5 - 12 报告了面板 IV 估计的检验结果。综合列（1）~列（6）可以看出，无论是企业整体出口复杂度，还是一般贸易或加工贸易出口复杂度，两种工具变量的估计结果均显示，生产性服务业外资开放对下游制造业企业出口复杂度的影响系数始终显著为负，这与基准回归模型的估计结果完全一致，进一步佐证了前述研究结论的真实性；且从第一阶段内生变量对工具变量进行回归的估计结果，以及 Kleibergen - Paap rk LM 统计量与 Kleibergen - Paap rk Wald F 统计量结果不难看出，构造的两个工具变量均合理有效。

表 5 - 12 稳健性检验：考虑内生性的检验结果

项目	工具变量一：IFDI_Ser_Indian			工具变量二：IFDI_Ser_Foreign		
	（1）	（2）	（3）	（4）	（5）	（6）
	ESI	ESI^{Ordinary}	ESI^{Process}	ESI	ESI^{Ordinary}	ESI^{Process}
IFDI_Ser	- 0.3198 ***	- 0.3159 ***	- 0.2227 ***	- 0.2028 ***	- 0.1467 **	- 0.2381 **
	(0.0509)	(0.0600)	(0.0764)	(0.0584)	(0.0663)	(0.0948)
TFP	0.0057 ***	0.0033	0.0063 **	0.0061 ***	0.0039	0.0063 **
	(0.0020)	(0.0025)	(0.0030)	(0.0020)	(0.0025)	(0.0030)
Size	- 0.0013	0.0007	- 0.0012	- 0.0012	0.0008	- 0.0012
	(0.0009)	(0.0011)	(0.0016)	(0.0009)	(0.0011)	(0.0016)

续表

项目	工具变量一：IFDI_Ser_Indian			工具变量二：IFDI_Ser_Foreign		
	（1）	（2）	（3）	（4）	（5）	（6）
	ESI	ESI^{Ordinary}	ESI^{Process}	ESI	ESI^{Ordinary}	ESI^{Process}
Age	0.0165 ***	0.0079 ***	0.0359 ***	0.0185 ***	0.0107 ***	0.0356 ***
	（0.0023）	（0.0026）	（0.0041）	（0.0023）	（0.0026）	（0.0041）
Klratio	0.0021 **	0.0027 ***	0.0022	0.0022 ***	0.0029 ***	0.0022
	（0.0009）	（0.0010）	（0.0015）	（0.0009）	（0.0010）	（0.0015）
Tax	−0.0321 *	−0.0382 *	−0.0348	−0.0321 *	−0.0388 *	−0.0350
	（0.0188）	（0.0214）	（0.0305）	（0.0188）	（0.0214）	（0.0305）
Profitratio	−0.0062	−0.0029	−0.0188 *	−0.0067	−0.0037	−0.0188 *
	（0.0076）	（0.0092）	（0.0112）	（0.0076）	（0.0092）	（0.0112）
Finance	−0.0413	−0.0103	−0.1496 **	−0.0399	−0.0081	−0.1498 **
	（0.0339）	（0.0369）	（0.0647）	（0.0339）	（0.0369）	（0.0647）
Foreign	−0.0038	−0.0072 **	0.0017	−0.0037	−0.0069 **	0.0017
	（0.0027）	（0.0035）	（0.0038）	（0.0027）	（0.0035）	（0.0038）
HHI	−0.1660	−0.1247	−0.1755	−0.1788	−0.1475	−0.1750
	（0.1199）	（0.1402）	（0.1871）	（0.1199）	（0.1400）	（0.1871）
lnOutTariff	−0.0072 ***	−0.0069 ***	−0.0111 ***	−0.0075 ***	−0.0074 ***	−0.0111 ***
	（0.0019）	（0.0024）	（0.0029）	（0.0019）	（0.0024）	（0.0029）
lnInTariff	−0.0100 **	−0.0130 **	0.0107	−0.0143 ***	−0.0193 ***	0.0112
	（0.0049）	（0.0060）	（0.0071）	（0.0052）	（0.0063）	（0.0077）
观测值	524448	459711	200869	524448	459711	200869
固定效应	是	是	是	是	是	是
Kleibergen − Paap rk LM 统计量	22799.76 {0.000}	9146.31 {0.000}	10199.59 {0.000}	15213.75 {0.000}	12704.31 {0.000}	6856.81 {0.000}
Kleibergen − Paap rk WaldF 统计量	3.0e+05 [16.38]	2.5e+05 [16.38]	1.4e+05 [16.38]	2.2e+05 [16.38]	2.0e+05 [16.38]	71623.42 [16.38]

项目	工具变量一：IFDI_Ser_Indian			工具变量二：IFDI_Ser_Foreign		
	（1）	（2）	（3）	（4）	（5）	（6）
	ESI	ESI^{Ordinary}	ESI^{Process}	ESI	ESI^{Ordinary}	ESI^{Process}
第一阶段估计结果						
IFDI_Ser_Indian	1. 3665 *** (0. 0024)	1. 3478 *** (0. 0027)	1. 4210 *** (0. 0038)			
IFDI_Ser_Foreign				5. 2996 *** (0. 0113)	5. 2197 *** (0. 0117)	5. 6012 *** (0. 0209)

注：＊＊＊、＊＊和＊分别表示1%、5%和10%的显著性水平，圆括号内为聚类至行业—年份水平的稳健标准误；中括号内为弱工具变量检验在10%水平上的临界值；大括号内为P值。

四、出口复杂度的分解和机制检验

（一）出口复杂度的分解

前述研究发现，生产性服务业外资管制放松对制造业企业出口复杂度提升存在显著且积极的影响。接下来，进一步探讨生产性服务业外资管制放松促进制造业企业出口复杂度提升的潜在渠道。基于本章第二节理论分析，并结合企业出口复杂度的计算公式，本部分拟从企业出口产品结构动态变化的思路对作用机制进行检验。生产性服务业外资管制放松会导致下游制造业企业进行技术升级的生产率临界值降低，这可能会诱使企业通过技术升级以改变出口产品"篮子"，使出口产品"篮子"发生如下三种变化：第一，企业可能会调整出口"篮子"中持续出口产品的相对份额，其结果是，高复杂度产品的出口份额增加，而低复杂度产品的出口份额减少。出口"篮子"中持续出口产品相对份额动态变化无疑是导致企业出口复杂度发生变化的重要原因。第二，企业通过技术升级活动，生产并出口一些新的高复杂度产品。根据企业出口复杂度的计算公式可以看出，新的高复杂度产品进入出口市场，将直接导致企业出口复杂度发生变化。第三，生产性服务业外资管制放松带来的下游制造业企业技术升级活动，可能会诱使制造业企业将生产能力集中于一些盈利能力较高的高复杂度产品的生产和出口上，从而放弃出口"篮子"内一些盈利能力较低的低复杂度产品的生产和出口。随着这些低复杂度产品的退出市场，企业出口复杂度也将得到有效提高。我们把第一个变化称为持续出口产品的份额再分配效应，第二个和第三个变化称为出口产品转换（进入和退出）效应。

要检验生产性服务业外资管制放松对制造业企业出口复杂度的影响路径，需要先将持续出口产品份额再分配效应和出口产品转换效应从企业出口复杂度动态变化中分解出来。借鉴梅里兹和波拉尼茨（Melitze & Polanec，2015）关于行业内企业生产率动态分解的思路，将其扩展运用至企业出口复杂度上。依据奥利和帕克斯（Olley & Pakes，1996），企业在各个时期的出口复杂度可以分解为：

$$\mathrm{ESI}_t = \overline{w}_t + \sum_p (\mathrm{sale}_{pt} - \overline{\mathrm{sale}_t})(w_{pt} - \overline{w}_t)$$
$$= \overline{w}_t + \mathrm{cov}(\mathrm{sale}_{pt}, w_{pt}) \qquad (5-32)$$

其中，$\overline{w}_t = \frac{1}{n_t}\sum_{p=1}^{n_t} w_{pt}$，它代表企业第 t 年出口复杂度的未加权平均值；$\mathrm{sale}_{pt}$ 代表企业出口产品 p 的市场份额；$\overline{\mathrm{sale}_t} = 1/n_t$，它代表狭义的简单平均出口份额，$n_t$ 是企业第 t 年出口的产品种类数目；w_{pt} 代表企业出口产品 p 的复杂度。定义 $\mathrm{sale}_{gt} = \sum_{p \in g} \mathrm{sale}_{pt}$，它表示产品组（进入组、退出组与持续出口组）g 的总出口份额；同时定义 $\mathrm{ESI}_{gt} = \sum_{p \in g}(\mathrm{sale}_{pt}/\mathrm{sale}_{gt})w_{pt}$，将它作为该组的整体出口复杂度。在上述基础上，可以将时期 1、时期 2 的单一企业出口复杂度写成以下形式：

$$\mathrm{EXSI}_1 = \mathrm{sale}_{s1}\mathrm{EXSI}_{s1} + \mathrm{sale}_{x1}\mathrm{EXSI}_{x1}$$
$$= \mathrm{EXSI}_{s1} + \mathrm{sale}_{x1}(\mathrm{EXSI}_{x1} - \mathrm{EXSI}_{s1}) \qquad (5-33)$$
$$\mathrm{EXSI}_2 = \mathrm{sale}_{s2}\mathrm{EXSI}_{s2} + \mathrm{sale}_{e2}\mathrm{EXSI}_{e2}$$
$$= \mathrm{EXSI}_{s2} + \mathrm{sale}_{e2}(\mathrm{EXSI}_{e2} - \mathrm{EXSI}_{s2}) \qquad (5-34)$$

式（5-33）减去式（5-34），可以得到企业在时期 2 与时期 1 之间的出口复杂度变化量 ΔEXSI，然后将式（5 – 32）代入减式中，即可得到：

$$\Delta EXSI = (EXSI_{s2} - EXSI_{s1}) + sale_{e2}(EXSI_{e2} - EXSI_{s2}) + sale_{x1}(EXSI_{s1} - EXSI_{x1})$$
$$= \underbrace{\Delta \overline{w}_s + \Delta cov_s}_{\substack{\text{持续出口产品}\\\text{复杂度贡献值}\\\Delta Survivors}} + \underbrace{sale_{e2}(EXSI_{e2} - EXSI_{s2})}_{\substack{\text{新进入产品}\\\text{复杂度贡献值}\\\Delta Entrants}} + \underbrace{sale_{x1}(EXSI_{s1} - EXSI_{x1})}_{\substack{\text{退出产品}\\\text{复杂度贡献值}\\\Delta Exiters}}$$

$$(5 – 35)$$

其中，第一行表示将企业出口复杂度变化依据持续出口产品、新进入产品以及退出产品分解为三部分，在第二行中，基于奥利和帕克斯（Olley & Pakes，1996）提出的分解法，进一步将持续出口产品复杂度变化拆分为持续出口产品内复杂度变化量（$\Delta \overline{w}_s$）和持续出口产品份额再分配引起的复杂度变化量 Δcov_s，考虑到 $W_{p,28}^{sd}$（产品复杂度指数）是一个不随时间变化而变化的常数指标，因此，$\Delta \overline{w}_s$ 等于 0。式（5 – 35）各部分的解释如表 5 – 13 所示。

表 5 – 13   企业出口复杂度分解部分的解释说明

组成部分	表达含义
$\Delta Survivors > 0$	在持续出口产品中，高复杂度产品的相对出口份额有所增加
$\Delta Survivors < 0$	在持续出口产品中，低复杂度产品的相对出口份额有所增加
$\Delta Survivors = 0$	持续出口产品的份额未发生变化
$\Delta Entrants > 0$	企业出口"篮子"中进入了一些新的高复杂度产品
$\Delta Entrants < 0$	企业出口"篮子"中进入了一些新的低复杂度产品
$\Delta Entrants = 0$	企业未引入任何新产品
$\Delta Exiters > 0$	企业在出口"篮子"中舍弃了一些低复杂度产品
$\Delta Exiters < 0$	企业在出口"篮子"中舍弃了一些高复杂度产品
$\Delta Exiters = 0$	企业未舍弃任何已有产品

表 5 – 14 展示了中国制造业企业整体、一般贸易以及加工贸易出口复杂度的动态分解结果。平均而言，当分解对象为 ESI 时，新进入产品

对出口复杂度的贡献值最大，然后是持续出口产品份额变化的贡献，再然后是退出产品的贡献。当分解对象为 $ESI^{Ordinary}$ 时，退出产品对出口复杂度提升的贡献值最大，然后是持续出口产品的贡献，再然后是进入产品的贡献。当分解对象为 $ESI^{Process}$ 时，退出产品对出口复杂度提升的贡献最大，然后是持续出口产品的贡献，再然后是退出产品的贡献。

表 5 – 14　　　　　中国制造业企业出口复杂度动态分解结果

时间段	总体出口复杂度（ESI）的分解结果			
	ΔSurvivors	ΔEntrants	ΔExiters	ΔEXSI
2000～2001 年	0.0022580	– 0.0019827	0.0008700	0.0011453
2001～2002 年	0.0011366	– 0.0047008	0.0052226	0.0016583
2002～2003 年	0.0002569	– 0.0001657	0.0030635	0.0031547
2003～2004 年	0.0031801	0.0028980	0.0009364	0.0070145
2004～2005 年	0.0019834	0.0008767	0.0005858	0.0034458
2005～2006 年	0.0016029	0.0080666	0.0060298	0.0156993
2006～2007 年	0.0008988	– 0.0020952	0.0035739	0.0023774
2007～2008 年	– 0.0009372	0.0009611	0.0003343	0.0003582
2008～2009 年	– 0.0005678	0.0031471	– 0.0009368	0.0016425
2009～2010 年	0.0007718	0.0015871	– 0.0016078	0.0007511
2010～2011 年	0.0012686	0.0026733	– 0.0014460	0.0024959
2011～2012 年	0.0007190	0.0055010	– 0.0049219	0.0012981
2012～2013 年	0.0004844	0.0047878	– 0.0048494	0.0004228
平均值	0.0010043	0.0016580	0.0005273	0.0031895
时间段	一般贸易出口复杂度（$ESI^{Ordinary}$）分解结果			
	ΔSurvivors	ΔEntrants	ΔExiters	$\Delta ESI^{Ordinary}$
2000～2001 年	0.00340818	– 0.01519110	0.01613676	0.00435384
2001～2002 年	– 0.00047386	– 0.01224914	0.01364905	0.00092606
2002～2003 年	– 0.00077623	– 0.01019715	0.01259099	0.00161761
2003～2004 年	0.00106987	– 0.00416200	0.00868494	0.00559281
2004～2005 年	0.00260954	– 0.00522605	0.00587307	0.00325656

时间段	一般贸易出口复杂度（$ESI^{Ordinary}$）分解结果			
	ΔSurvivors	ΔEntrants	ΔExiters	$\Delta ESI^{Ordinary}$
2005~2006 年	0.00020395	0.00416064	0.00882426	0.01318885
2006~2007 年	0.00082590	−0.00558335	0.00507525	0.00031779
2007~2008 年	−0.00127765	−0.00134148	0.00207249	−0.00054665
2008~2009 年	−0.00072308	0.00113358	0.00014562	0.00055612
2009~2010 年	0.00016542	0.00143463	−0.00102987	0.00057018
2010~2011 年	0.00051445	0.00238966	−0.00060131	0.00230279
2011~2012 年	0.00011994	0.00788934	−0.00507116	0.00293812
2012~2013 年	0.00013530	0.00669673	−0.00781436	−0.00098233
平均值	0.00044629	−0.00232659	0.00450275	0.00262244

时间段	加工贸易出口复杂度（$ESI^{Process}$）分解结果			
	ΔSurvivors	ΔEntrants	ΔExiters	ΔESI^{Proces}
2000~2001 年	0.00211934	−0.00953931	0.00960803	0.00218805
2001~2002 年	0.00249960	−0.01227425	0.01570872	0.00593408
2002~2003 年	−0.00011903	−0.01014407	0.01114518	0.00088208
2003~2004 年	0.00386876	−0.00661475	0.01003436	0.00728838
2004~2005 年	0.00138830	−0.01326278	0.01333733	0.00146285
2005~2006 年	0.00025152	−0.00767005	0.01777900	0.01036047
2006~2007 年	0.00056561	−0.00697229	0.02161269	0.01520601
2007~2008 年	0.00073126	−0.00918736	0.00906645	0.00061035
2008~2009 年	−0.00041224	−0.00523741	0.00516533	−0.00048432
2009~2010 年	0.00069588	−0.00561031	0.00484576	−0.00006867
2010~2011 年	0.00294953	0.00075576	−0.00066365	0.00304164
2011~2012 年	0.00116126	0.00211785	−0.00390783	−0.00062872
2012~2013 年	0.00052998	0.00319619	−0.00170367	0.00202250
平均值	0.00124844	−0.00618791	0.00861752	0.00367805

注：$\Delta Survivors = \Delta cov_s$；$\Delta Entrants = sale_{e2}$（$EXSI_{e2} - EXSI_{s2}$）；$\Delta Exiters = sale_{x1}$（$EXSI_{x1} - EXSI_{s1}$）；$\Delta EXSI = \Delta Survivors + \Delta Entrants + \Delta Exiter$。

（二）机制检验

在得到企业出口复杂度的分解结果后，开始关注生产性服务业外资管制放松到底通过哪条途径影响了下游制造业企业出口复杂度。为此，本书设定以下三个一阶差分模型进行实证检验：

$$\Delta Survivors_{it} = \beta_0 + \beta_1 \Delta IFDI\_Ser_{jt} + \gamma \overrightarrow{\Delta X_{it}} + \theta \overrightarrow{\Delta Z_{jt}} + \vartheta_i + \varepsilon_{it} \qquad (5-36)$$

$$\Delta Entrants_{it} = \pi_0 + \pi_1 \Delta IFDI\_Ser_{jt} + \gamma \overrightarrow{\Delta X_{it}} + \theta \overrightarrow{\Delta Z_{jt}} + \vartheta_i + \varepsilon_{it} \qquad (5-37)$$

$$\Delta Exiters_{it} = \psi_0 + \psi_1 \Delta IFDI\_Ser_{jt} + \gamma \overrightarrow{\Delta X_{it}} + \theta \overrightarrow{\Delta Z_{jt}} + \vartheta_i + \varepsilon_{it} \qquad (5-38)$$

上述三个式子的回归结果报告于表 5-15。其中，列（1）、列（4）以及列（7）的被解释变量为企业持续出口产品复杂度的变化量（$\Delta Survivors_{it}$），列（2）、列（5）以及列（8）的被解释变量为企业新进入出口产品复杂度变化量（$\Delta Entrants_{it}$），列（3）、列（6）以及列（9）的被解释变量为企业退出产品复杂度变化量（$\Delta Exiters_{it}$）。

表 5-15 展示的结果显示，当被解释变量为企业总体层面的持续出口产品复杂度的变化量（$\Delta Survivors$）时，核心解释变量 $\Delta IFDI\_Ser$ 的估计系数在 5% 水平上显著为负，表明生产性服务业外资管制放松幅度越大，持续出口产品复杂度变化量的贡献值越高。该结论意味着，生产性服务业外资管制放松有助于下游制造业企业持续出口产品中高复杂度产品出口份额相对上升。当被解释变量为企业总体层面的新进入产品复杂度的变化量（$\Delta Entrants$）时，核心解释变量 $\Delta IFDI\_Ser$ 的估计系数在 5% 水平上显著为负，表明生产性服务业外资管制放松幅度越大，则新进入产品复杂度变化量的贡献值越高。该结论意味着，生产性服务业外资管制放松有助于激励下游制造业企业出口新的高复杂度产品。当被解释变量为企业总体层面退出产品复杂度的变化量（$\Delta Exiters$）时，核心解释变量 $\Delta IFDI\_Ser$ 的估计系数符号为正且不显著为负，表明生产性服务业外资管制放松与退出产品复杂度变化量之间没有明显影响。该结论意味着，服务业外资管制放松对下游制造业企业退出产品复杂度变化值的影响十分有限。当被解释变量为企业一般贸易出口复杂度分解变量或企业加工贸易出口复杂度分解变量时，虽然回归结果的系数大小和显著性水平有所变化，但符号未发生改变。综合表 5-15 列示的

表 5 - 15　　生产性服务业外资管制放松影响制造业企业出口复杂度的机制检验结果

项目	总体出口复杂度（ESI）的分解检验			一般贸易出口复杂度（$ESI^{Ordinary}$）分解检验			加工贸易出口复杂度（$ESI^{Process}$）分解检验		
	(1)	(2)	(3)	(4)	(5)	(6)	(7)	(8)	(9)
	ΔSurvivors	ΔEntrants	ΔExiters	ΔSurvivors	ΔEntrants	ΔExiters	ΔSurvivors	ΔEntrants	ΔExiters
ΔIFDI_Ser	-0.0593**	-0.0758**	0.0547*	-0.0561*	-0.0807*	0.0194	-0.0597*	-0.0071	0.0130
	(0.0269)	(0.0331)	(0.0317)	(0.0335)	(0.0458)	(0.0439)	(0.0337)	(0.0553)	(0.0532)
控制变量	是	是	是	是	是	是	是	是	是
观测值	149671	149671	149671	128723	128723	128723	56824	56824	56824
R^2	0.4869	0.6476	0.6604	0.4842	0.6560	0.6644	0.4793	0.6918	0.7135
固定效应	是	是	是	是	是	是	是	是	是

注：**，* 分别表示在 5% 和 10% 的水平上显著，括号内为稳健标准差。控制变量包括企业全要素生产率变化量（ΔTFP）、规模变量（ΔlnSize）、年龄变化量（ΔlnAge）、资本劳动比变化量（ΔlnKlarno）、增值税率变化量（ΔTax）、利润率变化量（ΔProfitratio）、融资约束变化量（ΔFinance）、外资企业哑变量（Foreign）、行业竞争程度变化量（ΔHHI）、行业最终品关税变化量（ΔlnOutTariff）以及行业投入品关税变化量（ΔlnInTariff）。

结果，可以得出结论：生产性服务业外资管制放松引起的服务中间投入边际成本降低会促使制造业企业在出口市场上增加一些新的高复杂度产品的出口；同时，生产性服务业外资管制放松会促使制造业企业将其生产能力转移到已有的高技术产品上，致使高技术产品在持续出口产品中的相对份额有所增加。

五、异质性影响检验

（一）服务业细分行业的异质性影响

以交通运输、通信、分销、金融服务以及商务服务为代表的生产性服务业外资管制变化会通过各自特定的渠道影响下游制造业企业的生产绩效。例如，交通运输业开放引致的市场竞争可以为制造业企业提供更加便捷、优惠、高效的交通运输；通信行业开放带来的信息技术进步会降低信息沟通成本和信息不确定性带来的风险，为制造业企业的生产和流通提供全新平台（张艳等，2013）；分销领域的开放不仅可以为制造业企业提供更加优质中间投入品，还可以为制造业企业提供更加完善的分销渠道和科学的市场营销策略，降低目的国市场信息的不对称性；金融业外资自由化会削弱国有和地方银行垄断程度，加剧强中国金融市场竞争，提高资金使用和运转效率；商业服务业对外开放则为中国企业提供更全面的法律保障、财务管理模式等。那么，不同的服务业部门外资管制对下游制造业企业出口复杂度的影响又是如何？为了检验不同服务部门的影响，将上述五种生产性服务行业的外资管制指数分别作为核心解释变量代入基准模型回归。表 5 - 16 列（1）～列（6）结果显示，生产性交通运输、生产性分销部门的外资管制指数降低对下游制造业企业出口复杂度存在显著的促进作用，而生产性金融业、生产性通信业、生产性商务服务业外资管制指数系数不显著并且符号与基准结果中服务业外资管制综合指数的系数符号相反。上述结论说明，生产性服务业外资管制对下游制造业企业出口复杂度的促进作用主要是由生产性交通运输、生产性分销部门的外资管制放松推动的。

表 5 – 16　　　　　　　　服务业细分行业的异质性影响

项目	(1)	(2)	(3)	(4)	(5)	(6)
	ESI	ESI	ESI	ESI	ESI	ESI
IFDI_Ser^{Trans}	-0.7265 *** (0.1747)					-0.4387 ** (0.2192)
IFDI_Ser^{Commu}		0.0291 (0.1909)				0.2694 (0.2215)
IFDI_Ser^{Distru}			-0.4386 *** (0.0969)			-0.3954 *** (0.1079)
IFDI_Ser^{Bank}				-0.2532 (0.4041)		0.3580 (0.4694)
IFDI_Ser^{Busin}					0.4245 (0.4059)	0.6889 * (0.4067)
TFP	0.0062 *** (0.0020)	0.0068 *** (0.0020)	0.0057 *** (0.0020)	0.0066 *** (0.0020)	0.0067 *** (0.0020)	0.0055 *** (0.0020)
Size	-0.0012 (0.0010)	-0.0010 (0.0010)	-0.0013 (0.0010)	-0.0010 (0.0010)	-0.0011 (0.0010)	-0.0013 (0.0010)
Age	0.0200 *** (0.0025)	0.0219 *** (0.0024)	0.0162 *** (0.0025)	0.0218 *** (0.0024)	0.0221 *** (0.0024)	0.0162 *** (0.0025)
Klratio	0.0024 *** (0.0007)	0.0024 *** (0.0007)	0.0020 *** (0.0007)	0.0024 *** (0.0007)	0.0025 *** (0.0007)	0.0021 *** (0.0007)
Tax	-0.0300 * (0.0178)	-0.0320 * (0.0177)	-0.0340 * (0.0177)	-0.0316 * (0.0177)	-0.0318 * (0.0177)	-0.0329 * (0.0177)
Profitratio	-0.0071 (0.0070)	-0.0075 (0.0070)	-0.0060 (0.0070)	-0.0075 (0.0070)	-0.0075 (0.0070)	-0.0059 (0.0070)
Finance	-0.0362 (0.0308)	-0.0376 (0.0309)	-0.0437 (0.0310)	-0.0374 (0.0309)	-0.0376 (0.0309)	-0.0424 (0.0310)
Foreign	-0.0038 * (0.0022)	-0.0034 (0.0022)	-0.0037 * (0.0022)	-0.0034 (0.0022)	-0.0034 (0.0022)	-0.0039 * (0.0022)
HHI	-0.2079 (0.1447)	-0.2021 (0.1465)	-0.1744 (0.1457)	-0.2066 (0.1456)	-0.2179 (0.1464)	-0.2117 (0.1464)

续表

项目	（1）ESI	（2）ESI	（3）ESI	（4）ESI	（5）ESI	（6）ESI
OutTariff	- 0.0072 ** （0.0031）	- 0.0081 ** （0.0031）	- 0.0080 *** （0.0030）	- 0.0081 *** （0.0031）	- 0.0082 *** （0.0031）	- 0.0079 ** （0.0031）
InTariff	- 0.0200 *** （0.0073）	- 0.0219 *** （0.0073）	- 0.0115 （0.0076）	- 0.0214 *** （0.0072）	- 0.0243 *** （0.0063）	- 0.0168 ** （0.0070）
Constant	- 0.1908 *** （0.0200）	- 0.2074 *** （0.0187）	- 0.1994 *** （0.0186）	- 0.2058 *** （0.0194）	- 0.2057 *** （0.0181）	- 0.1911 *** （0.0190）
观测值	524448	524448	524448	524448	524448	524448
调整的 R^2	0.9501	0.9501	0.9501	0.9501	0.9501	0.9501
固定效应	是	是	是	是	是	是

注：***、** 和 * 分别表示 1%、5% 和 10% 的显著性水平，圆括号内为聚类至四位码行业—年份水平的稳健标准误。

（二）分本土企业与外资企业

阿诺德等（Arnold et al.，2016）以印度企业为考察对象研究发现，服务业市场改革对下游制造业外资企业生产效率的促进作用大于本土企业，这是因为：外资企业的母公司一般在服务业发展水平较为完善的发达国家进行生产活动，故而在对服务型中间投入要素的管理和运作模式上更加熟练；当发展中国家服务业外资自由化水平上升时，服务业外商资本金入驻带动了当地服务业部门的迅速发展，相对本土企业，服务业快速发展对下游制造业外资企业生产绩效的促进作用可能会更加明显。为检验此假设，在基准模型的基础上引入生产性服务业外资管制与制造业外资企业哑变量的交互项，然后进行 OLS 估计。结果汇报于表 5 - 17 列（1）~列（3），检验显示，交互项 IFDI_Ser × Foreign 系数均在 1% 的水平上显著为负，表明生产性服务业外资管制放松对下游制造业外资企业出口复杂度的影响力大于本土企业。

表 5 - 17　　异质性影响检验

项目	分本土与外资企业异质性			分企业生产率异质性			分地区制度环境异质性		
	(1)	(2)	(3)	(4)	(5)	(6)	(7)	(8)	(9)
	ESI	ESI^{Ordinary}	ESI^{Process}	ESI	ESI^{Ordinary}	ESI^{Process}	ESI	ESI^{Ordinary}	ESI^{Process}
IFDI_Ser	-0.1670*** (0.0607)	-0.1585** (0.0642)	-0.0735 (0.0944)	-0.1809** (0.0887)	-0.3074*** (0.1008)	-0.0403 (0.1268)	0.1725 (0.1682)	0.1165 (0.1815)	0.3102 (0.3150)
IFDI_Ser × Foreign	-0.2915*** (0.0628)	-0.2290*** (0.0703)	-0.4050*** (0.0858)						
IFDI_Ser × TFP				-0.0998 (0.0916)	0.0863 (0.1011)	-0.2361* (0.1308)			
IFDI_Ser × Institution							-0.4567*** (0.1692)	-0.3715** (0.1807)	-0.5606* (0.3231)
Constant	-0.2026*** (0.0193)	-0.1680*** (0.0187)	-0.4423*** (0.0294)	-0.1994*** (0.0198)	-0.1572*** (0.0191)	-0.4431*** (0.0303)	-0.1948*** (0.0194)	-0.1608*** (0.0186)	-0.4325*** (0.0295)
控制变量	是	是	是	是	是	是	是	是	是
观测值	524448	462224	207631	524448	462224	207631	524448	462224	207631
调整的 R^2	0.9501	0.9414	0.9503	0.9501	0.9414	0.9503	0.9501	0.9414	0.9503
固定效应	是	是	是	是	是	是	是	是	是

注: ***、**、* 分别表示在 1%、5% 和 10% 的水平上显著，括号内为稳健标准差。控制变量包括企业要素生产率变化量（TFP）、规模变量（lnSize）、车龄变化量（lnAge）、资本劳动比变化量（lnKlratio）、增值税税率变化量（Tax）、利润率变化量（Profitratio）、融资约束变化量（Finance）、外资企业哑变量（Foreign）、行业竞争程度变化量（HHI）、行业最终关税变化量（lnOutTariff）以及行业投入品关税变化量（lnIn-Tariff）。

（三）分企业生产率异质性

樊海潮等（Fan et al.，2018）对中国企业数据研究发现，中国"入世"以来，由贸易自由化引致的出口产品质量升级主要体现在低生产率企业身上。这是因为："入世"之前，低生产率企业的产品质量一般落后于高生产率企业，而由进口关税消减带来的投入成本降低效应极大地提升了低生产率企业的中间品进口能力和中间品进口质量，因此，相对于高生产率企业，进口贸易自由化对低生产率企业出口产品质量的影响力度更大。与之类似，生产性服务业外资管制放松也有助于促进下游制造业企业服务类中间品成本的降低和中间品质量的提高，从而极大地提升了下游制造业低生产率企业的生产能力。因此，服务业外资管制对不同生产率企业出口复杂度的影响也可能有所不同。在基准模型的基础上引入生产性服务业外资管制指数与制造业企业生产率的交互项，检验结果如表 5 - 17 列（4）~列（6），仅在加工贸易出口复杂度的回归样本中，交互项 IFDI_Ser × TFP 系数在 1% 水平上显著为负，表明随着企业生产率上升，生产性服务业外资管制对下游制造业企业加工贸易出口复杂度的影响效应逐渐增强。

（四）分地区制度环境异质性

地区制度环境的差异性是影响贸易与外资自由化等经济政策改革能否成功带来的福利的重要因素（Winters & Masters，2013）。范德马雷尔（Van der Marel，2014）指出国家内部监管政策（即制度环境）与服务业开放之间良好的互补性是下游货物贸易比较优势的重要来源之一。贝弗雷利等（Beverelli et al.，2017）基于跨国数据研究发现，在制度环境越完善的国家，服务贸易改革对下游制造业企业生产率促进作用越大。由此看来，地区制度环境的调节作用也可能适用于服务业外资管制对下游制造业企业出口复杂度的影响。为检验地区制度环境的调节效应，在基准模型的基础上引入服务业外资管制指数与地区制度环境的交互项。地区制度环境变量 Institution 参考张杰等（2010）的做法，计算公式为：

$$Institution = MarketIndex \times (1 - SegIndex) \qquad (5-39)$$

其中，Marketindex 表示各省份的市场化指数，数据来自樊纲等编制的《中国省际市场化指数报告》；SegIndex 表示各省份市场分割指数，参照陆铭和陈昭（2009）思路采用"价格法"计算各省份 16 个商品在 2000~2013 年的市场分割指数。检验结果如表 5 – 17 列（7）~列（9），交互项 IFDI_Ser×Institution 系数均在 10% 的水平上显著为负，表明在制度环境越完善的地区，生产性服务业外资管制放松对制造业企业出口复杂度提升的促进作用越强。

第五节 本 章 小 结

本章利用 OECD 全球化数据库中外资管制指数，结合 CEPII – BACI 国家双边贸易流量数据、国有及规模以上中国工业企业调查数据（CASIF）和中国海关贸易统计数据（CCTS），探讨了生产性服务业外资管制对下游制造业企业出口复杂度的影响效应，有以下研究发现。

（1）理论研究发现，由生产性服务业外资管制放松引发的成本节约效应会降低下游制造业企业开展技术升级活动的生产率临界值，从而激励企业加大研发投入以提升自身生产技术，并在此基础上改变下游制造业企业出口复杂度水平。

（2）基于豪斯曼和伊达尔戈（Hausmann & Hidalgo，2010）提出的以能力理论为基础创立的反射迭代法，对中国制造业企业出口复杂度测算后发现：2000~2013 年，企业出口复杂度虽然呈现稳步提升的态势，但经过标准化后的出口复杂度均值水平依然小于 0，表明绝大多数企业出口复杂度依旧低于世界平均水平，在高端制造业领域尚未形成完备的竞争优势。区分贸易类型后发现，中国制造业企业加工贸易出口复杂度均值上低于一般贸易出口复杂度，在未来，如何加快推动加工贸易出口升级应当受到更多的重视。此外，分所有制类型来看，国有企业出口复杂度均值最高，中国港澳台企业出口复杂度的均值最低，这可能与中国港澳台企业在内地大多从事加工贸易生产活动有关联。

（3）实证检验显示，生产性服务业外资管制放松能够显著推动下游制造业企业出口复杂度提升。经过多重敏感性测试（更换产品复杂度测算方法、更换服务中间投入权重以及内生性处理）后，此结果依然保持成立。

（4）基于梅里兹和波拉尼茨（Melitze & Polanec，2015）提出的动态分解法，计算出各年份内持续出口产品、新进入产品以及退出产品在中国制造业企业出口复杂度动态变化过程中的贡献水平，并分别对生产性服务业外资管制指数进行回归，研究发现，生产性服务业外资管制对下游制造业企业出口复杂度的影响路径有两个：其一，由生产性服务业外资管制放松引起的服务中间投入边际成本降低会促使制造业企业在出口市场上增加一些新的高复杂度产品；其二，生产性服务业外资管制放松会促使制造业企业将其生产能力转移到已有的高技术产品上，从而导致高技术产品在持续出口产品中的相对份额增加。此外，没有明显证据表明，生产性服务业外资管制放松带来的成本冲击会促使制造业企业在出口市场上退出已有的低技术产品。

（5）异质性检验发现，外资企业、制度环境较高地区企业出口复杂度提升对生产性服务业外资管制放松的反应更强烈。此外，生产性服务业外资管制对下游制造业企业加工贸易出口复杂度的促进作用会随着生产率的提升而有所增强。

第六章 研究结论、启示及展望

第一节 研 究 结 论

纵观本书研究内容，其研究核心旨在回答以下四个问题：第一，中国服务业开放水平到底经历了怎样的变化？第二，生产性服务业开放对服务业市场发展的影响，是否会因产业链溢出效应的存在，进而通过服务中间品供给途径影响下游制造业企业外贸高质量发展？第三，若此作用真实存在，二者之间的作用机制是什么？第四，这种影响是否会因企业异质性的存在而产生分化？

针对第一个问题，本书得到的研究结论有：（1）依据中国经济发展状况、各时期的主要任务以及国际经济形势，中国服务业外资管制政策的演进历程可划分为四个阶段，分别是起步探索阶段、有序推进阶段、扩大开放阶段以及全面开放阶段。目前，中国正处于服务业外资全面对外开放的快速发展期，中国服务业外资呈现出的主要特征有两个：一是中国市场上与服务业外资有关的法律法规愈发的完善和规范；二是中国生产性服务业外资占服务业总外资的比重不断上升，服务业实际利用外资的整体结构呈现持续优化的态势。

（2）截至 2016 年，中国服务业外资整体的管制水平在参比国家中仍然位于较高的水平线上，尚处于管制力度较严厉的地区行列，究其原因，中国对服务业外籍职工作为核心人员限制指数和外资查验和审批限制指数远高于其他国家。分服务业细分行业来看，中国交通运输业、分销（批发与零售）业、金融业、商务服务业外资管制水平在考察期有大幅下降态势，与参比国家之间的差距不断缩小，且越来越接近国际平均水平。然而，自2006年完成"入世"承诺后，中国通信业外资管制水平始终处于静止状态，与参比国家之间的差距不减反增。由此，中国未来在通信业领域依然具有潜在的改革开放空间。

（3）在利用《中国2002年投入产出表》构建出中国各个制造业行业面临的生产性服务业外资管制综合指数和生产性服务业分行业外资管制指数后，数据显示，自加入世界贸易组织以来，制造业面临的生产性服务业外资自由化水平有明显提升，并且各制造业行业面临的生产性服务业外资管制水平的绝对差异也在不断缩小，这体现出中国制造业面临的生产性服务业外资管制政策具有全方位对外开放的典型特征。分服务业细分行业来看，生产性交通运输业、生产性分销业、生产性金融业以及生产性商务服务业行业外资自由化水平提升趋势明显；然而，生产性通信业外资管制指数变化程度十分有限。

为了回答好第二～第四个问题，本书依据出口升级的含义，将其划分为出口产品内纵向升级和出口产品间横向升级两个维度。其中，出口产品内纵向升级又可区分为两个子指标，分别是出口产品质量升级和出口产品加成率提升；出口产品间横向升级主要是指出口复杂度提升。在此研究思路的基础上，从理论和实证两个层面系统考察了生产性服务业外资管制对下游制造业企业出口产品质量的影响和作用机制、生产性服务业外资管制对下游制造业企业出口产品加成率的影响和作用机制、生产性服务业外资管制对下游制造业企业出口复杂度的影响和作用机制。

首先，当考察对象被设定为制造业企业出口产品质量时，本书所得的研究结论有以下四点。

（1）生产性服务业外资管制放松有助于提升下游制造业企业出口产品质量，这一结论在经过更换产品质量测算方法、更换服务中间品投入权重以及内生性问题处理等一系列稳健性检验的基础上依然是成立的。

（2）影响机制上，生产性服务业外资管制放松主要通过生产率提升途径促进下游制造业企业出口产品质量升级。具体而言，生产性服务业外资管制放松显著地提升了下游制造业企业的生产率，而生产率提升又能够显著促进下游制造业企业出口产品质量升级。此外，没有明显证据表明，固定投入成本效率提升是生产性服务业外资管制放松影响下游制造业企业出口产品质量升级的重要的机制变量。

（3）从不同服务业部门来看，生产性交通运输和分销业（又称批发与零售业）的外资管制放松对下游制造业企业出口产品质量升级具有显著的促进作用，是推动总体生产性服务业外资管制放松促进下游制造业企业出口产品质量升级的主要力量。由于受市场监管力度的不同，通信业、金融业以及商务服务等生产性服务业外资管制放松对推动下游制造业企业出口产品质量升级的表现力相对较弱。

（4）在异质性检验方面：从企业异质性上看，生产性服务业外资管制放松对下游制造业外资企业、加工贸易企业样本出口产品质量的提升作用分别大于非外资企业和一般贸易企业样本；从产品异质性上看，生产性服务业外资管制放松对下游制造业企业差异化产品出口质量的提升作用大于同质化产品；从地区制度环境上看，生产性服务业外资管制放松对制度环境较为完善地区的下游制造业企业出口产品质量的提升作用更加强烈。

其次，当考察对象被设定为制造业企业出口产品加成率时，本书所得的研究结论有以下六点。

（1）理论研究发现，生产性服务业外资管制放松会通过市场竞争途径促使服务中间品的价格指数降低，从而减少下游制造业企业的边际生产成本，并据此影响下游制造业企业出口产品加成率。

（2）使用生产函数法和投入要素配比思路对中国"企业—产品—市场—年份"维度的加成率进行测算后发现，中国制造业企业出口产品加成率的均值水平在 2000～2009 年整体处于稳步上升的态势，并且企业出口产品加成率的标准差在整体上也趋于逐年上升的态势，表明在考察期间，中国制造业企业在出口产品加成率上的差异逐步拉大。分企业所有权类型来看，内地民营企业出口产品加成率增长速度最快，从 2000年的 1.239 上升至 2009 年的 1.572，年均增长率为 2.67%。中国港澳

台企业出口产品加成率增长速度最慢，从 2000 年的 1.214 上升至 2009
年的 1.364，年均增长率为 1.30%。这可能与中国港澳台资企业大多从
事加工贸易生产有关。从行业均值绝对数来看，中国黑色金属冶炼及压
延加工行业的出口产品加成率最高，仪器及文化办公用制造行业出口产
品加成率最低。从行业均值的增长率来看，有色金属冶炼及压延加工行
业出口产品加成率提升速度最快，考察期内增长率达到40%以上，通信
设备计算机及其他电子设备制造行业提升速度最慢，考察期内增长率仅
为 4.331%。

（3）基于固定效应模型的经验研究发现，生产性服务业外资管制放
松能够显著推动下游制造业企业出口产品加成率提升。这一结论在经过
内生性问题处理后依然保持成立。

（4）基于中介效应的机制检验发现，生产性服务业外资管制对下游
制造业企业出口产品加成率的影响路径有两个：第一，由生产性服务业
外资管制放松引起的成本降低效应会促使下游制造业企业出口产品的边
际成本降低，并据此提升企业出口产品加成率；第二，生产性服务业外
资管制放松将促使下游制造业企业出口产品质量升级，并在此基础上通
过促进下游制造业企业出口产品单价的方式提升下游制造业企业出口产
品加成率。

（5）异质性检验发现，生产性服务业外资管制放松对下游制造业外
资企业、加工贸易和差异化产品样本出口产品加成率的提升效应分别强
于内资企业、一般贸易和同质化产品样本出口产品加成率的影响。

（6）生产性服务业外资管制放松对下游制造业多产品企业内出口的
非核心产品加成率的影响显著高于出口的核心产品加成率，在上述作用
的基础上，生产性服务外资管制放松有助于缩小下游制造业企业内出口
产品加成率的离散度，从而起到优化和改善企业内部资源配置的效果。

最后，当考察对象被设定为制造业企业出口复杂度时，本书所得的
研究结论有以下五点。

（1）基于异质性企业技术升级模型的理论研究显示，由生产性服务
业外资管制放松引发的成本节约效应会降低下游制造业企业开展技术升

级活动的临界值，从而激励企业加大研发投入以提升自身生产技术，并在此基础上进一步改变下游制造业企业出口复杂度水平。

（2）使用以能力理论为基础创立的反射迭代法，对中国制造业企业出口复杂度测算后发现：2000~2013 年，中国企业出口复杂度虽然呈现稳步提升的态势，但经过标准化后的出口复杂度均值水平依然小于 0，表明中国绝大多数企业出口复杂度依旧低于世界平均水平，在高端制造业领域尚未形成完备的竞争优势。区分贸易类型后发现，中国企业加工贸易出口复杂度均值上低于一般贸易出口复杂度，在未来，如何加快推动加工贸易出口升级应当受到更多的重视。此外，分所有制类型来看，国有企业出口复杂度均值最高，中国港澳台企业出口复杂度的均值最低，这可能与中国港澳台企业在内地大多从事加工贸易生产活动有关联。

（3）实证检验显示，生产性服务业外资管制放松能够显著推动下游制造业企业出口复杂度提升。经过多重稳健性测试（更换产品复杂度测算方法、更换服务中间投入权重以及内生性处理）后，此结果依然保持成立。

（4）基于梅里兹和波拉尼茨（Melitze & Polanec，2015）提出的动态分解法，计算出各年份内持续出口产品、新进入产品以及退出产品在中国企业出口复杂度动态变化过程中的贡献水平，并分别对生产性服务业外资管制指数的变化值进行回归，研究发现，生产性服务业外资管制对下游制造业企业出口复杂度的影响路径有两个：第一，由生产性服务业外资管制放松引起的服务中间投入边际成本降低会促使制造业企业在出口市场上增加一些新的高复杂度产品；第二，生产性服务业外资管制放松会促使制造业企业将其生产能力转移到已有的高技术产品上，从而导致高技术产品在持续出口产品中的相对份额增加。此外，没有明显证据表明，生产性服务业外资管制放松带来的成本冲击会促使制造业企业在出口市场上退出已有的低技术产品。

（5）异质性检验发现，外资企业、制度环境较高地区的制造业企业出口复杂度提升对生产性服务业外资管制放松的反应最强烈。此外，生产性服务业外资管制对下游制造业企业加工贸易出口复杂度的促进作用会随着生产率的提升而有所增强。

第二节　研究启示

综合本章第一节的理论和实证研究结论，本书拟提出以下五点研究启示，以期为更好地发挥生产性服务业开放如何通过产业链溢出效应促进中国外贸高质量发展的正向影响提供可操作的对策建议。

一、稳步放松服务业外商直接投资管制

第二章分析发现，中国对服务业外资的管制程度比大多数国家较严格，尤其是在外籍职工核心人员限制与外资查验和审批限制方面，受到的约束或政策限制仍然比较严厉。第三章、第四章、第五章研究表明，生产性服务业外资管制放松对制造业企业外贸高质量发展（出口产品质量升级、出口加成率提升、出口复杂度提升）有着显著的正向影响，因此，决策层在今后的工作中，需重视继续推进生产性服务业外资领域的改革开放，持续提升生产性服务业外资自由化水平，以期为下游制造业企业提供种类更丰富、质量更高、成本更低的服务型中间品，进而从服务中间要素投入侧扫清阻碍下游制造业企业外贸高质量发展的不利因素。

具体建议有：一是进一步探索并实行更为完整和科学的服务业外资负面清单，持续推进服务业对外开放；二是要建立与国际外商直接投资规则接轨的外资引进政策，学习美国、欧洲等发达国家和地区已有的服务业对外开放经验，同时结合中国国情和特点，在能力范围内对生产性服务业外资领域实施有序开放；三是重视自由贸易区的建设，依托以点成线、以线带面的稳步推进策略，在自由贸易试验区和特定试点城市进行试验，打造服务业对外开放的示范高地，然后将试点所得的经验推广至全国各地，为中国建设更高水平的开放型经济新体制提供有力支撑；

四是积极参与服务自由贸易协定，通过中国—东盟自贸区、"一带一路"建设、《区域全面经济伙伴关系协定》（Regional Comprehensive Economic Partnership，RCEP）等国际自贸区建设，加强与其他国家的合作与交流，从而为推动和拓展国内服务业外资对外开放构建国际经济合作的新空间。

二、改善优化服务业实际利用外资结构

目前，中国的房地产实际利用外资占比在整个服务业实际利用外资结构中仍然位于首位。考虑到生产性服务业外资管制放松对制造企业外贸高质量发展有着显著的提升效应，因此，决策层应当有针对性、有区别地制定服务业外资引进政策，在外资的流入上发挥更多的引导作用，将更多海外资金引入对提升本国制造业外贸高质量发展有促进作用的生产性服务业领域，例如，交通运输业、通信、分销、商务服务业等，从而不断改善和优化中国服务业实际利用外商直接投资结构。与此同时，决策层需重视利用外资审查制度，对流入房地产领域的外商资本金需要加强监管，避免房地产市场过热、挤出生产性服务业的投资，从而对制造业外贸高质量发展产生不利的影响。事实上，生产性服务业贯穿于制造业企业生产的各个环节，生产性服务业可以为制造业企业提供日益专业化的人力资本和知识资本；提升生产性服务业外资占整个服务业实际利用外资的比例，不仅有助于增加人力资本积累，还有助于增强中国的自主创新能力，对建设创新型国家也非常重要。

三、重视服务业发展的产业链溢出效应

本书研究的内容均立足于产业链溢出视角的分析，得到的核心研究结论为：生产性服务业外资管制放松有助于推动下游制造业出口产品质量升级、出口产品加成率提升以及出口复杂度提升。此结论表明服务业市场发展的产业链溢出效应在现代生产体系中真实存在。因此，决策层

需重视提升国内服务业市场的运转效率，有序推动国内服务业市场的高质量发展。一方面，在区域范畴内建立起服务业集聚区，推动一批具有专业化、特色化的服务业领域产业园区，通过集聚经济理论之中的规模集聚和竞争集聚，促进国内服务业市场尤其是服务业中间品市场的运转效率，并据此通过产业链的"涟漪效应"放大生产性服务业市场发展对制造业生产或出口绩效提升的正向影响；另一方面，稳步推进各地区服务业扩大开放综合试点工作，从海外引进一批具有国际竞争力的服务业企业，尤其是高水平的生产性服务业企业，继而凭借优质企业产生的示范效应、规模效应、模仿效应、人员培训效应等机制，带动国内生产性服务业企业的发展，最终达到提升国内服务业市场运转效率的目的，为更好地发挥服务业发展的产业链溢出效应打下良好的宏微观基础。

四、引导企业增强服务中间品使用能力

从第三章、第四章、第五章异质性影响检验的结果来看，生产性服务业外资管制放松对下游制造业加工贸易企业出口产品质量升级、出口产品加成率提升以及出口复杂度提升的积极影响明显大于一般贸易企业；同时，生产性服务业外资管制放松对下游外资制造业企业出口产品质量升级、出口产品加成率以及出口复杂度提升的正向影响大于内资企业。上述结论给出的启示为，在扩大服务业对外开放期间，需特别重视鼓励和倡导一般贸易和内资制造业企业努力加强对服务中间投入要素的管理和运作能力，以顺利实现对跨国企业引入的国外先进服务投入要素的消化吸收和有效管理。具体而言，内资制造业企业和一般贸易制造业企业应加快制定以提高对高端服务中间投入要素资源配置效率的发展目标，注重对其服务要素外包部门人才队伍的建设，积极推动与服务领域跨国企业的交流与合作，充分利用扩大服务业对外开放的契机学习国际前沿的营销服务、信息收集、研发创新等各方面的先进知识，以提升自身的生产能力，并且加快对自身生产要素与高端服务中间投入要素的融合和互补，从而更大限度地吸收由生产性服务业外资管制放松带来的制

造业企业外贸高质量发展的积极影响。

五、保持对外开放与对内改革平衡前行

异质性影响检验还发现，在制度环境较高的地区，生产性服务业外资管制放松对制造业企业外贸高质量发展发挥着更为积极的影响，地区制度环境是影响生产性服务业外资管制放松促进制造业企业外贸高质量发展一个重要的调节变量。此结论得到的启示为，中国在不断推进服务业外资对外开放的进程中，政府部门需加快破除本地市场的行业垄断程度与行业进入壁垒，不断完善市场化调节运行机制和规则制度，为内资企业和跨国企业大力营造稳定、公平、透明的营商环境，促进形成对外开放和对内改革相互促进、同时推进的政策效益，减少或避免因对外开放和对内改革不同步、不对称的发展步调而引发的政策改革边际作用递减现象的产生。总体来说，在扩大服务业对外开放的过程中，要努力为企业（外资企业和内资企业）发展创造良好的制度环境，这可以为实现中国贸易强国建设提供必要的市场环境保障。

第三节　研究不足与展望

当然，本书也存在进一步完善的研究空间，具体包括如下三个方面。

第一，在研究视角上，本书从理论和实证两个层面考虑了生产性服务业外资管制对下游制造业企业外贸高质量发展的影响，事实上，生产性服务业贯穿于制造业企业生产的各个关节，其不仅涉及生产性服务业中间品供给市场发展的变化，还涉及下游服务业产品需求市场发展的变化。那么，下游服务业外资管制对制造业企业外贸高质量发展又有何影响呢？这是本书尚未讨论的一个重要的研究问题。笔者将在未来的工作中尝试将下游服务业外资管制变化纳入当前的理论分析框架，以期更加

全面地揭示生产性服务业开放对中国外贸高质量发展的影响效应及其作用机制。

第二，在实证研究的设计上，本书主要基于线性计量回归的思路以单纯考察企业外贸高质量发展指标与生产性服务业开放水平变化的关系；遗憾的是，未能用到在政策评估效应中广泛使用到的双重差法进行研究。事实上，2002年中国加入世界贸易组织承诺扩大服务业对外开放这一事件可以为本书研究提供一个难得的准自然实验机会，然而，囿于难以从投入产出关联的视角将受服务业管制放松影响的制造业行业合理划分为实验组和对照组，使运用双重差法展开估计具有一定的困难和挑战。在未来的研究工作中，笔者将重点关注如何使用双重差法以合理评估中国生产性服务业开放的政策效益，以期丰富现有文献关于服务业对外开放经济效应的研究思路。

第三，在服务业外资管制指标的构建上，本书直接使用了OECD国家全球化数据库中国家行业层面的外商直接投资管制指数。尽管外国直接投资限制指数是通过对外国直接投资的四种主要限制进行评分然后加权的方式计算得到，在度量服务业外资管制水平上具有很强的相关性和代表性，然而该指数在2000~2010年并非每年都会定期公布，导致多个年份的数据存在缺失，这在一定程度上会使很多研究内容的展开受阻。尽管本书通过中国外资直接投资产业指导目录对缺失年份的外资管制指数数据进行补齐，但仍然可能无法完美解决上述问题。为此，在未来研究中，笔者将借鉴OECD全球化数据库的外资管制指数的构建方式，结合中国"入世"时签署的《服务贸易具体承诺减让表》，试图构建指标维度更加丰富，指标构建更加科学，指标年份更加齐全的服务业外资管制指数，争取让更多与服务业外资或服务贸易开放有关的研究工作顺利展开。

附　　录

本书所用的企业层面的生产和财务数据全部来自《中国工业企业数据库》，时间跨度为 2000～2013 年。《中国工业企业数据库》全称为《全部国有及规模以上非国有工业企业数据库》[①]，该数据库由国家统计局依据《工业统计报表制度》而进行的工业调查统计整理得到。此数据库涵盖了所有国有企业和"规模以上"的非国有企业，并详细记录了企业基本信息以及生产和财务方面的数据，共 100 多个指标变量。平均而言，这些企业的生产总值占《中国统计年鉴》所公布的工业生产总值约95%。借鉴布兰特等（Brandt et al.，2012）的跨期匹配思路，对该套数据库的处理工作包括构建面板、价格平减、资本变量等过程。匹配思路为：利用法人代码信息识别企业，如果法人代码匹配不上或者法人代码重复，则开始使用企业名称匹配，如果企业名称依然匹配不上或者企业名称重复，则进一步使用其他企业信息进行匹配。在匹配成为 14 年非平衡面板后，仅保留了制造业样本（行业 2 位码位于 13～42，16 烟草行业除外）。同时，删除记录数据中不符合会计准则的观测值：（1）职工人数少于 8 人或缺失；（2）总资产小于流动资产，总资产小于固定资产净值；（3）工业总产值、工业增加值、工业销售产值、出口交货值、产品销售收入、中间投入额、固定资产净值、实收资本以及平均工资任一项为负或缺失。另外，中国在 2002 年、2011 年前后分别调整了"国民经济行业分类"（GB/T 4754 – 2002 和 GB/T 4754 – 2011），导致行业代码在 2002 年和 2011 年前后有所差异，通过仔细地比对，本书对 2002

[①] 规模以上是指企业每年主营业务收入在 500 万元以上，2011 年起为 2000 万元以上。

年、2012 年前后的四位码行业代码进行了统一处理。

　　本书所用到的企业—产品层面的出口方式、出口数量、出口金额以及出口市场数据全部来自《中国海关贸易统计数据库》，时间跨度为 2000～2013 年。该套数据库记录了各个月度通关企业的每一笔产品层面（HS8 位码）的交易信息，进出口细分数据经过加总后与《中国统计年鉴》上记录的数据具有较好的吻合度。海关贸易数据库的主要优势在于对每笔产品层面的进出口交易信息都有翔实的记录，包括以下内容：（1）关于进出口企业的基本信息，如企业代码、名称、地址、联系信息（包括联系人、电话、邮编等）以及企业所有制类型等；（2）产品层面的进出口基本信息，包括交易额、交易数量、交易产品的计量单位、HS 八位数产品编码、贸易状态（进口或出口）等；（3）有关贸易模式和交易对象的信息，包括贸易类型（一般贸易、加工贸易等）、运输方式（公路、铁路、航空运输等六类）以及出口目的国或进口来源国等。与既有文献的做法一致，首先将海关数据库区分为进口数据库和出口数据库，并剔除进出口产品数量小于 1 以及进口来源国为中国的无用信息；其次，将月度数据汇总成年度数据；再次，海关贸易数据库中同一产品编码具有多种计数单位，为了保证同一 HS4 分位下的产品类别可加总，仅保留同一 HS4 分位产品编码下计数单位最多的样本量；最后，为排除贸易中间商对本文研究结论的影响，剔除企业名称中包含"进出口""经贸""贸易""科贸""外经""商贸""货运代理"等字样的企业。

　　由于研究的需要，本书需将上述两个大型数据库合并起来。然而，这两套数据使用了不同的编码系统，同一企业在两套数据中的代码并不一致，合并这两套数据具有一定难度。① 为了保证数据匹配质量，首先采用田巍和余淼杰（2013）的两步匹配法；其次根据模糊匹配原则剔除企业名称差异较大的企业，具体操作如下：（1）按照企业名称匹配；（2）按照企业电话号码后 7 位和邮政编码合并的 13 位码进行匹配，并对匹配上的企业按照名称进行模糊筛选，剔除名称差异较大的匹配企

---

① 海关数据企业编码是 10 位，而工业企业数据库中的编码是 9 位。

业；（3）按照企业联系人和邮政编码进行匹配，并对匹配上的企业按照名称进行模糊筛选，剔除名称差异较大的匹配企业；（4）按照企业联系人和电话号码后 7 位进行匹配，并对匹配上的企业按照名称进行模糊筛选，剔除名称差异较大的匹配企业。

参 考 文 献

[1] 包群，叶宁华，王艳灵. 外资竞争、产业关联与中国本土企业的市场存活 [J]. 经济研究，2015，50 (7)：102 - 115.

[2] 代中强. 知识产权保护提高了出口复杂度吗？——来自中国省际层面的经验研究 [J]. 科学学研究，2014，32 (12)：1846 - 1858.

[3] 戴魁早. 技术市场发展对出口复杂度的影响及其作用机制 [J]. 中国工业经济，2018 (7)：117 - 135.

[4] 丁小义，胡双丹. 基于国内增值的中国出口复杂度测度分析——兼论"Rodrik 悖论" [J]. 国际贸易问题，2013 (4)：40 - 50. DOI：10. 13510/j. cnki. jit. 2013. 04. 005.

[5] 杜威剑，李梦洁. 目的国市场收入分配与出口产品质量——基于中国企业层面的实证检验 [J]. 当代财经，2015 (10)：89 - 96.

[6] 杜运苏，彭冬冬，陈启斐. 服务业开放对企业出口国内价值链的影响——基于附加值率和长度视角 [J]. 国际贸易问题，2021 (9)：157 - 174.

[7] 符大海，鲁成浩. 服务业开放促进贸易方式转型——企业层面的理论和中国经验 [J]. 中国工业经济，2021 (7)：156 - 174.

[8] 韩超，朱鹏洲. 改革开放以来外资准入政策演进及对制造业产品质量的影响 [J]. 管理世界，2018，34 (10)：43 - 62.

[9] 韩国高，邵忠林. 外资进入如何影响内资企业成本加成？——基于中国制造业企业微观数据的经验分析 [J]. 世界经济研究，2021 (4)：120 - 133，136.

[10] 侯欣裕，孙浦阳，杨光. 服务业外资管制、定价策略与下游

生产率［J］．世界经济，41（9）：148－172．

［11］江小涓．中国服务业将加快发展和提升比重［J］．财贸经济，2004（7）：3－6，95．

［12］景光正，李平．OFDI 是否提升了中国的出口产品质量［J］．国际贸易问题，2016（8）：31－142．

［13］李方静，张静．服务贸易自由化程度对企业出口决策的影响探析［J］．世界经济研究，2018（6）：44－57，108，136．

［14］李宏亮，谢建国．服务贸易开放提高了制造业企业加成率吗——基于制度环境视角的微观数据研究［J］．国际贸易问题，2018（7）：28－40．

［15］李俊青，苗二森．不完全契约条件下的知识产权保护与企业出口复杂度［J］．中国工业经济，2018（12）：115－133．

［16］李坤望，王有鑫．FDI 促进了中国出口产品质量升级吗？——基于动态面板系统 GMM 方法的研究［J］．世界经济研究，2013（5）：60－66，89．

［17］李瑞琴，王汀汀，胡翠．FDI 与中国企业出口产品质量升级——基于上下游产业关联的微观检验［J］．金融研究，2018，456（6）：95－112．

［18］李小帆，马弘．服务业 FDI 管制与出口国内增加值——来自跨国面板的证据［J］．世界经济，42（5）：125－146．

［19］李小平，彭书舟，肖唯楚．中间品进口种类扩张对企业出口复杂度的影响［J］．统计研究，2021，38（4）：45－57．

［20］李小平，肖唯楚．期望落差如何影响了企业出口质量——基于中国微观企业数据的分析［J］．宏观质量研究，2020，8（3）：31－46．

［21］李小平，周记顺，卢现祥，等．出口的"质"影响了出口的"量"吗？［J］．经济研究，2015，50（8）：114－129．

［22］李小平，周记顺，王树柏．中国制造业出口复杂度的提升和制造业增长［J］．世界经济，2015，38（2）：31－57．

［23］李勇坚，夏杰长．高端服务业：维护和促进国家经济安全的战略产业［J］．国际贸易，2012（6）：61-66．

［24］李雨浓，赵维，周茂，等．外资管制放松如何影响企业非产成品存货调整［J］．中国工业经济，2020（9）：118-136．

［25］林正静．中间品贸易自由化与中国制造业企业出口产品质量升级［J］．国际经贸探索，2019，35（2）：32-53．

［26］隆国强．构建开放型经济新体制——中国对外开放40年［M］．广州：广东经济出版社，2017．

［27］陆铭，陈钊．分割市场的经济增长——为什么经济开放可能加剧地方保护？［J］．经济研究，2009（3）：42-52．

［28］路江涌．外商直接投资对内资企业效率的影响和渠道［J］．经济研究，2008（6）：95-106．

［29］马弘，李小帆．服务贸易开放与出口附加值［J］．国际经济评论，2018（2）：82-92．

［30］毛其淋，方森辉．外资进入自由化如何影响中国制造业生产率［J］．世界经济，2020，43（1）：143-169．

［31］毛其淋，许家云．外资进入如何影响了本土企业出口国内附加值？［J］．经济学（季刊），2018，17（4）：1453-1488．

［32］彭书舟，李小平，刘培．生产性服务业外资管制放松与制造业企业出口产品质量升级［J］．国际贸易问题，2020（11）：109-124．

［33］齐俊妍，王永进，施炳展，等．金融发展与出口复杂度［J］．世界经济，2011，（7）：91-118．

［34］钱学锋，范冬梅．国际贸易与企业成本加成——一个文献综述［J］．经济研究，2015，50（2）：172-185．

［35］钱学锋，范冬梅，黄汉民．进口竞争与中国制造业企业的成本加成［J］．世界经济，2016，39（3）：71-94．

［36］邵朝对，苏丹妮，李坤望．服务业开放与企业出口国内附加值率——理论和中国证据［J］．世界经济，2020，43（8）：123-147．

［37］邵朝对，苏丹妮，王晨．服务业开放、外资管制与企业创新——

理论和中国经验 [J]. 经济学（季刊），2021，21（4）：1411 - 1432.

［38］邵朝对，苏丹妮，杨琦. 外资进入对东道国本土企业的环境效应——来自中国的证据 [J]. 世界经济，2021，44（3）：32 - 60.

［39］盛斌，毛其淋. 进口贸易自由化如何影响了中国制造业出口复杂度？[J]. 世界经济，2017（12）：52 - 75.

［40］施炳展，邵文波. 中国企业出口产品质量测算及其决定因素——培育出口竞争新优势的微观视角 [J]. 管理世界，2014（9）：90 - 106.

［41］施炳展，王有鑫，李坤望. 中国出口产品品质测度及其决定因素 [J]. 世界经济，2013（9）：69 - 93.

［42］苏丹妮，盛斌，邵朝对. 产业集聚与企业出口产品质量升级 [J]. 中国工业经济，2018（11）：117 - 135.

［43］孙浦阳，侯欣裕，盛斌. 服务业开放、管理效率与企业出口 [J]. 经济研究，2018（7）：138 - 153.

［44］孙浦阳，张龑. 外商投资开放政策、出口加工区与企业出口生存——基于产业关联视角的探究 [J]. 经济学（季刊），2019，18（2）：701 - 720.

［45］田巍，余淼杰. 企业出口强度与进口中间品贸易自由化——来自中国企业的实证研究 [J]. 管理世界，2013（1）：28 - 44.

［46］王海成，许和连，邵小快. 国有企业改制是否会提升出口产品质量 [J]. 世界经济，2019，42（3）：94 - 117.

［47］王雅琦，谭小芬，张金慧，等. 人民币汇率、贸易方式与产品质量 [J]. 金融研究，2018（3）：71 - 88.

［48］王永进，盛丹，施炳展，等. 基础设施如何提升了出口复杂度？[J]. 经济研究，2010（7）：103 - 115.

［49］王永进，施炳展. 生产性垄断与中国企业产品质量升级 [J]. 经济研究，2014，49（4）：116 - 129.

［50］夏杰长，姚战琪. 中国服务业开放40年——渐进历程、开放度评估和经验总结 [J]. 财经问题研究，2018（4）：3 - 14.

［51］谢杰，陈锋，陈科杰，等. 贸易政策不确定性与出口企业加

成率：理论机制与中国经验［J］．中国工业经济，2021（1）：56－75．

［52］许和连，成丽红，孙天阳．制造业投入服务化对企业出口国内增加值的提升效应——基于中国制造业微观企业的经验研究［J］．中国工业经济，2017（10）：64－82．

［53］许家云，毛其淋，胡鞍钢．中间品进口与企业出口产品质量升级——来自中国的证据［J］．世界经济，2017（3）：52－75．

［54］许家云，毛其淋．人民币汇率水平与出口企业加成率——以中国制造业企业为例［J］．财经研究，2016，42（1）：103－112．

［55］杨连星，刘晓光．中国逆向技术溢出与出口复杂度提升［J］．财贸经济，2016（6）：97－112．

［56］姚洋，张晔．中国出口品国内技术含量升级的动态研究——来自全国及江苏省、广东省的证据［J］．中国社会科学，2008（2）：67－82，205－206．

［57］余淼杰，张睿．人民币升值对出口质量的提升效应——来自中国的微观证据［J］．管理世界，2017（5）：28－40．

［58］余淼杰，张睿．中国制造业出口质量的准确衡量——挑战与解决方法［J］．经济学（季刊），2017，16（2）：463－484．

［59］张杰．金融抑制、融资约束与出口产品质量［J］．金融研究，2015（6）：64－79．

［60］张杰，李勇，刘志彪．制度对中国地区间出口差异的影响：来自中国省际层面4分位行业的经验证据［J］．世界经济，2010（2）：85－105．

［61］张丽，廖赛男，刘玉海．服务业对外开放与中国制造业全球价值链升级［J］．国际贸易问题，2021（4）：127－142．

［62］张明志，季克佳．人民币汇率变动对中国制造业企业出口产品质量的影响［J］．中国工业经济，2018（1）：5－23．

［63］张艳，唐宜红，周默涵．服务贸易自由化是否提高了制造业企业生产效率［J］．世界经济，2013（11）：51－71．

［64］赵瑞丽，孙楚仁．最低工资会降低城市的出口复杂度吗？［J］．

世界经济文汇，2015（6）：43-75.

［65］周禄松，郑亚莉.出口复杂度升级对工资差距的影响：基于我国省级动态面板数据的系统 GMM 分析［J］.国际贸易问题，2014（11）：61-71.

［66］周茂，李雨浓，姚星，等.人力资本扩张与中国城市制造业出口升级：来自高校扩招的证据［J］.管理世界，2019，35（5）：64-77，198-199.

［67］周霄雪.服务业外资自由化与中国制造业企业出口绩效——基于上下游投入产出关系的分析［J］.产业经济研究，2017（6）：52-64.

［68］诸竹君，黄先海，王毅.外资进入与中国式创新双低困境破解［J］.经济研究，2020，55（5）：99-115.

［69］祝树金，陈雯.出口技术结构的度量及影响因素研究述评［J］.经济评论，2010（6）：152-158.

［70］祝树金，钟腾龙，李仁宇.进口竞争、产品差异化与企业产品出口加成率［J］.管理世界，2019，35（11）：52-71，231.

［71］祝树金，钟腾龙，李仁宇.中间品贸易自由化与多产品出口企业的产品加成率［J］.中国工业经济，2018（1）：41-59.

［72］Ackerberg D A，Caves K，Frazer G. Identification properties of recent production function estimators［J］. Econometrica，2015，83（6）：2411-2451.

［73］Aiginger K. Speed of change and growth of manufacturing［J］. Structural Change and Economic Growth，WIFO，Vienna，2001.

［74］Amiti M，Khandelwal A K. Import Competition and Quality Upgrading［J］. Review of Economics and Statistics，2013，95（2）.

［75］Arnold J M，Javorcik B，Lipscomb M，et al. Services reform and manufacturing performance：Evidence from India［J］. The Economic Journal，2016，126（590）：1-39.

［76］Arnold J M，Javorcik B S，Mattoo A. Does services liberalization benefit manufacturing firms: Evidence from the Czech Republic [J]. Journal of International Economics, 2011, 85 (1): 136 - 146.

[77] Balassa B. Trade liberalisation and "revealed" comparative advantage [J]. The Manchester School, 1965, 33 (2): 99 - 123.

[78] Baldwin R, Harrigan J. Zeros, quality, and space: Trade theory and trade evidence [J]. American Economic Journal: Microeconomics, 2011, 3 (2): 60 - 88.

[79] Barone G, Cingano F. Service regulation and growth: evidence from OECD countries [J]. The Economic Journal, 2011, 121 (555): 931 - 957.

[80] Baron R M, Kenny D A. The moderator - mediator variable distinction in social psychological research: Conceptual, strategic, and statistical considerations [J]. Journal of Personality and Social Psychology, 1986, 51 (6): 1173.

[81] Bas M. Does services liberalization affect manufacturing firms' export performance? Evidence from India [J]. Journal of Comparative Economics, 2014, 42 (3): 569 - 589.

[82] Bas M, El - Mallakh N. The Effect of FDI Liberalization on Manufacturing Firms' Technology Upgrading [C]//European Trade Study Group 2019 21st Annual Conference Paper. http://www.etsg.org/ETSG2019/papers/197.pdf. 2019.

[83] Bas M, Paunov C. Input-quality upgrading from trade liberalization: Evidence on firm product growth and employment [R]. Working Paper, March, 2018.

[84] Bas M, Strauss - Kahn V. Input-trade liberalization, export prices and quality upgrading [J]. Journal of International Economics, 2015, 95 (2): 250 - 262.

[85] Bas M. The effect of communication and energy services reform on manufacturing firms' innovation [J]. Journal of Comparative Economics, 2020, 48 (2): 339 - 362.

［86］Bernini M, Tomasi C. Exchange rate pass-through and product heterogeneity: does quality matter on the import side? ［J］. European Economic Review, 2015 (77): 117 – 138.

［87］Beverelli C, Fiorini M, Hoekman B. Services trade restrictiveness and manufacturing productivity: The role of institutions ［R］. Robert Schuman Centre for Advanced Studies Research Paper No. RSCAS, 2015, 63.

［88］Bils M, Klenow P J. Quantifying quality growth ［J］. American Economic Review, 2001, 91 (4): 1006 – 1030.

［89］Bin X, Jiangyong L U. Foreign direct investment, processing trade, and the sophistication of China's exports ［J］. China Economic Review, 2009, 20 (3): 425 – 439.

［90］Brandt L, Van Biesebroeck J, Wang L, et al. WTO accession and performance of Chinese manufacturing firms ［J］. American Economic Review, 2017, 107 (9): 2784 – 2820.

［91］Brandt L, Van Biesebroeck J, Zhang Y. Creative accounting or creative destruction? Firm-level productivity growth in Chinese manufacturing ［J］. Journal of Development Economics, 2012, 97 (2): 339 – 351.

［92］Bresnahan T F. Competition and collusion in the American automobile industry: The 1955 price war ［J］. The Journal of Industrial Economics, 1987: 457 – 482.

［93］Broda C, Weinstein D E. Globalization and the Gains from Variety ［J］. The Quarterly Journal of Economics, 2006, 121 (2): 541 – 585.

［94］Carluccio J, Fally T. Foreign entry and spillovers with technological incompatibilities in the supply chain ［J］. Journal of International Economics, 2013, 90 (1): 123 – 135.

［95］Caselli M, Chatterjee A, Woodland A. Multi-product exporters, variable markups and exchange rate fluctuations ［J］. Canadian Journal of Economics/Revue Canadienne D'économique, 2017, 50 (4): 1130 – 1160.

［96］Caves R E. Multinational firms, competition, and productivity in host-country markets [J]. Economica, 1974, 41 (162): 176 – 193.

[97] Caves R E. Research on international business: Problems and prospects [J]. Journal of International Business Studies, 1998, 29 (1): 5 – 19.

[98] De Loecker J, Goldberg P K, Khandelwal A K, et al. Prices, markups, and trade reform [J]. Econometrica, 2016, 84 (2): 445 – 510.

[99] De Loecker J, Warzynski F. Markups and firm-level export status [J]. American Economic Review, 2012, 102 (6): 2437 – 2471.

[100] Dinopoulos E, Unel B. A simple model of quality heterogeneity and international trade [J]. Journal of Economic Dynamics and Control, 2013, 37 (1): 68 – 83.

[101] Domowitz I, Hubbard R G, Petersen B C. Business cycles and the relationship between concentration and price-cost margins [J]. The RAND Journal of Economics, 1986: 1 – 17.

[102] Duggan V, Rahardja S, Varela G. Service sector reform and manufacturing productivity: evidence from Indonesia [M]. The World Bank, 2013.

[103] Dunning J H. Explaining changing patterns of international production: Indefence of the eclectic theoty [J]. Oxford Bulletin of Economics and Statistics, 1979, 41 (4): 269 – 295.

[104] Dunning J H. The investment development cycle and third world multinationals [J]. New Actors in the International Economy. Hamburg: German Overseas Institute.

[105] Dunning J H. Toward an eclectic theory of international production: Some empirical tests [J]. Journal of International Business Studies, 1980, 11 (1): 9 – 31.

[106] Eckel C, Iacovone L, Javorcik B, et al. Multi-product firms at home and away: Cost-versus quality-based competence [J]. Journal of Inter-

national Economics, 2015, 95 (2): 216 – 232.

[107] Eck K, Huber S. Product sophistication and spillovers from foreign direct investment [J]. Canadian Journal of Economics/Revue Canadienne D'économique, 2016, 49 (4): 1658 – 1684.

[108] Edmond C, Midrigan V, Xu D Y. Competition, markups, and the gains from international trade [J]. American Economic Review, 2015, 105 (10): 3183 – 3221.

[109] Falvey R E, Kierzkowski H. Product quality, intra-industry trade and (im) perfect competition [R]. 1987.

[110] Fan H, Gao X, Li Y A, et al. Trade liberalization and markups: Micro evidencefrom China [J]. Journal of Comparative Economics, 2017, 46: 103 – 130.

[111] Fan H, Li Y A, Yeaple S R. On the relationship between quality and productivity: Evidence from China's accession to the WTO [J]. Journal of International Economics, 2018 (110): 28 – 49.

[112] Feenstra R C, Romalis J. International prices and endogenous quality [J]. The Quarterly Journal of Economics, 2014, 129 (2): 477 – 527.

[113] Fernandes A M, Paunov C. Foreign direct investment in services and manufacturing productivity growth: evidence for Chile [M]. The World Bank, 2008.

[114] Flam H, Helpman E. Vertical product differentiation and North – South trade [J]. The American Economic Review, 1987: 810 – 822.

[115] Hatzichronoglou T. Revision of the high – technology sector and product classification [J]. OECD Science, Technology and Industry Working Papers, 1997 (2).

[116] Hallak J C. Product quality and the direction of trade [J]. Journal of International Economics, 2006, 68 (1): 238 – 265.

[117] Hallak J C, Schott P K. Estimating cross-country differences in

product quality [J]. The Quarterly Journal of Economics, 2011, 126 (1): 417 −474.

[118] Hallak J C, Sivadasan J. Firms' exporting behavior under quality constraints [R]. National Bureau of Economic Research, 2009.

[119] Hallak J C, Sivadasan J. Product and process productivity: Implications for quality choice and conditional exporter premia [J]. Journal of International Economics, 2013, 91 (1): 53 −67.

[120] Hausmann R, Hidalgo C A. Country Diversification, Product Ubiquity, and Economic Divergence [R]. CID Working Paper, 2010, 69 (35): 78 −81.

[121] Hausmann R, Hwang J, Rodrik D. What you export matters [J]. Journal of Economic Growth, 2007, 12 (1): 1 −25.

[122] Hausmann R, Rodrik D. Economic development as self-discovery [J]. Journal of Development Economics, 2003, 72 (2): 603 −633.

[123] Henn C, Papageorgiou C, Romero J M, et al. Export quality in advanced and developing economies: Evidence from a new data set [J]. IMF Economic Review, 2020, 68 (2): 421 −451.

[124] Hoekman B, Mattoo A. Services trade and growth [M]//Mapchetti J A, Roy M. Opening markets for trade in services: Countries and sectors in bilateral and WTO negotiations, Cambridge: Cambridge University Press, 2009: 21 −58.

[125] Hoekman B, Shepherd B. Who profits from trade facilitation initiatives? Implications for African countries [J]. Journal of African Trade, 2015, 2 (1 −2): 51 −70.

[126] Héricourt J, Poncet S. FDI and credit constraints: Firm-level evidence from China [J]. Economic Systems, 2009, 33 (1): 1 −21.

[127] Hu C, Parsley D, Tan Y. Exchange rate induced export quality upgrading: A firm-level perspective [J]. Economic Modelling, 2021 (98): 336 −348.

［128］ Hymer S. The efficiency（contradictions）of multinational corporations［J］. The American Economic Review, 1970, 60（2）: 441 – 448.

［129］ Jarreau J, Poncet S. Export sophistication and economic growth: Evidence from China［J］. Journal of Development Economics, 2012, 97（2）: 281 – 292.

［130］ Javorcik B S. Does foreign direct investment increase the productivity of domestic firms? In search of spillovers through backward linkages［J］. American Economic Review, 2004, 94（3）: 605 – 627.

［131］ Javorcik B S, Lo Turco A, Maggioni D. New and improved: does FDI boost production complexity in host countries?［J］. The Economic Journal, 2018, 128（614）: 2507 – 2537.

［132］ Khandelwal A K, Schott P K, Wei S J. Trade liberalization and embedded institutional reform: Evidence from Chinese exporters［J］. American Economic Review, 2013, 103（6）: 2169 – 2195.

［133］ Khandelwal A. The long and short（of）quality ladders［J］. The Review of Economic Studies, 2010, 77（4）: 1450 – 1476.

［134］ Kugler M. Spillovers from foreign direct investment: Within or between industries?［J］. Journal of Development Economics, 2006, 80（2）: 444 – 477.

［135］ Kugler M, Verhoogen E. Prices, plant size, and product quality［J］. The Review of Economic Studies, 2011, 79（1）: 307 – 339.

［136］ Kuhn P, McAusland C. Consumers and the brain drain: Product design and the gains from emigration［J］. Journal of International Economics, 2009, 78（2）: 287 – 291.

［137］ Lall S. The Technological structure and performance of developing country manufactured exports, 1985 – 1998［J］. Oxford Development Studies, 2000, 28（3）: 337 – 369.

［138］ Lall S, Weiss J, Zhang J. The "sophistication" of exports: A new trade measure［J］. World Development, 2006, 34（2）: 222 – 237.

［139］ Levinsohn J, Petrin A. Estimating production functions using inputs to control for unobservables ［J］. The Review of Economic Studies, 2003, 70 (2): 317 – 341.

［140］ Linder S B. An essay on trade and transformation ［M］. Stockholm: Almqvist & Wiksell, 1961.

［141］ Liu X, Mattoo A, Wang Z, et al. Services development and comparative advantage in manufacturing ［R］. The World Bank Working Paper, 2018.

［142］ Lu Y, Tao Z, Zhu L. Identifying FDI spillovers ［J］. Journal of International Economics, 2017, 107: 75 – 90.

［143］ Lu Y, Yu L. Trade liberalization and markup dispersion: Evidence from China's WTO accession ［J］. American Economic Journal: Applied Economics, 2015, 7 (4): 221 – 253.

［144］ Mac Dougall E B. Michelangelo and the Porta Pia ［J］. The Journal of the Society of Architectural Historians, 1960, 19 (3): 97 – 108.

［145］ Maggioni D, Turco A L, Gallegati M. Does product complexity matter for firms' output volatility? ［J］. Journal of Development Economics, 2016 (121): 94 – 109.

［146］ Manova K, Zhang Z. Export prices across firms and destinations ［J］. The Quarterly Journal of Economics, 2012, 127 (1): 379 – 436.

［147］ Markusen J R. Modeling the offshoring of white-collar services: From comparative advantage to the new theories of trade and FDI ［R］. NBER Working Paper 11827, 2005.

［148］ Mayer T, Melitz M J, Ottaviano G I P. Market size, competition, and the product mix of exporters ［J］. American Economic Review, 2014, 104 (2): 495 – 536.

［149］ Melitz M J, Polanec S. Dynamic Olley-Pakes productivity decomposition with entry and exit ［J］. The Rand Journal of Economics, 2015, 46 (2): 362 – 375.

［150］Monastiriotis V, Alegria R. Origin of FDI and Intra-Industry Domestic Spillovers: The Case of Greek and European FDI in Bulgaria ［J］. Review of Development Economics, 2011, 15 （2）: 326 – 339.

［151］Murphy K M, Shleifer A. Quality and trade ［J］. Journal of Development Economics, 1997, 53 （1）: 1 – 15.

［152］Nevo A. A practitioner's guide to estimation of random-coefficients logit models of demand ［J］. Journal of Economics & Management Strategy, 2000, 9 （4）: 513 – 548.

［153］Oktabriyantina W, Panennungi M A. The Impact of Service Liberalization on Manufacturing Productivity in Indonesia ［J］. Jurnal Ekonomi Pembangunan, 2021, 19 （1）: 1 – 16.

［154］Olley S, Pakes A. The Dynamics of Productivity in the Telecommunications Equipment Industry ［J］. Econometrica, 1996, 64 （6）: 1263 – 1297.

［155］Poncet S, F Waldemar. Export Upgrading and growth: The prerequisite of domestic embeddedness ［J］. World Development, 2013, 64 （6）: 1263 – 1297.

［156］Rodrik D. What's so special about China's exports? ［J］. China & World Economy, 2006, 14 （5）: 1 – 19.

［157］Rauch J E. Networks versus markets in international trade ［J］. Journal of International Economics, 1999, 48 （1）: 7 – 35.

［158］Schott P K. The relative sophistication of Chinese exports ［J］. Economic Policy, 2008, 23 （53）: 5 – 49.

［159］Simonovska I. Income differences and prices of tradables: Insights from an online retailer ［R］. National Bureau of Economic Research, 2010.

［160］Tacchella A, Cristelli M, Caldarelli G, et al. Economic complexity: Conceptual grounding of a new metrics for global competitiveness ［J］. Journal of Economic Dynamics and Control, 2013, 37 （8）: 1683 – 1691.

［161］Upward R, Wang Z, Zheng J. Weighing China's export basket:

The domestic content and technology intensity of Chinese exports [J]. Journal of Comparative Economics, 2013, 41 (2): 527 – 543.

[162] Van der Marel E. New sources of comparative advantage in services trade [C]//conference "New Horizons in Services Trade Governance" (Geneva, 25 – 26 November 2014). 2014.

[163] Vernon R. Comprehensive model-building in the planning process: The case of the less-developed economies [J]. The Economic Journal, 1966, 76 (301): 57 – 69.

[164] Wang Z, Wei S J. What accounts for the rising sophistication of China's exports? [M]//Feenstra R C, Wei S J. China's growing role in world trade Chicago: University of Chicago Press, 2010: 63 – 104.

[165] Winters L A, Masters A. Openness and growth: Still an open question? [J]. Journal of International Development, 2013, 25 (8): 1061 – 1070.

[166] Xu B. The sophistication of exports: Is China special? [J]. China Economic Review, 2010, 21 (3): 482 – 493.

后　记

　　本书是在我的博士论文基础上修订而成的，即将付梓之际，内心不禁感慨万千。在美丽而富有学术氛围的中南财经政法大学校园，我度过了六年的研究生生涯。在这段时间里，我遇到了许多学术上的挑战。幸运的是，每当科研陷入困境、感到"山重水复疑无路"时，总有一群良师益友在我身旁，激励、引导并陪伴着我，帮助我渡过难关。这份深情厚谊永存心间，难以言表。

　　师恩如海，衔草难报。我深感荣幸与自豪，能够成为李小平教授的学生。李老师不仅是国内世界经济学领域的知名青年学者，更是中南财经政法大学经济学院世界经济专业的学科带头人，拥有极高的学术造诣。李老师治学严谨，精益求精，为人宽厚热情，始终给予学生深切的关怀与温暖，在教书育人中展现出高尚的师德情操。在科研创作中，李老师教导我，对待学术论文要如同对待艺术品，从行文逻辑、理论基础到文献引用、标点符号，都必须精心雕琢，反复打磨，务必秉承学术的严谨与细致。在李老师耐心的引导下，我得以在这个浮躁且急功近利的时代沉下心来，严格要求自己，踏实地进行科研训练。李老师的谆谆教诲，我铭记于心，并在未来的岁月中继续努力，力争成为像老师一样优秀的学者。本书创作过程中，从选题、研究思路到实证设计，无不凝聚着李老师的悉心指导和大力支持。尽管李老师平日里行政工作繁重，但他仍然利用清晨和夜晚的休息时间为我修正论文的不当之处。每当清晨五六点收到李老师红笔批注的邮件时，心中敬佩与感恩之情油然而生。在此，谨向我的学术榜样——李小平教授，致以最崇高的敬意和最诚挚的感谢！

226

感谢中南大经济学院世界经济专业导师组的朱延福教授、杨波教授、代谦教授、佘群芝教授和蔡玲教授等诸位老师在学业上的悉心指导。各位老师在日常教学中的传道授业解惑，不仅让我对世界经济专业充满信心，更坚定了我在这一领域持之以恒展开学术研究的决心。我将铭记各位老师的教诲，怀揣"克服一切困难"的信心和"追求卓越学问"的信念，在本专业领域脚踏实地地前行，不断取得新的进展，以回报各位老师一直以来的关心与帮助。同时，感谢我的工作单位——中南财经政法大学经济学院，为我的工作和科研提供了优越的平台，使我得以顺利成长为一名经济学研究者。此外，我还要感谢 2024 年度湖北省社科基金一般项目（后期资助项目）的经费资助，本书即为该项目的最终成果。

过去是成长的历程，未来是奋斗的舞台。最后，我想以谷超豪院士的一句名言作为结尾，激励自己在未来的岁月中不断提升与完善自我。

学海茫茫欲何之，惜阴岂止少年时。

秉烛求索不觉晚，折得奇花三两枝。

彭书舟
2024 年 8 月于中南财经政法大学